Como dizer tudo em alemão

fale a coisa certa em qualquer situação

Como dizer tudo em alemão

fale a coisa certa em qualquer situação

ALTA BOOKS
EDITORA
Rio de Janeiro, 2018

Como dizer tudo em alemão - Fale a coisa certa em qualquer situação
 ISBN: 978-85-508-0360-9

Impresso no Brasil.

Obra disponível para venda corporativa e/ou personalizada. Para mais informações, fale com projetos@altabooks.com.br

Editoração Eletrônica
Futura

Revisão Gráfica
Kapja Linnermann | Roberto Mauro Facce

Produção Editorial
LTC Livros Tec. Cientif. Editora Ltda – CNPJ: 33.829.698/0007-05

CIP-Brasil. Catalogação na fonte
Sindicato Nacional dos Editores de Livros, RJ

M337c Martinez, Ron
Como dizer tudo em alemão: fale a coisa certa em qualquer situação / Ron Martinez, Birgit Braatz. - Rio de Janeiro: Alta Books, 2018.
il.; 24 cm.

Apêndice
ISBN: 978-85-508-0360-9

1. Língua alemão - Conversação e frases. 2. Língua alemã - Compêndios para estrangeiros. I. Título.

15-20971 CDD: 438.24
CDU: 811.112.2'243

ALTA BOOKS
E D I T O R A

Rua Viúva Cláudio, 291 — Bairro Industrial do Jacaré
CEP: 20970-031 — Rio de Janeiro - RJ
Tels.: (21) 3278-8069 / 3278-8419
www.altabooks.com.br — altabooks@altabooks.com.br
www.facebook.com/altabooks

Para minhas filhas, Natália e Tatiana,
minhas companheiras nas idas
e vindas entre as duas culturas.

Agradecimentos

A Ricardo Redisch, pela iniciativa deste projeto; às amigas Tina e Helen, pelo apoi logístico; e aos mestres e alunos, pela oportunidade de aprender e crescer.

Material Suplementar

Este livro conta com o seguinte material suplementar:

- Áudios

O acesso ao material suplementar é gratuito, acesse:
http://www.altabooks.com.br (busque pelo título do livro).

Sumário Geral

Sumário Detalhado

Inhart

Introdução
Vorwort

É com grande prazer que apresentamos *Como Dizer Tudo em Alemão*, uma ferramenta completamente nova para sua necessidade de se expressar e escrever em alemão. Não importa sua proficiência em alemão, este livro levará você a um nível de comunicação realmente eficaz. Os criadores do livro usaram seus anos de experiência internacional na aprendizagem e no ensino de línguas para criar o que será sem dúvida uma ferramenta imprescindível para sua comunicação em alemão.

Como Dizer Tudo em Alemão é um "sucessor" de *Como Dizer Tudo em Inglês* e tem como princípio básico o fato de que adultos que precisam usar o alemão têm pensamentos complexos e ideias que já expressam efetivamente em seu próprio idioma – apenas não sabem fazê-lo em alemão. Isto ocorre porque, tanto na comunicação oral quanto na escrita, pesa muito o fator idiomático, ou seja, as expressões são praticamente fórmulas prontas, sendo quase impossível achá-las em um dicionário bilíngue. Agora, mesmo com um conhecimento relativamente rudimentar de alemão, o usuário vai conseguir expressar, em alemão, exatamente o que ele quer dizer. Basta saber o que se quer dizer em português para então encontrar sua equivalência em alemão dentre milhares de expressões organizadas por situações sociais e profissionais.

Por isso, trata-se de uma ferramenta completa e eficaz, possibilitando a um estudante de idioma dizer a coisa certa no momento certo.

Gama extensa de situações
Como Dizer Tudo em Alemão é dividido em oito seções: *Alemão geral 1 e 2, Alemão comercial e profissional, Alemão para palestras e reuniões, Alemão para turismo e hotelaria, Morando no exterior, Alemão para correspondência escrita* e *Expressões comuns*. Dentro

dessas seções o usuário do livro achará centenas de expressões de uso cotidiano. No entanto, as situações não são destinadas a usuários diferentes. Pelo contrário, seria quase impossível para a pessoa que precisa de alemão comercial não usar alemão geral, e vice-versa. Afinal de contas, não há um limite de tópico para um idioma.

Dicas e conselhos socioculturais

Um idioma é mais do que palavras. É cultura, costume e atitude. *Como Dizer Tudo em Alemão* leva em conta este fato e oferece conselhos socioculturais quando for relevante.

Conceitos universais de idioma

Um aspecto interessante dos idiomas ao redor do mundo é que embora haja tantas diferenças entre eles, na realidade aquilo que queremos dizer, ou seja, a **intenção de fala**, em qualquer idioma muitas vezes é exatamente igual. Todos nós temos a necessidade de persuadir, pedir informações e pedir desculpas. *Como Dizer Tudo em Alemão* leva isto em conta e proporciona, dando os **instrumentos de fala**, a equivalência em alemão a partir do universo do usuário em português.

Para quem é este livro?

Se você alguma vez precisou ou precisar usar o alemão em qualquer nível, *Como Dizer Tudo em Alemão* é uma ferramenta indispensável. Embora não seja um curso em si, o salvará nas centenas de situações mais prováveis em alemão. Caso você seja um executivo ou outro profissional, ou simplesmente um estudante ou viajante frequente, *Como Dizer Tudo em Alemão* é o título de referência que você deveria manter em sua mesa de trabalho, em sua pasta e próximo a seu passaporte.

Este livro é para meu nível?

Definitivamente, seja qual for a sua proficiência em alemão, a resposta é SIM. Ocorre que, embora um aluno principiante possa não estar confortável em aprender "locuções avançadas", ele ainda assim é um adulto com pensamentos de adulto e com necessidade de expressar esses pensamentos. O que na realidade torna uma língua difícil não é o vocabulário, mas sim as *estruturas. Como Dizer Tudo em Alemão* contorna esse problema ao focalizar fundamentalmente as **intenções** e os **instrumentos de fala.** O usuário deste livro não precisa de um nível específico, porque se souber o que quer dizer em português, então saberá dizer isso em alemão – a gramática do que se está dizendo somente é um detalhe do idioma. O que deve interessar ao usuário é o que ele pretende e vai dizer. Isto não significa que a gramática não seja importante: como um carro tem um motor, um idioma tem gramática. Mas uma pessoa não precisa ser um expert em motores para dirigir o carro....

Companheiro perfeito para cursos de alemão/dicionários

Como Dizer Tudo em Alemão não é um curso em si. Mas se o usuário estiver aprendendo alemão e possuir um dicionário, *Como Dizer Tudo em Alemão* completará o curso. Afinal, um dicionário só ajudará quando for preciso achar uma palavra individual. Um curso de idioma é importante quando é preciso aprender regras sobre o funcionamento da língua (por exemplo, formação de palavras, estrutura de frase, detalhes sobre declinação e conjugação) e aplicá-las. *Como Dizer Tudo em Alemão* vai além de palavras individuais para proporcionar ao usuário as frases e expressões específicas para cada situação – seja na sala de aula ou tentando melhorar seu alemão por conta própria. Além disto, o usuário encontrará, nos apêndices, algumas listas de vocabulário para consulta rápida, que vão ajudar a variar ainda mais as expressões que constam no livro.

Tenha a certeza de que o que está dizendo é o que as pessoas dizem normalmente
Não somente as expressões no livro serão entendidas onde quer que sejam usadas, como também serão aceitas não importando com quem o usuário as usar. Os autores escolheram cuidadosamente só as expressões de uso comum, sem gírias. Onde houver linguagem coloquial no livro, foi incluída por seu uso extremamente comum e útil. Essas expressões mais coloquiais são facilmente identificadas ao olhar para o português. O que for coloquial em português, será igualmente coloquial na expressão equivalente em alemão.

Equivalentes, não traduções
Como há milhares de situações possíveis em qualquer idioma, foi necessário proceder a uma espécie de "filtragem". Os autores usaram sua experiência na área de linguística aplicada para escolher somente as situações mais frequentes e por isso mais úteis, evitando assim aquela sensação de "não saber nem por onde começar".

Todas as expressões deste livro são comuns, e todas as expressões em alemão serão equivalentes e não traduções literais. Por isso, se o usuário achar que uma expressão em alemão "parece" muito diferente da expressão em português, será porque a tradução "exata" é que ficaria estranha.

Como usar o livro
Talvez o leitor já tenha visto aqueles livrinhos de expressões de uso nas viagens. No esforço para que esses livros sejam compactos, eles se tornam, na realidade, menos úteis, pois um idioma não funciona de forma "compacta". Qualquer curso bom de idioma não visa a ser "compacto", visa à comunicação. E para que tal comunicação aconteça, o usuário precisa de variedade para iniciar, reagir e interagir na linguagem, em todo momento. Para tanto, este livro inclui uma ampla gama de situações para ajudar o usário na preparação de qualquer uso do idioma.

Referência de idioma e ensaio de idioma
Como Dizer Tudo em Alemão é um livro de referência de idioma e ensaio de idioma. Isto é, ele é projetado para ser usado durante anos, sempre que o usuário quiser achar uma expressão em alemão, mas também é projetado como um tipo de roteiro. Em outras palavras, se o leitor já sabe que precisa levar clientes estrangeiros para sair para jantar, por

exemplo, ele poderia se preparar lendo as seções "Discutindo a conta", "Coisas que se falam quando as pessoas se encontram", "Comendo e bebendo" e "Elogios", entre várias outras.

Ele pode se preparar e se sentir mais seguro e soar mais efetivo sempre que necessário. Em termos de formalidade ou informalidade, é fácil descobrir simplesmente olhando para o nível de formalidade ou informalidade em português, que será semelhante. Se a expressão for informal do lado esquerdo, da mesma maneira soará informal no lado direito.

Variar e misturar para melhores resultados

O usuário de *Como Dizer Tudo em Alemão* terá um maior aproveitamento do livro ao não enfocar um tópico só, mas todos eles. Afinal, um idioma não conhece nenhum limite de tópico. E embora precise de algumas expressões mais do que de outras, seria estranho na verdade precisar de só algumas e nunca de outras.

1

Alemão geral 1

Expressões comuns em contextos específicos
Gebräuchliche Ausdrücke in spezifischen Kontexten

Coisas que se falam quando as pessoas se encontram — Was Sie sagen, wenn Sie jemanden treffen

As saudações *Bom-dia, Boa-tarde* e *Boa-noite* em português ficam assim em alemão: a) Guten Morgen ("boa-manhã") se usa somente de manhã, até o meio-dia; b) Guten Tag ("bom-dia") pode ser usado o dia inteiro, enquanto tiver a luz do dia; c) Guten Abend ("boa-noite") se usa à noite ou seja, quando estiver escuro (o que acontece cedo, no inverno!) e Gute Nacht ("boa-noite") somente se diz quando se vai dormir (vale só como despedida...). Como se vê, o "boa-tarde" específico não existe em alemão.

Saudações e apresentações — Begrüßung und Vorstellung

Aqui, é importante ressaltar que, em alemão, distingue-se entre o tratamento formal de Senhoria (muito usado, principalmente entre as pessoas que não se conhecem ainda), em que aparecem as formas pronominais "Sie", "Ihnen" e "Ihr" etc., e o informal, usado em família, com amigos ou com crianças, caracterizado pelas formas "du", "dir", "dich", "dein" etc.

Saudações e apresentações (cont.)	Begrüßung und Vorstellung (Forts.)
Oi.	Hallo!
Tudo bem?/Tudo bom?	Wie geht's? Wie geht es Ihnen? Wie geht es dir?
Qual é seu nome?	Wie ist Ihr Name? Wie heißen Sie? Wie ist dein Name? Wie heißt du?
Desculpe, qual é mesmo seu nome?	Entschuldigen Sie/entschuldige bitte/ Entschuldigung – wie heißen Sie noch mal? Wie heißt du noch mal?
Oi, eu sou.	Hallo, ich bin...
Prazer.	Freut mich./Sehr erfreut./Angenehm.
Você conhece o João?	Kennt ihr euch schon? Das ist João, das ist... X.
Eu quero lhe apresentar ao...	Darf ich Sie /euch vorstellen? Das ist X, das ist Y...
Já ouvi falar muito de você.	Ich habe schon viel von Ihnen/von dir gehört.
A (Sílvia) já me falou muito sobre você.	(Silvia) hat mir schon viel von Ihnen/ von dir erzählt.
Coisas boas, eu espero.	Hoffentlich nur Gutes! Nur Gutes, hoffe ich!
Não acredite em nada. É tudo mentira.	Glauben Sie /glaub nicht, was sie/er sagt. Es ist nicht wahr/es stimmt nicht/ ist alles gelogen!
Estava querendo muito conhecê-lo.	Ich wollte Sie /dich schon lange kennenlernen.
Nossa! Finalmente vou conhecer você!	Endlich lernen wir uns kennen!
Gostei de conhecê-lo.	(Es) hat mich gefreut, Sie/dich kennen zu lernen! (Es) war nett, Sie/dich kennen zu lernen!
Até (mais).	Bis dann!

Encontrando-se de novo após algum tempo	Wiedersehen nach einiger Zeit
Não acredito.	Ich glaub's nicht!
Nossa! Quanto tempo!	Mein Gott, wie lange haben wir uns nicht gesehen!
Que bom ver você!	Wie schön, Sie/dich zu sehen/zu treffen!
Nossa! Faz tanto tempo!	Es ist ewig lange her!
Quanto tempo faz, hein?	Wie lange ist das jetzt her?
Tudo isso?	Ist das so lange her?

Encontrando-se de novo após algum tempo (cont.)	Wiedersehen nach einiger Zeit (Forts.)
Nossa! O tempo voa!	Wie die Zeit vergeht!
Você está ótimo!	Sie sehen/du siehst fantastisch aus!
Nossa! Você emagreceu?	Donnerwetter! Haben Sie/hast du abgenommen?
Soube que (você se casou).	Ich habe gehört (Sie haben/du hast geheiratet).
Você não mudou nada.	Sie haben sich/du hast dich überhaupt nicht verändert!
Você está sempre bem.	Sie sehen/du siehst immer blendend aus.
Então, o que você anda fazendo?	Na, was machen Sie/machst du denn so?
Então, o que você tem feito de bom?	Na, was haben Sie/hast du denn Schönes zu erzählen?
Como vão as coisas?	Wie geht's? Wie steht's?
O que você está fazendo agora?	Was machen Sie/machst du jetzt?
Você ainda está trabalhando na...?	Arbeiten Sie/arbeitest du noch bei...? *veja também "Falando do seu trabalho", página 147.*
Você está no mesmo telefone?	Haben Sie/hast du noch dieselbe (Telefon-)Nummer?
Você ainda mora em...?	Wohnen Sie/wohnst du noch in...?
Como está o (Ricardo)?	Wie geht es (Ricardo)?
E as crianças? Como vão?	Wie geht es den Kindern?
Nós precisamos nos falar mais vezes.	Wir müssen uns öfter sehen/treffen!
Vê se não some!	Lassen Sie mal öfter von sich hören! Lass mal öfter von dir hören!

Perguntas pessoais	Persönliche Fragen
Você é de onde?	Woher kommen Sie?/Wo kommen Sie her? Woher kommst du?/Wo kommst du her?
O que você faz?	Was machen Sie? Was machst du?
Você tem namorada/o?	Haben Sie/hast du eine Freundin/einen Freund?
Você é casado/a?	Sind Sie/bist du verheiratet?
Você tem alguém?	Sind Sie/bist du mit jemand zusammen/liiert?
Você tem filhos?	Haben Sie/hast du Kinder?
Quantos anos você tem?	Wie alt sind Sie/bist du?
Qual é o seu signo?	Was ist Ihr/dein Sternzeichen?
Você gosta de...?	Mögen Sie/magst du...?

Perguntas pessoais (cont.)	Persönliche Fragen (Forts.)
Onde você mora?	Wo wohnen Sie/wohnst du?
Você mora sozinho/a?	Leben Sie/lebst du allein?

Como fazer uma pergunta pessoal sem ofender	Wie man eine persönliche Frage höflich stellt
Posso perguntar (quantos anos você tem)?	Darf ich/dürfte ich Sie fragen, wie alt Sie sind? Darf ich dich fragen, wie alt du bist?
Não precisa responder se você não quiser...	Sie müssen nicht antworten, wenn Sie nicht wollen./Du musst nicht antworten, wenn du nicht willst...
Você se ofenderia se eu perguntasse...	Würde es Ihnen etwas ausmachen, wenn ich frag(t)e, ... Würde es dir etwas ausmachen, wenn ich frag(t)e, ...
Não quero ser inconveniente.	Ich möchte nicht aufdringlich sein.
Não quero ser intrometido.	Ich möchte Ihnen/dir nicht zu nahe treten.
Só por curiosidade...	Nur so, aus reiner Neugierde...

Falando com estrangeiros	Sie sprechen mit Ausländern

Aqui, é preferível que se use só o formal “Sie”, “Ihnen” etc., para não “invadir” o espaço do outro!

De onde você é?	Woher kommen Sie? Wo kommen Sie her? Woher sind Sie? Wo sind Sie her?
Há quanto tempo que está aqui?	Wie lange sind Sie schon hier?
Você está onde?	Wo sind Sie untergebracht?
Onde você está morando?	Wo wohnen Sie denn?
É um bom bairro.	Das ist eine gute Gegend.
O que você está achando (daqui)?	Wie gefällt es Ihnen hier?
Está aqui a trabalho/a passeio?	Sind Sie beruflich hier?/Oder machen Sie hier Urlaub?
O que você achou (da comida)?	Wie schmeckt Ihnen das Essen hier?Wie gefällt Ihnen...?
Você precisa experimentar...	Sie müssen unbedingt ... probieren.
O que você já conhece aqui em (Florianópolis)?	Was kennen Sie schon hier in (Florianópolis)?

Falando com estrangeiros (cont.)	Sie sprechen mit Ausländern (Forts.)
Você já foi a outros lugares?	Sind Sie schon woanders gewesen?
Não deixe de ir a...	Fahren Sie auf jeden Fall nach...
Você sente saudades de lá?	Haben Sie Heimweh?
Você já fala alguma coisa em português?	Können Sie schon etwas Portugiesisch?
Como está seu português?	Und wie steht es mit dem Portugiesischen?
Já foi ao (Rio)?	Waren Sie schon in Rio?
Gostou de lá?	Hat es Ihnen gefallen?
Você precisa conhecer.	Sie müssen ... einfach kennen lernen!
Sabe para onde precisa ir? Tem um...	Wissen Sie, wo Sie unbedingt hin müssen? Da ist ein.../eine...
Vou lhe dar meu telefone.	Ich gebe Ihnen meine (Telefon-)Nummer.
Me ligue para combinarmos alguma coisa.	Rufen Sie mich an, dann verabreden wir etwas.
Seria um prazer lhe mostrar a cidade.	Es wäre mir ein Vergnügen, Ihnen die Stadt zu zeigen!
Bem-vindo!	Willkommen!/Seien Sie herzlich willkommen!

Em uma festa ou reunião — Auf einer Party oder einer Versammlung

A linguagem aqui é destinada a qualquer pessoa que possa se encontrar em qualquer situação na qual a *língua franca* for alemão, seja aqui no Brasil em uma conferência internacional ou em um coquetel, durante uma viagem no exterior.

Começando uma conversa	Sie beginnen ein Gespräch
Oi.	Hallo!
Você não é (a Susan)?	Sind Sie/bist du nicht (Susan)?
Você não trabalha com (o Sérgio) na (American Express)?	Arbeiten Sie/arbeitest du nicht mit (Sergio) zusammen bei (American Express)?
Você é um amigo do (Thomas)?	Sind Sie/bist du ein Freund von (Thomas)?
Qual é seu nome?	Wie ist Ihr/dein Name? Wie heißen Sie? Wie heißt du?
Não conheço você de algum lugar?	Kenne ich Sie/dich nicht von irgendwoher?
Você tem uma cara conhecida.	Sie kommen/du kommst mir bekannt vor.

Começando uma conversa (cont.)	Sie beginnen ein Gespräch (Forts.)
Gostei da sua (camisa)/(gravata).	Sehr schön, Ihr/dein (Hemd), Ihre /deine (Krawatte).
O que você faz por aqui?	Und was führt Sie hierher? Was machst du hier?
Lugar legal, né?	Nett hier, nicht?
Você viu o jogo hoje?	Haben Sie/hast du das Spiel heute gesehen?
Como está frio/quente aqui, né?	Es ist sehr kalt/warm hier drin, nicht?
Como está cheio aqui, né?	Ganz schön voll hier, nicht?

Durante uma conversa	Während eines Gesprächs
	veja também "Falando sobre a família", página 45, "Falando do seu trabalho", página 147, "Contando histórias", página 97
Você quer outra bebida?	Möchten Sie/möchtest du noch etwas (zu) trinken?
O que você está bebendo?	Was trinken Sie? Was trinkst du?
Adoro esta música.	Ich liebe diese Musik/diesen Song/dieses Lied.

Terminando uma conversa	Sie beenden ein Gespräch
Foi muito bom conversar com você.	Es war wirklich nett, mit Ihnen/mit dir zu sprechen.
Qual é seu nome mesmo?	Wie war doch gleich Ihr/dein Name?
Bom, eu já tenho que ir.	Ich muss leider gehen.
Escuta, eu tenho que dar uma palavrinha com algumas pessoas ali. Mas gostei de falar com você.	Entschuldigen Sie/entschuldige, aber ich muss mit jemand da drüben sprechen. Es war sehr nett, Sie kennen zu lernen!
Olha, vou dar um oi para meu amigo ali, tá bom? Até já.	Entschuldigen Sie/entschuldige, ich will nur schnell meinem Freund dort guten Tag sagen, ja? Wir sprechen uns später.
Sabe onde é o banheiro?	Wissen Sie/weißt du, wo die Toilette ist?
Nossa. Olha que horas são.	Meine Güte! Ist es schon so spät?
Vamos combinar alguma coisa.	Wollen wir uns nicht irgendwann einmal treffen?
Vamos marcar para sair qualquer dia.	Vielleicht können wir uns mal treffen.
Como eu faço para encontrar você?	Wie kann ich mit Ihnen/dir in Verbindung treten?
Você tem um cartão?	Hätten Sie eine Visitenkarte?

Terminando uma conversa (cont.)	Sie beenden ein Gespräch (Forts.)
Você tem e-mail?	Haben Sie E-mail?
Me ligue a qualquer hora.	Rufen Sie /ruf mich doch irgendwann mal an!
Por que você não me liga a qualquer hora?	Warum rufen Sie/rufst du mich nicht irgendwann mal an?
Posso te ligar uma hora dessas?	Kann ich dich irgendwann mal anrufen?

Elogios	Komplimente

Elogiando a casa de alguém	Sie machen jemandem ein Kompliment über sein/ihr Haus
Que casa bonita!	Sie haben/du hast es wirklich schön hier!
Gostei da decoração.	Sie sind/du bist sehr hübsch eingerichtet.
Que vista linda!	Was für ein wunderschöner Blick!
O bairro parece ser muito bom.	Die Gegend scheint sehr gut zu sein/Das ist anscheinend eine sehr gute Gegend.

Elogiando a aparência de alguém	Sie machen jemandem Komplimente über sein/ihr Aussehen
Como você está bem hoje.	Sie sehen/du siehst heute wirklich gut aus!
Gostei da sua (jaqueta).	Ihre/deine (Jacke) gefällt mir wirklich gut.
Está diferente hoje. Fez alguma coisa com o cabelo?	Sie sehen/du siehst heute irgendwie anders aus. Haben Sie/hast du irgendwas mit Ihrem/deinem Haar gemacht?
Você parece estar mais magro.	Mir scheint, Sie haben/du hast abgenommen.

Elogiando o português ou outra língua de alguém	Sie machen jemandem Komplimente über seine/ihre Sprachkenntnisse
Seu português é excelente!	Ihr/dein Portugiesisch ist ausgezeichnet!
Você tem um sotaque muito bom.	Sie haben/du hast einen wirklich guten Akzent.
Você já morou no Brasil?	Haben Sie/hast du früher schon mal in Brasilien gewohnt?

Elogiando o trabalho de alguém	**Sie machen jemandem Komplimente über seine/ihre Arbeit**
Bom trabalho.	Gute Arbeit!/Gute Leistung!
Você está fazendo um ótimo trabalho.	Sie machen/du machst Ihre/deine Arbeit wirklich sehr gut.
Você fez um ótimo trabalho.	Die Arbeit ist wirklich sehr gut geworden!
Continue assim!	Machen Sie/mach so weiter!
Admiro muito seus (quadros).	Ich bewundere Ihre /deine (Bilder) wirklich sehr.

Elogiando a si mesmo	**Sie loben sich selbst**
Tenho de admitir que... (não está nada mal!)	Ich muss zugeben, ... (das ist gar nicht so schlecht!)
Às vezes até eu me surpreendo.	Manchmal wundere ich mich über mich selber.
Nada mal, hein?	Gar nicht so schlecht, oder?

Recebendo um elogio	**Sie reagieren auf ein Lob**
Mesmo?	Wirklich?
Você acha mesmo?	Meinen Sie wirklich?
Obrigado!	Vielen Dank!
Você é muito gentil./São seus olhos!	Das ist sehr nett von Ihnen/Sie sind sehr freundlich!
Eu também gosto.	Ja, ich finde es auch gut/ich mag es auch.
Obrigado, mas eu não acho, não.	Vielen Dank, aber ich finde das nicht/ ich denke nicht so.
Obrigado! Você me deixou contente! Ganhei o dia!	Danke! Darüber freue ich mich jetzt den ganzen Tag!
Fiquei vermelho!	Ich werde ja ganz rot!
Puxa, que elogio, hein?	OK, ich nehme das als ein Kompliment.

Mostrando sinceridade ao elogiar	**Sie zeigen Aufrichtigkeit beim Aussprechen eines Kompliments**
Não. Mesmo.	Nein, wirklich.
Não. Sério.	Nein, im Ernst./Ich meine es wirklich so, wie ich es sage.

Mostrando sinceridade ao elogiar (cont.)	Sie zeigen Aufrichtigkeit beim Aussprechen eines Kompliments (Forts.)
Não estou falando por falar, não.	Das ist nicht nur so dahingesagt, ich meine es ernst.
Estou falando como alguém que entende do assunto	Und ich verstehe etwas davon!/und ich weiß, wovon ich rede!

Vida noturna	Nachtleben

Descrevendo uma casa noturna	Sie sprechen über einen Nachtclub/eine Bar
Conheço um lugar muito legal na...	Ich kenne da ein sehr nettes Lokal in der...
Tem um lugar muito legal na...	Da ist ein sehr nettes Lokal in der...
Ouvi falar que é ótimo.	Ich habe gehört, dass es hervorragend ist.
Dizem que é ótimo.	Es soll ausgezeichnet sein.
É um lugar ótimo para dançar.	Man kann dort wunderbar tanzen.
É um lugar ótimo para tomar um drinque.	Es ist genau das Richtige, wenn man etwas trinken will.
É o lugar do momento.	Es ist im Moment *das* Lokal.
Está na moda.	Es ist im Augenblick total “in”.
É frequentado por muitos (universitários).	Es ist ein richtiges Studentenlokal./ Viele ... gehen dorthin.
Tem uma frequência mista.	Es hat ein gemischtes Publikum.
Tocam muito (MPB).	Die Band spielt dort viel (brasilianische Musik).
É um pouco caro, mas vale a pena.	Es ist ein bisschen teuer, aber es lohnt sich.
É melhor (aos sábados).	Am besten ist es dort (Samstag) abends.
Como tem fila, é melhor chegar cedo.	Dort stehen die Leute immer Schlange; darum sollte man früh hingehen.

Descrevendo uma casa noturna uma vez dentro	Sie sprechen über einen Club oder eine Bar, wenn Sie drin sind
Não tem uma alma viva.	Hier ist ja nichts los!
Está meio parado para uma (sexta) à noite.	Es ist reichlich ruhig für einen (Freitag) Abend.
Está cheio!	Das ist aber voll hier!

Descrevendo uma casa noturna uma vez dentro (cont.)	Sie sprechen über einen Club oder eine Bar, wenn Sie drin sind (Forts.)
Está lotado!	Das ist ja vollkommen überfüllt!
A música está muito alta.	Die Musik ist aber laut!

Descrevendo um drinque	Sie sprechen über den Drink
É muito forte.	Das ist aber stark!
Sobe muito rápido.	Das steigt sofort zu Kopf.
Me dá uma ressaca.	Davon bekomme ich einen Kater.
O melhor chope que já tomei foi em...	Das beste Bier, das ich je getrunken habe, war in...

Falando sobre bebida	Sie sprechen über das Trinken
Não posso beber. Estou dirigindo.	Ich kann nichts trinken; ich muss noch fahren.
Não posso beber. Estou tomando remédio.	Ich darf nichts trinken, ich nehme Antibiotika.
Não bebo.	Ich trinke nicht./Ich trinke keinen Alkohol.
Acho que já chega. Acho que bebi demais.	Ich glaube, ich habe genug (getrunken)
Já subiu.	Ich spüre die Wirkung schon.
Estou meio alegre.	Ich bin ein bisschen beschwipst./ Ich habe einen kleinen Schwips.
Sou fraco para bebida.	Ich vertrage nicht viel.
A bebida me sobe muito depressa.	Ich werde sehr schnell betrunken.
Tá bom, a saideira!	OK, aber das ist der letzte!
Tá bom, só um pinguinho/dedinho!	OK, aber nur ein bisschen!
Estou bêbado.	Ich bin betrunken.
Vou me arrepender disso amanhã.	Morgen werde ich es bereuen.
Enchi a cara ontem.	Gestern habe ich einen über den Durst getrunken..
Bebi todas.	Ich war richtig betrunken.
Estou com (a maior) ressaca.	Ich habe einen (furchtbaren) Kater.
Bebi demais.	Ich habe zu viel getrunken.

A biografia	Biographie
Tenho (34) anos.	Ich bin(34)/Ich bin (34) Jahre./Ich bin (34) Jahre alt.
Sou (arquiteto).	Ich bin (Architekt). *vejá também "Falando do seu trabalho" página 147*
Moro em (São Paulo).	Ich wohne/lebe in (São Paulo).
... mas eu nasci em (Belo Horizonte).	... aber ich bin eigentlich aus (Belo Horizonte).
Eu nasci em (1967).	Ich bin (1967) geboren.
Eu nasci em (Belo Horizonte).	Ich bin in (Belo Horizonte) geboren.
Eu sou (da Bahia).	Ich bin aus/ich komme aus (Bahia).
Eu cresci em (Porto Alegre).	Ich bin in (Porto Alegre) aufgewachsen.
Passei a maior parte da infância em...	Ich habe den größten Teil meiner Kindheit in... verbracht
Passava(ávamos) as férias de verão em...	Wir haben die Sommerferien immer in... verbracht...
Meus pais são/eram de (Fortaleza).	Meine Eltern sind/waren aus (Fortaleza).
Quando eu tinha (12) nós nos mudamos para...	Als ich (12) war, zogen wir nach...
Eu sou de uma família grande/pequena.	Ich komme aus einer großen/kleinen Familie.
Meus pais eram muito rígidos.	Meine Eltern waren sehr streng.
Meus pais nos deixavam fazer quase tudo	Meine Eltern haben uns immer unseren Willen gelassen.
Era/Fui mimado.	Ich war/wurde sehr verwöhnt.
Cresci num bairro (relativamente) nobre/simples.	Ich bin in einer (relativ) wohlhabenden/armen Gegend aufgewachsen.
Fui criado numa família muito (católica).	Ich bin in einer streng (katholischen) Familie groß geworden.
Eu sou de uma família (relativamente) simples/rica.	Ich komme aus einer (verhältnismäßig) einfachen/reichen Familie.
Meus pais eram bem de vida.	Meine Eltern waren recht wohlhabend.
Não foi muito fácil.	Wir hatten es nicht leicht.
Tínhamos que batalhar muito.	Wir mussten hart kämpfen.
Tivemos uma vida dura.	Wir hatten ein hartes/entbehrungsreiches Leben.
Fui bom aluno.	Ich war ein guter Schüler/eine gute Schülerin.

A biografia (cont.)	Biographie (Forts.)
Não ia muito bem na escola.	Ich war nicht gut in der Schule.
Depois da escola eu costumava...	Nach der Schule ging/machte ich immer...
Só me metia em encrenca.	Ich brachte mich immer in Schwierigkeiten./Ich stellte immer etwas an.
Fui um bom menino(a).	Ich war sehr artig.
Meu pai deixou minha mãe quando eu era pequeno.	Mein Vater verließ meine Mutter, als ich noch klein war.
Fui criado pela minha mãe/pai.	Meine Mutter/mein Vater hat mich aufgezogen.
Meus pais são separados/divorciados.	Meine Eltern sind geschieden.
	veja também "Falando sobre a família" página 45
Acho que puxei meu pai/minha mãe.	Ich glaube, ich schlage nach meinem Vater/meiner Mutter.
	veja também "Descrevendo as pessoas", página 47
Eu fiz faculdade na USP.	Ich habe an der USP studiert.
	veja também "Seu currículo", página 141
Me formei em (Economia).	Ich habe mein Diplom in (Volkswirtschaft)/Ich habe das Staatsexamen in (Sprachen etc., Medizin, Jura, Theologie)
Também fiz cursos de...	Ich habe auch Vorlesungen über... besucht./Ich habe auch Seminare in... gemacht/Ich habe auch einen Kurs über... besucht.
Depois da faculdade eu...	Nach dem Studium habe ich.../bin ich...
Fui morar sozinho...	Ich habe eine eigene kleine Wohnung gemietet...
Me mudei da casa dos meus pais quando tinha (25) anos.	Ich bin bei meinen Eltern ausgezogen, als ich (25) war.
Conheci meu marido/minha esposa enquanto eu...	Ich habe meine Frau/meinen Mann kennengelernt, als ich...
Sou casado.	Ich bin verheiratet.
Tenho um filho/uma filha de (2) anos	Ich habe einen Sohn/eine Tochter von (2) Jahren...
Tenho (2) filhos.	Ich habe (2) Kinder.
Nunca me casei.	Ich bin ledig.
Nunca fui casado.	Ich war nie verheiratet.
Não achei a pessoa certa ainda.	Ich habe einfach noch nicht den Richtigen/die Richtige gefunden.

A biografia (cont.)	Biographie (Forts.)
Já fui casado duas vezes.	Ich war zweimal verheiratet.
Consegui meu primeiro emprego aos (21) anos de idade.	Ich habe meine erste Stelle bekommen, als ich (21) war.
Trabalhei como (secretária) na (ABC Ltda.)	Ich habe als (Sekreträrin) bei (ABC Ltda.) gearbeitet.

veja também "Seu currículo", página 141

Falando sobre a família	Familienangelegenheiten

veja Apêndice 3 para mais vocabulário sobre família

Falando sobre sua família	Sie sprechen über Ihre Familie
Eu tenho (dois) irmãos e (uma) irmã.	Ich habe (zwei) Brüder und (eine) Schwester.
Eu sou o mais velho.	Ich bin der Älteste.
Eu sou a/o do meio.	Ich bin der/die Mittlere.
Sou o/a caçula.	Ich bin der/die Jüngste.
Sou filho/a único/a.	Ich bin ein Einzelkind.
Meu (irmão) é (médico).	Mein (Bruder) ist (Arzt).

veja também "Falando do seu trabalho", página 147

Minha (irmã) mora em (Porto Alegre).	Meine (Schwester) wohnt in (Porto Alegre)
Meu (pai) é de...	Mein (Vater) ist aus...
Meu (pai) é/era...	Mein (Vater) ist/war...
Meus pais são divorciados/separados.	Meine Eltern sind geschieden.
Meu (pai) já é/Meus pais já são falecidos.	Mein (Vater) ist/Meine (Eltern) sind verstorben.
Meus pais se separaram quando eu tinha (12).	Meine Eltern haben sich scheiden lassen, als ich (12) war.
Venho de uma família grande/pequena.	Ich komme aus einer großen/kleinen Familie.
Tenho parentes também em (Petrópolis).	Ich habe auch Verwandte in (Petrópolis).
Tenho uma família grande/pequena.	Meine Familie ist groß/klein.
Tenho (dois) filhos.	Ich habe (zwei) Kinder.
Tenho (dois) filhos do primeiro casamento.	Ich habe (zwei) Kinder aus erster Ehe.
Sou solteiro/casado/separado/divorciado.	Ich bin ledig/verheiratet/getrennt/geschieden.

Atitudes sobre a família	Beziehungen zu Ihrer Familie
Amo/Adoro minha família.	Ich liebe meine Familie./Ich hänge sehr an meiner Familie.
Faço qualquer coisa por eles.	Ich würde alles für sie tun.
Eles são muito importantes para mim.	Sie sind sehr wichtig für mich.
Eles são tudo para mim.	Sie bedeuten mir alles.
Para mim, a família vem sempre em primeiro lugar.	Für mich steht die Familie immer an erster Stelle.
Sou meio o/a ovelha negra da família.	Ich bin so eine Art schwarzes Schaf der Familie.
Não me dou muito bem com meu (pai).	Ich verstehe mich nicht sehr gut mit meinem (Vater).
Minha família é meio complicada.	Meine Familie ist ein bisschen schwierig/kompliziert.
Minha família é meio maluca.	Meine Familie ist ziemlich verrückt.
Não falo com (meu irmão) há muito tempo.	Ich habe schon lange kein Wort mehr mit (meinem Bruder) gewechselt.
A gente brigou (anos atrás).	Wir hatten (vor Jahren) einen Streit.
Não nos falamos mais.	Wir sprechen nicht mehr miteinander.

Como perguntar sobre a família de alguém	Sie erkundigen sich nach der Familie Ihres Gesprächspartners
	Veja também "Como fazer uma perguntas pessoal sem ofender" na seção "Coisas que se falam quando as pessoas se encontram", na página 36
Você tem irmãos?	Haben Sie/hast du Geschwister?
Você vem de uma família grande?	Kommen Sie/kommst du aus einer großen Familie?
O que (ele) faz?	Was macht (er)?
Você se dá bem com ele /ela/eles?	Verstehen Sie sich/verstehst du dich gut mit ihm/ihr/ihnen?
Você tem filhos?	Haben Sie/hast du Kinder?
Faz tempo que você está casado/a?	Sind Sie/bist du schon lange verheiratet?
Faz tempo que você está separado/divorciado?	Sind Sie/bist du schon lange getrennt/geschieden?

Descrevendo as pessoas	Sie beschreiben Personen

Nesta seção é útil usar "ich finde, ich bin..." ... quando for descrever você mesmo.

Personalidade – qualidades positivas	Persönlichkeit – positive Eigenschaften
Ele/Ela/Você é uma figura.	Er ist/sie ist/Sie sind/du bist wirklich ein Unikum!
Ele/Ela é um velho amigo.	Er/sie ist ein alter Freund/eine langjährige Freundin.
Ele/Ela é um amigo íntimo.	Er/sie ist ein enger Freund/eine gute Freundin.
Ele/Ela/Você é um amigo de verdade.	Er ist/sie ist/Sie sind/du bist ein wahrer Freund/eine echte Freundin!
Ele/Ela/Você não existe.	Den/die/Sie/dich gibt es nicht! Er ist/sie ist/Sie sind/du bist einzigartig!
Você pode contar comigo/ele/ela/eles.	Sie können sich/du kannst dich wirklich auf mich/ihn/sie verlassen.
Ele/Ela/Você é (muito) simpático.	Er ist/sie ist/Sie sind/du bist wirklich nett/sympathisch.
Ele/Ela/Você é (muito) legal.	Er ist/sie ist/Sie sind/du bist (sehr) nett.
Ele/Ela/Você é muito divertido.	Er ist/sie ist/Sie sind/du bist sehr lustig.
Ele/Ela/Você tem um ótimo senso de humor.	Er ist/sie ist/Sie sind/du bist sehr humorvoll!
Ele/Ela/Você é uma pessoa com os pés no chão.	Er steht/sie steht/Sie stehen/du stehst mit beiden Beinen auf der Erde.
Eu/Ele/Ela/Você não pára.	Ich bin/er ist/sie ist/Sie sind/du bist immer aktiv.
Adoro/Adoramos/Adoram se divertir.	Ich amüsiere mich/wir amüsieren uns/sie amüsieren sich für mein/unser/ihr Leben gern.
Ele/Ela adora se divertir.	Er/sie hat für's Leben gern Spaß.
Adoro/Adoramos/Adoram uma festa.	Ich liebe/wir lieben/sie lieben Feste und Partys.
Ele/Ela adora uma festa.	Er/sie mag Feste/Partys sehr gern.
Ele/Ela/Você é sempre o centro das atenções.	Er steht/sie steht/Sie stehen/du stehst immer im Mittelpunkt.
Sei o que eu quero (da vida).	Ich weiß, was ich (vom Leben) will/erwarte.
Não esquento.	Ich rege mich nicht auf/ich bin kein Hitzkopf.

Personalidade – qualidades positivas (cont.)	Persönlichkeit – positive Eigenschaften (Forts.)
Sigo meus instintos.	Ich folge meiner Eingebung.
Admito quando estou errado.	Ich gebe es (gern) zu, wenn ich im Unrecht bin.
Não tenho medo de falar o que sinto.	Ich habe keine Angst zu sagen, was ich fühle/denke.
Ele não tem medo de falar o que sente.	Er hat keine Angst zu sagen, was er fühlt/denkt.
Ela não tem medo de falar o que sente.	Sie hat keine Angst zu sagen, was sie fühlt/denkt.
Eu/Nós/Eles não aceito um não.	Ein "Nein" ist für mich/uns/sie keine (akzeptable) Antwort.
Ele/Ela não aceita um não.	Ein "Nein" ist für ihn/sie keine (akzeptable) Antwort.
Sempre cumpro com meu dever.	Ich tue immer meine Pflicht.
Ele sempre cumpre com seu dever.	Er tut immer seine Pflicht.
Ela sempre cumpre com seu dever.	Sie tut immer ihre Pflicht.
Sou péssimo para me lembrar de nomes.	Ich habe ein schrecklich schlechtes Namensgedächtnis.
Conheço bem o caráter das pessoas.	Ich habe eine gute Menschenkenntnis./Ich bin ein guter Menschenkenner.
Ele/Ela se dá bem em tudo.	Er/sie kommt überall/mit allem gut zurecht.
Me mantenho atualizado.	Ich halte mich immer auf dem Laufenden.
Aprendo/Aprende rápido.	Ich lerne/er lernt/sie lernt schnell.
Eu fico na minha.	Ich halte mich zurück.
Ele/Ela fica na sua.	Er/sie hält sich zurück.
Sou discreto.	Ich bin sehr diskret/zurückhaltend.
Ele é discreto.	Er ist sehr diskret/zurückhaltend.
Ela é discreta.	Sie ist sehr diskret/zurückhaltend.
Gosto de trabalhar em equipe.	Ich arbeite sehr gern im Team/ich mag Teamarbeit sehr.
Sou um homem/mulher de palavra.	Ich halte mein Wort.
Gosto de tentar.	"Versuch macht klug"!
Tenho jogo de cintura.	Ich bin flexibel/kann mich anpassen.
Ele tem jogo de cintura.	Er ist flexibel/kann sich anpassen.
Ela tem jogo de cintura.	Sie ist flexibel/kann sich anpassen.

Personalidade – qualidades positivas (cont.)	Persönlichkeit – positive Eigenschaften (Forts.)
Ele/Ela tem mesmo jeito com crianças.	Er/sie hat wirklich Geschick mit Kindern/kann gut mit Kindern umgehen.
Ele/Ela tem um jeito especial com as pessoas.	Er/sie hat wirklich eine besondere Art, mit Menschen umzugehen.
Ele/Ela/Você é muito sensível/charmoso.	Er ist/sie ist/Sie sind/du bist sehr feinfühlig/charmant.
Ele/Ela/Você é (muito) carismático.	Er hat/sie hat/Sie haben/du hast eine besondere Ausstrahlung.
	veja Apêndice 4 para mais vocabulário para descrever as pessoas
Ele/Ela tem uma habilidade incrível para...	Er hat/sie hat eine erstaunliche Fähigkeit, ... zu...
Sou bem chato com (as minhas roupas).	Ich bin sehr eigen mit (meinem Zeug/meiner Kleidung).
Ele/Ela/Você é o tipo da pessoa que...	Er ist/sie ist/Sie sind/du bist so ein Mensch, der...
Sou/Ele/Ela/Você (é) bom em...	Ich bin/er ist/sie ist/Sie sind/du bist gut in...
Tenho um dom para...	Ich habe ein Talent für...
Não sou/Ele/Ela/Você não é muito bom em...	Ich bin/er ist/sie ist/Sie sind/du bist nicht sehr gut in...
____ não é meu ponto forte.	____ ist nicht meine starke Seite.
Ele/Ela é ótimo/a em... Sou ótimo em...	Er ist/sie ist/ich bin sehr gut in...
Tenho orgulho de poder...	Ich bin stolz darauf, dass ich ... kann.
As pessoas me dizem que sou...	Man hat mir gesagt, dass ich ... bin.
Sou/São/Ele/Ela (é) meio (esquisito).	Ich bin/sie sind/er ist/sie ist ein bisschen seltsam/merkwürdig/eigenartig/komisch).

Personalidade – qualidades negativas	Persönlichkeit – negative Eigenschaften
	veja Apêndice 4 para mais vocabulário para descrever as pessoas
Ele/Ela/Você é chato.	Er ist/sie ist/Sie sind/du bist richtig lästig/unangenehm/zickig!
Ele/Ela/Você é um porre.	Er ist/sie ist/Sie sind/du bist unerträglich!

Personalidade – qualidades negativas (cont.)	Persönlichkeit – negative Eigenschaften (Forts.)
Ele/Ela/Você é muito tímido.	Er ist/sie ist/Sie sind/du bist furchtbar schüchtern/scheu.
Ele/Ela/Você é muito teimoso.	Er ist/sie ist/Sie sind/du bist sehr dickköpfig.
Eu tenho/Você tem um gênio explosivo.	Ich bin/Sie sind/du bist sehr jähzornig.
Ele/Ela tem um gênio explosivo.	Er ist/sie ist sehr jähzornig.
Eu gosto/Você gosta de coisas caras.	Ich habe/Sie haben/du hast einen teuren Geschmack!
Ele/Ela gosta de coisas caras.	Er hat/sie hat einen teuren Geschmack.
Ele só pensa em si mesmo.	Er denkt nur an sich.
Ela só pensa em si mesma.	Sie denkt nur an sich.
Você só pensa em você (mesmo).	Sie denken nur an sich/du denkst nur an dich
Eu gosto/Você gosta/Eles gostam de controlar/ter o controle.	Ich habe/Sie haben/du hast/sie haben gern alles unter Kontrolle.
Ele/Ela gosta de controlar.	Er hat/sie hat gern alles unter Kontrolle/hat gern das Heft in der Hand.
Ele está sempre com a cabeça nas nuvens.	Er ist immer sehr zerstreut.
Ela está sempre com a cabeça nas nuvens.	Sie ist immer sehr zerstreut.
Eu estou/Você está sempre com a cabeça nas nuvens.	Ich bin/Sie sind/du bist immer sehr zerstreut.
Não consigo guardar um segredo.	Ich kann ein Geheimnis nicht für mich behalten.
Acho difícil admitir meus erros.	Es fällt mir schwer, meine Fehler zuzugeben/einzugestehen.
Ele/Você é um conquistador/galinha.	Er ist/Sie sind/du bist ein Schürzenjäger!
Ela é uma vagabunda.	Sie ist eine richtige Schlampe.

Aparência física – impressão geral	Aussehen – allgemeiner Eindruck
Ele/Ela é (muito) bonito(a).	Er sieht/sie sieht sehr gut aus.
Você é linda.	Sie sind/du bist sehr schön/wunderschön.
Você é uma gracinha.	Sie sind/du bist so reizend!
Eu tento me cuidar.	Ich versuche, immer gepflegt zu sein.
Ele/Ela tenta se cuidar.	Er achtet/sie achtet sehr auf sein/ihr Äußeres.
Ficou largado(a).	Er/sie hat sich gehen lassen/hat sein Äußeres vernachlässigt.
Ele/Ela está em boa forma.	Er/sie ist in guter Form.

Aparência física – cabelo	Aussehen – Haare
Tem o cabelo na altura do ombro.	Das Haar ist ungefähr schulterlang.
Está perdendo cabelo.	Er/sie verliert Haare/hat Haarausfall.
Ele é careca.	Er ist kahl.
Ela é morena.	Sie ist brünett.
Ela é loira.	Sie ist blond.
Ela é ruiva.	Sie ist rothaarig.
Tenho/Ele tem/Ela tem cabelos (enrolados).	Ich habe/er hat/sie hat (lockige) Haare.

Aparência física – peso	Aussehen – Gewicht
Estou engordando.	Ich werde immer dicker/ich nehme zu.
Ele é gordo.	Er ist dick/fett (*este último é o gordo imenso*).
Ele está um pouco acima do peso.	Er ist ein bisschen übergewichtig.
Ele engordou um pouco.	Er hat etwas zugenommen.
Sou meio gordinho.	Ich bin ein bisschen rundlich.
Ele é ossudo.	Er ist knochig.
Ele é meio gordo.	Er ist ein bisschen vollschlank.
Sou magro.	Ich bin dünn.
Ele é elegante.	Er ist schlank.
Ele perdeu (muito) peso.	Er hat(sehr) abgenommen.
Ela é magricela.	Sie ist mager/nur Haut und Knochen.
Ele tem o peso proporcional à altura.	Sein Gewicht steht in einem guten Verhältnis zu seiner Größe.

Aparência física – destaques do corpo	Aussehen – auffällige Merkmale
Ela não tem peito.	Sie ist flachbrüstig.
Ela tem muito peito.	Sie ist vollbusig.
Ele tem ombros largos.	Er hat breite Schultern/er ist breitschultrig.
Ela tem uma bunda bonita.	Sie hat einen knackigen/schönen Po.
Ele/Ela tem (uma cintura fina).	Er hat/sie hat (eine schmale Taille).
Ele não tem postura.	Er hat eine schlechte Haltung./Er hält sich schlecht.

Cirurgia plástica	Schönheitschirurgie
Ela fez implante nos seios.	Sie hat die Brust vergrößern lassen.
Ela fez cirurgia para diminuir os seios	Sie hat die Brust verkleinern lassen.

Cirurgia plástica (cont.)	Schönheitschirurgie (Forts.)
Ela fez plástica no nariz.	Sie hat ihre Nase operieren lassen.
Ela fez plástica no rosto.	Sie hat ihr Gesicht liften lassen.
Ela fez uma lipoaspiração.	Sie hat eine Fettabsaugung vornehmen lassen.
Ela tirou os pontos.	Sie hat die Fäden ziehen lassen.

Explicando como você conhece uma pessoa	Sie erklären, woher Sie jemanden kennen
É um(a) amigo/a da (faculdade).	Er ist ein Studienfreund./Sie ist eine Studienfreundin/Wir kennen uns vom Studium her./Wir haben zusammen studiert.
É um conhecido.	Er ist ein Bekannter von mir.
Nós (tomamos café) juntos às vezes.	Wir (trinken) manchmal zusammen (Kaffee).
Eu o/a conheço do (trabalho).	Ich kenne ihn/sie von (der Arbeit).
Nós crescemos juntos.	Wir sind zusammen aufgewachsen.
Somos do mesmo bairro.	Wir sind aus demselben Stadtteil.
É um(a) amigo/a do meu (pai).	Er ist/sie ist ein Freund/eine gute Bekannte meines (Vaters).
É um(a) amigo/a de um(a) amigo/a.	Er/sie ist der Freund/die Freundin von einem Freund/einer Freundin.
Somos primos.	Wir sind Cousins/Cousinen/Cousin und Cousine.
Somos vizinhos.	Wir sind Nachbarn.
É (a professora) do meu (filho).	Er ist der (Lehrer)/sie ist die (Lehrerin) meines (Sohnes).
Saímos/Namoramos por um tempo.	Wir waren eine Zeit lang befreundet/zusammen; wir sind eine Zeit zusammen gegangen.
Ele/Ela é meu ex.	Er ist mein Ehemaliger/ “Verflossener”/ sie ist meine Ehemalige/“Verflossene”.
Fizemos (o exército) juntos.	Wir haben zusammen gedient.
Fizemos o (colegial) juntos.	Wir sind zusammen zur Schule/zum Gymnasium gegangen.
Ele/Ela namorava minha/meu irmã/irmão.	Er ging mit meiner Schwester. Sie ging mit meinem Bruder.

Como você se sente perante um grupo	Wie Sie sich in einer Gruppe fühlen
Bem	**Gut**
Senti-me acolhido desde o início.	Ich habe mich von Anfang an willkommen gefühlt.
Fui muito bem recebido.	Ich wurde sehr freundlich empfangen.
Me sinto fazendo parte.	Ich fühle, dass ich dazu gehöre.
Foi muito fácil me enturmar.	Ich konnte mich ohne Schwierigkeiten in die Gruppe einfügen/integrieren.
Parece que eu os conheço há muito tempo.	Es kommt mir so vor, als ob ich sie schon lange kennen würde.
Eu já faço parte.	Ich gehöre schon dazu/ich bin schon einer von ihnen.
Sinto-me muito à vontade com eles.	Ich fühle mich außerordentlich wohl mit/bei ihnen.
Foi uma adaptação fácil.	Die Anpassung war leicht.
Eles são como da família.	Es ist, als ob sie zur Familie gehörten.
Mal	**Schlecht**
Logo no início não me senti bem-vindo.	Ich habe sofort gespürt, dass ich nicht willkommen war.
Era evidente que eles não gostaram de mim.	Es war klar, dass sie mich nicht mochten.
Não senti um astral bom.	Es war keine gute Atmosphäre.
Me sinto deslocado.	Ich fühle mich nicht dazu gehörig.
Não fui exatamente aceito.	Man hat/sie haben mich nicht wirklich akzeptiert.
Não me sinto muito bem-vindo.	Ich fühle mich nicht sehr willkommen.
Acho que eles não me querem lá.	Mir ist so, als ob sie mich nicht da haben wollen.
Sinto-me um peixe fora d'água.	Ich fühle mich fehl am Platze.
Me sinto atrapalhando.	Ich habe das Gefühl, dass ich störe/dass ich ihnen im Wege bin.
Sei quando não sou bem-vindo.	Ich fühle es, wenn ich nicht willkommen bin.
Não vou me esforçar força para ser aceito.	Ich will mich (ihnen) nicht aufdrängen.
Estou fazendo de tudo para me encaixar.	Ich tue mein Möglichstes, um mich einzufügen.
Não me encaixo.	Ich passe wirkklich nicht dahin.

Falando sobre seu parceiro	Sie sprechen über Ihren Partner
	veja também "Descrevendo as pessoas", página 47
Ele/Ela é ótimo/a.	Er/sie ist großartig.
Ele/Ela tem um sorriso lindo.	Er/sie hat ein wunderschönes Lächeln.
Ele/Ela me faz rir.	Er/ sie bringt mich zum Lachen.
Me sinto bem perto dele/dela.	Ich fühle mich wohl/glücklich, wenn ich mit ihm/ihr zusammen bin.
Temos muito em comum.	Wir haben sehr viel gemeinsam.
Temos muitos interesses em comum.	Wir haben viele gemeinsame Interessen.
Temos (quase) os mesmos valores.	Wir haben (fast) dieselben Wertvorstellungen.
Tivemos uma educação parecida.	Wir hatten eine sehr ähnliche Erziehung.
Mesmo ele/ela sendo muito diferente de mim, nos damos bem.	Obwohl er/sie sehr verschieden von mir ist, verstehen wir uns gut.
Nunca conheci ninguém como ele/ela.	Ich habe niemals jemanden kennen gelernt, der so ist wie er/sie.
Ele/Ela parece um sonho.	Er/sie ist wie ein Traum (für mich).
Detesto ficar longe dele/dela.	Ich finde es schrecklich, wenn ich nicht bei ihm/ihr sein kann.
Não consigo ficar longe dele/dela.	Ich kann nicht ohne ihn/sie sein.
Não consigo me imaginar longe dele/dela.	Ich kann mir nicht vorstellen, weit weg von ihm/ihr zu sein.
Ele/Ela me ouve (de verdade).	Er/sie hört mich wirklich an.
Ele/Ela me entende.	Er/sie versteht mich.
Confio nele/nela.	Ich vertraue ihm/ihr.
Ele/Ela confia em mim.	Er/sie vertraut mir.
Já passamos por muita coisa juntos.	Wir haben schon viel zusammen durchgemacht.
Ele/Ela é muito romântico/a.	Er/sie ist sehr romantisch.
Nem vejo o tempo passar quando estamos juntos.	Die Zeit vergeht wie im Fluge, wenn wir zusammen sind.
Ele/Ela tem muitas das qualidades de que eu gosto/que eu admiro numa pessoa.	Er/sie hat viele Eigenschaften, die ich bei einem Menschen bewundere.
Ele/Ela me aceita como eu sou.	Er/sie nimmt mich so, wie ich bin.
Ele/Ela me aceita com todos os meus defeitos.	Er/sie akzeptiert mich mit all meinen Fehlern.
É muito bom para ser verdade.	Es ist zu schön, um wahr zu sein!
Ele/Ela não é como os/as outros/as.	Er/sie ist anders als die anderen.
Ele/Ela é muito especial para mim.	Er/sie bedeutet mir sehr viel.

Falando sobre seu parceiro (cont.)	Sie sprechen über Ihren Partner (Forts.)
	veja também "Descrevendo as pessoas", página 47
Nós temos uma coisa muito especial.	Wir haben eine sehr schöne,/ganz besondere Beziehung.
Me preocupo com ele/ela.	Er/sie ist wirklich sehr wichtig für mich.
Quero fazê-lo/a feliz.	Ich möchte ihn/sie glücklich machen.
Sou louco por ele/ela.	Ich bin verrückt nach ihm/ihr.
Acho que estou me apaixonando por ele/ela.	Ich glaube, ich bin dabei, mich in ihn/sie zu verlieben.
Acho que estou apaixonado/a por ele/ela.	Ich glaube, ich bin in ihn/sie verliebt.
Eu o/a amo.	Ich liebe ihn/sie.

Descrevendo um casal	Sie beschreiben ein Paar
Eles estão namorando.	Sie gehen zusammen./Sie sind befreundet.
Eles estão morando juntos.	Sie leben zusammen.
Eles estão noivos.	Sie sind verlobt.
Eles são casados.	Sie sind verheiratet.
É uma relação meio aberta.	Sie haben so eine Art offene Beziehung/Partnerschaft.
Eles saem com outras pessoas.	Sie gehen auch mit anderen aus.
Eles formam um belo casal.	Sie passen sehr gut zusammen.
Estão juntos há (3 anos).	Sie sind schon (3 Jahre) zusammen.
São um casal perfeito.	Sie sind ein perfektes Paar.
Eles se dão muito bem.	Sie verstehen sich sehr gut.
Eles se completam.	Sie ergänzen sich gut.
Eles combinam.	Sie passen gut zusammen.
Eles não se soltam.	Der eine kann nicht ohne den anderen sein.
Estão sempre juntos.	Sie sind immer zusammen.
Dá para notar que estão apaixonados.	Man kann sehen, dass sie verliebt sind.
Se conheceram (no trabalho).	Sie haben sich (bei der Arbeit) kennen gelernt.
Acho que não vai durar.	Ich glaube, das hat keine Aussicht auf Dauer/das ist nicht von Dauer/das hält nicht.
Estão tentando se entender.	Sie versuchen sich zu verstehen/sich zusammen zu raufen.
Estão tendo problemas.	Sie haben Probleme/Schwierigkeiten.
Estão sempre brigando.	Sie streiten sich fortwährend.
Estão fazendo terapia conjugal.	Sie gehen zur Eheberatung.

Descrevendo um casal (cont.)	Sie beschreiben ein Paar (Forts.)
Não sei o que ele/ela vê/viu nela/nele.	Ich weiß nicht, was er an ihr findet/was sie an ihm findet.
Ele/Ela poderia achar coisa melhor.	Er/sie könnte etwas Besseres finden.
Ele/Ela está a/o usando.	Er nutzt sie aus/sie nutzt ihn aus.
Ele/Ela a/o trai.	Er betrügt sie/sie betrügt ihn.
Acho que vão terminar.	Ich glaube, sie machen Schluss./sie machen es aus.
Ele/Ela acabou de terminar com sua/seu ex.	Er hat gerade mit seiner Ex-Frau Schluss gemacht/sie hat gerade mit ihrem Ex-Mann Schluss gemacht.
Acho que ele/ela ainda pensa na/no ex.	Ich glaube, er kann seine Ex-Frau nicht vergessen/sie kann ihren Ex-Mann nicht vergessen.

Paquerando	Flirten
Você está muito bonita/o.	Sie sehen/du siehst sehr hübsch/schön aus.
Gostei desse (vestido).	Ihr/dein (Kleid) gefällt mir.
Você tem um sorriso bonito.	Sie haben/du hast ein sehr schönes Lächeln.
Você deveria sorrir mais.	Sie sollten/du solltest öfter lächeln.
Você sabe quem você me lembra um pouco? (A Sharon Stone.)	Wissen Sie, an wen Sie mich ein wenig erinnern? Weißt du, an wen du mich ein wenig erinnerst? (Sharon Stone).
Alguém já lhe disse que você se parece um pouco com (o Mel Gibson)?	Hat Ihnen/dir schon mal jemand gesagt, dass Sie/du ein bisschen wie (Mel Gibson) aussehen/aussiehst?
Que signo você é?	Welches Sternzeichen sind Sie/bist du?
Você tem namorado/a?	Haben Sie/hast du einen Freund/eine Freundin?
Você está namorando?	Sind Sie/bist du schon vergeben?
Não acredito que você não tem namorado/a.	Ich kann nicht glauben, dass jemand wie Sie/du keinen Freund/keine Freundin hat.
Você vem sempre aqui?	Kommen Sie/kommst du oft hierher?
Quer dançar?	Möchten Sie/möchtest du tanzen?
Você quer ir para outro lugar?	Möchten Sie/möchtest du woanders hingehen?
Está um pouco barulhento/cheio aqui.	Es ist hier ein bisschen zu laut/zu voll.

Paquerando (cont.)	**Flirten (Forts.)**
Posso ligar para você?	Darf ich Sie/dich irgendwann mal anrufen?
A gente poderia sair um dia desses.	Wir könnten irgendwann mal zusammen ausgehen, wie wär's?
Você tem um bom papo.	Es ist interessant, sich mit Ihnen/dir zu unterhalten.
Eu gosto de conversar com você.	Ich unterhalte mich richtig gern mit Ihnen/dir.
Quando eu posso ver você de novo?	Wann kann ich Sie/dich wiedersehen?
Vou querer ver você de novo.	Ich möchte Sie/dich gerne wiedersehen.
Adoraria ver você de novo.	Es wäre wunderbar, Sie/dich wiederzusehen.
Espero que possamos nos ver de novo.	Ich hoffe, wir können uns mal wiedersehen.
Você me parece ser uma pessoa muito especial.	Ich habe den Eindruck, Sie sind/du bist ein ganz besonderer Mensch.
Você me atrai.	Ich finde Sie/dich sehr attraktiv.
	veja também "Descrevendo as pessoas", página 47
Você deve ouvir muito isso.	Ich bin ganz sicher, dass Sie/du das oft hören/hörst.

O Amor — Liebe

Como falar sobre seu relacionamento (geral)	**Sie sprechen über Ihre Beziehung (im Allgemeinen)**
Nos conhecemos em...	Wir haben uns in... kennen gelernt.
Estamos juntos há (dez) anos.	Wir sind schon (zehn Jahre) zusammen.
É só namoro.	Es ist nur ein Flirt.
Estamos morando juntos.	Wir leben zusammen.
Estamos planejando nos casar.	Wir haben vor zu heiraten.
Estamos pensando em ter filhos.	Wir wollen Kinder haben.
Acho que é ainda muito cedo para pensar em casamento/filhos.	Ich finde, es ist noch zu früh, um an eine Heirat/an Kinder zu denken.

Perguntando sobre o relacionamento de alguém	**Sie fragen jemanden nach seiner/ihrer Beziehung**
	veja também "Como fazer uma pergunta pessoal sem ofender" (página 36) na seção "Coisas que se falam quando as pessoas se encontram"
Como vocês se conheceram?	Wie haben Sie sich/wie habt ihr euch kennen gelernt?
Há quanto tempo vocês estão juntos?	Wie lange sind Sie/wie lange seid ihr schon zusammen?
É só namoro?	Ist es nur ein Flirt?
Está ficando sério?	Ist es ernst?
Estão pensando em se casar?	Haben Sie vor/habt ihr vor zu heiraten?

Como falar sobre crise no seu relacionamento ou casamento	**Sie sprechen über eine Krise in Ihrer Beziehung oder Ihrer Ehe**
	Para as coisas mais positivas veja "Falando sobre seu parceiro", página 54
As coisas não estão muito bem.	Im Augenblick geht es nicht so gut.
As coisas não vão bem desde...	Seit... ist es nicht mehr so wie früher.
Alguma coisa mudou.	Irgendetwas hat sich verändert/etwas ist anders geworden.
Talvez eu tenha mudado.	Vielleicht habe ich mich verändert.
Aindo a/o amo, mas...	Ich liebe sie/ihn immer noch, aber...
Estou ficando cansado/a dela/dele sempre...	Ich werde es langsam müde, dass er/sie immer...
Cada um foi para um lado.	Wir haben uns auseinandergelebt.
Ele/Ela me parece tão distante.	Er/sie kommt mir so fremd vor.
Nós não conversamos mais.	Wir reden nicht mehr miteinander.
Não fazemos mais o que fazíamos.	Wir tun nicht mehr, was wir früher getan haben/unsere Gewohnheiten sind nicht mehr dieselben.
Estou confuso.	Ich bin ganz durcheinander.
Não sei o que eu sinto.	Ich bin mir meiner Gefühle nicht (mehr) sicher.
Não sei o que fazer.	Ich weiß nicht, was ich tun soll.
	veja também "Decidindo", página 134
Acho que somos muito diferentes/ parecidos.	Ich glaube, wir sind zu verschieden/ zu ähnlich.

Como falar sobre crise no seu relacionamento ou casamento (cont.)	Sie sprechen über eine Krise in Ihrer Beziehung oder Ihrer Ehe (Forts.)
Acho que precisamos de um tempo.	Ich glaube, wir müssen ein wenig Abstand gewinnen/wir brauchen ein wenig Zeit.
Acho que eu só preciso de um tempo para pensar.	Ich glaube, ich brauche nur ein wenig Zeit zum Nachdenken.
Não quero jogar tudo para o alto.	Ich will nicht alles über Bord werfen.
Nós passamos por muita coisa juntos.	Wir haben so viel zusammen durchgemacht.
Acho que chegou a hora de separar.	Ich glaube, es ist Zeit, dass unsere Wege sich trennen.

Mais expressões sobre o amor	Weitere Ausdrücke zum Thema Liebe
Ele/Ela está traindo-a(o).	Er betrügt sie. Sie betrügt ihn.
A relação caiu na rotina.	Unsere Beziehung ist zu Routine erstarrt.
Não tem mais jeito.	Unsere Beziehung ist in einer Sackgasse gelandet/hat keine Zukunft.
Nós terminamos.	Wir haben Schluss gemacht.
Nós voltamos.	Wir haben uns wieder vertragen/wir haben unsere Beziehung wieder aufgenommen.
Eu tenho uma paixão por ela/ele.	Ich liebe sie/ihn leidenschaftlich.

Recebendo pessoas em casa / Sie empfangen Gäste

Na chegada dos convidados	Bei der Ankunft der Gäste
Oi!	Hallo! Schön, dass Sie da sind/dass ihr da seid/dass du da bist!
Conseguiram!	Sie haben/ihr habt/es geschafft!
Acharam fácil chegar aqui?	War es schwer zu finden?
Que bom que você(s) veio/vieram.	Wie schön, dass Sie kommen konnten/dass ihr kommen konntet/dass du kommen konntest!
Por favor, entre(m).	Bitte kommen Sie/kommt/komm herein/rein!

Na chegada dos convidados (cont.)	Bei der Ankunft der Gäste (Forts.)
Não repare(m) na bagunça.	Bitte schauen Sie sich nicht um/bitte schaut euch nicht um/bitte schau dich nicht um. Es ist sehr unordentlich/ich hatte keine Zeit aufzuräumen!
Geralmente é mais arrumado.	Normalerweise ist es nicht so unordentlich.
Não é grande coisa, mas...	Es ist nichts Großartiges, aber...
Me dê seu (casaco).	Bitte geben Sie mir Ihren Mantel/ gib mir deinen Mantel.
Eu só vou guardar (seu casaco).	Ich hänge (den Mantel/die Mäntel) nur eben auf.
Sinta-se à vontade em casa.	Fühlen Sie sich/fühl dich ganz wie zu Hause!
Está/Estão com fome?	Haben Sie/habt ihr/hast du Hunger? Sind Sie/seid ihr/bist du hungrig?
Aceita alguma coisa para (beber)?	Darf ich Ihnen/euch/dir etwas zu (trinken) anbieten?
Que você quer (beber)?	Was möchten Sie/was möchtest du gern (trinken)?
Temos refrigerante, água, cerveja...	Wir haben Limonade, Wasser, Bier...
Aceita(m) um (vinho)?	Nehmen Sie/nehmt ihr/nimmst du Wein?
Você(s) se importa(m) se eu fumar?	Würde es Ihnen/euch/dir etwas ausmachen, wenn ich rauche?
Venha conhecer a casa.	Kommen Sie/komm, ich zeige Ihnen/dir das Haus.
Sirva-se./Podem-se servir.	Bitte bedienen Sie sich/bedient euch/bedien dich!

Na saída dos convidados	Wenn die Gäste gehen
Ah, já vai/vão?	Oh, schon so früh? Jetzt schon? Wollen Sie/wollt ihr/willst du nicht noch ein bisschen bleiben?
Não aceita(m) (um cafezinho) antes de ir(em)?	Wie wäre es mit einem Kaffee, bevor Sie gehen/bevor ihr geht/bevor du gehst?
Vou pegar suas coisas.	Ich hole eben Ihre/eure/deine Sachen.
Que bom que veio/vieram.	Vielen Dank für den Besuch!
Adorei que você(s) veio/vieram.	Ich habe mich sehr gefreut, dass Sie gekommen sind/dass ihr gekommen seid/dass du gekommen bist.

Na saída dos convidados (cont.)	**Wenn die Gäste gehen (Forts.)**
Venha(m)-me visitar quando você(s) quiser(em)!	Kommen Sie/kommt/komm jederzeit wieder mal vorbei!
Vê se não some(m)!	Machen Sie/macht euch/mach dich nicht so rar!
Vá com cuidado!	Fahren Sie/fahr vorsichtig!
Você não quer dormir aqui?	Möchten Sie/möchtet ihr/möchtest du nicht über Nacht bleiben?
Você pode dormir aqui se quiser.	Sie können/du kannst gerne hier schlafen/übernachten, wenn Sie möchten/wenn du möchtest.
É um pouco tarde para dirigir.	Es ist ein bisschen spät, um sich ins Auto zu setzen.
É muito longe para dirigir.	Es ist sehr weit zu fahren.

Quando os convidados ficam	**Wenn die Gäste bleiben**
Vou-lhe mostrar seu quarto.	Ich zeige Ihnen/dir Ihr/dein Zimmer.
Por favor, fique bem à vontade.	Bitte machen Sie es sich/mach es dir bequem!
Por favor fique à vontade para usar o que você quiser.	Benutzen Sie/benutze ruhig, was auch immer Sie brauchen/du brauchst!
Durma bem.	Schlafen Sie/schlaf gut!
Dormiu bem?	Haben Sie/hast du gut geschlafen?

Arte e Entretenimento — Kunst und Unterhaltung

Filmes	**Filme**
De que tipo de filme você gosta?	Welche Art Film(e) sehen Sie /siehst du gern?
Eu não sou muito chegado em (filme de terror).	Ich schwärme nicht gerade für (Horrorfilme) bin nicht gerade verrückt nach (Horrorfilmen).

Filmes (cont.)	Filme (Forts.)
Você já viu...?	Haben Sie/hast du schon... gesehen?
O que você achou?/O que você achou do...?	Was meinen Sie/was meinst du? Wie finden Sie/wie findest du...?
Gostou?	Hat... Ihnen/dir gefallen?
Tem recebido uma boa crítica.	Er hat gute Kritiken bekommen.
Tem recebido críticas variadas.	Die Kritiker sind sich nicht alle einig.
Vi o "trailer".	Ich habe die Vorschau gesehen.
Pelo "trailer" parece bom.	Der Vorschau nach zu urteilen ist der Film sehr gut.
Adorei.	Ich finde... hervorragend/ich bin total begeistert.
Você tem que ver.	Den Film must du sehen!
Faz tempo que não vejo um bom filme.	Ich habe schon lange keinen guten Film mehr gesehen.
Fazia tempo que não assistia a um filme tão bom.	Es ist einer der besten Filme, die ich seit langem gesehen habe.
Eu achei um pouco (previsível).	Ich fand, es gab keine großen Überraschungen.
Os atores estavam meio fracos.	Die Schauspieler hätten besser sein können.
Eu esperaria sair em vídeo.	Ich würde warten, bis es als Video herauskommt.
Fiquei um pouco decepcionado.	Ich bin/ich war etwas enttäuscht.
Não foi nada do que estava esperando.	Es war ganz und gar nicht, was ich erwartet hatte.
Parecia (bem) melhor nos "trailers".	Es sah in der Vorschau (viel) besser aus.
Caí no sono bem no meio do filme.	Mitten drin bin ich eingeschlafen.
Estava tão ruim que saí no meio.	Es war so schlecht, dass ich mitten drin rausgegangen bin.
Quis meu dinheiro de volta.	Ich habe mein Geld zurück verlangt.
Tinha partes boas.	Einige Szenen waren gut.
Tem uma cena que você tem que ver.	Da ist eine Szene, die müssen Sie/die musst du sehen!
Eu gostei daquela parte em que...	Mir hat der Teil gut gefallen, wo...
Tinha ótimos efeitos especiais.	Der Film hatte sehr gute spezielle Effekte.
Vale a pena só por...	Schon wegen... lohnt sich der Film.
Eu nem conseguia ficar sentado.	Ich konnte nicht still sitzen.
Fiquei colado na (cadeira).	Ich saß da wie festgenagelt.
É ação o tempo todo.	Eine Szene jagt die andere.

Filmes (cont.)	Filme (Forts.)
Não conseguia parar de rir.	Ich konnte nicht aufhören zu lachen.
Chorei de tanto rir.	Ich habe Tränen gelacht.
Ri até doer.	Ich habe so gelacht, dass mir alles weh getan hat.
O começo é meio devagar.	Die Handlung kam am Anfang nicht so recht in Schwung.
Chorei no final.	Am Ende habe ich geweint/Tränen vergossen.
Não vou contar o final (senão estraga).	Ich erzähle Ihnen/dir nicht, wie es ausgeht; sonst verderbe ich die Überraschung!
O (Robert de Niro) estava muito bom.	(Robert de Niro) war hervorragend.
(Michelle Pfeiffer) estava muito boa como...	(Michelle Pfeiffer) war sehr gut als...
Ele/Ela fez um ótimo papel.	Er/sie hat die Rolle wunderbar/ ausgezeichnet gespielt.
Tinha uma trama meio fraca.	Die Handlung war ziemlich schwach.

Livros	Bücher
Você gosta de ler?	Lesen Sie/liest du gern?
Você já leu...?	Haben Sie/hast du schon... gelesen?
O que você achou?	Wie finden Sie/wie findest du...?
Gostou?	Hat es Ihnen/dir gefallen?
Não conseguia parar de ler.	Ich konnte es nicht weglegen.
Achei meio devagar.	Ich fand, es kam nicht so richtig in Schwung.
Acho difícil ler (Nabokov).	Ich finde (Nabokov) schwer zu lesen.
Achei uma leitura difícil.	Ich fand es schwer zu lesen./Es ist keine leichte Lektüre.
Agora estou lendo...	Im Augenblick lese ich...

Música	Musik
Que tipo de música você gosta?	Was für (eine Art) Musik hören Sie/hörst du gern?
Você gosta de (Tom Jobim)?	Mögen Sie/magst du (Tom Jobim)?
Você já tem o novo CD dos (Raimundos)?	Haben Sie/hast du schon die neue CD von (den Raimundos)?
Você já ouviu o novo CD dos (Raimundos)?	Haben Sie/hast du schon die neue CD von (den Raimundos) gehört?

Música (cont.)	Musik (Forts.)
Eles têm um som legal.	Sie haben einen guten Sound.
Eu gosto das coisas antigas dele(a)/deles(as).	Ich mag seine/ihre/ihre älteren Songs.
É o máximo.	Es ist fantastisch/großartig.
É um pouco fraco.	Es ist – na ja, es geht so.
Não sou muito chegado a (rock).	Ich bin kein großer (Rock) Fan./Ich bin nicht so sehr für (Rock)/(Rock) liegt mir nicht so sehr.
Sou mais chegado a (jazz).	Ich bin mehr für (Jazz)/(Jazz) liegt mir mehr.
É legal para dançar.	Man kann gut danach tanzen/es ist gute Tanzmusik.
Só dá para aguentar uns (30) minutos disso.	Ich kann es nur ungefähr (30) Minuten aushalten/ertragen.

Esporte	Sport
Você torce para que time?	Für welches Team sind Sie/bist du?
Como está o placar?	Wie steht das Spiel?
Quem está ganhando?	Wer liegt vorn?/Wer gewinnt?
Está (3) a (2) para o (Atlético).	Es steht (3) zu (2) für den (Atlético).
Por enquanto está empatado. (2) a (2)	Vorläufig steht es unentschieden.
Ô, juiz!	He, Schiri! Das muss gepfiffen werden! *("Schiri" é uma forma abreviada, muito popular, de "Schiedsrichter" = "juiz")*
Quem ganhou?	Wer hat gewonnen?
Você perdeu um ótimo jogo!	Sie haben/du hast ein tolles Spiel verpasst!
(Roberto) jogou muito bem.	(Roberto) hat großartig gespielt.
	veja também "Contando histórias", página 97
Deu zebra.	Es war ein unerwarteter Ausgang.
Ninguém esperava que ganhássemos.	Niemand dachte, dass wir gewinnen würden.
Ganhamos de (4).	Wir haben mit (4) Toren Vorsprung gewonnen./Wir liegen (4) Tore vorn.
Foi um jogo apertado.	Es war knapp.
Teve prorrogação.	Es ging in die Verlängerung.
Ganharam no pênalti.	Sie haben beim Elfmeterschießen gewonnen.
Eles empataram.	Sie haben unentschieden gespielt.

Esporte (cont.)	Sport (Forts.)
Estamos disputando a vaga do primeiro lugar com (Flamengo).	Wir kämpfen mit dem (Flamengo) um den ersten Platz.
Para chegar na final eles têm que ganhar do (Corinthians).	Sie müssen den (Corinthians) besiegen, um ins Endspiel zu kommen.
Perdemos.	Wir haben verloren.
Nós deveríamos ter ganhado.	Wir hätten gewinnen müssen.
Eles mereceram ganhar.	Sie haben den Sieg verdient.
Eles mereceram perder.	Sie haben die Niederlage verdient.
Jogaram muito mal.	Sie haben wirklich schlecht gespielt.
Fomos roubados.	Der Schiedsrichter ist/war gekauft.
O juiz apitou muito mal.	Der Schiedsrichter hat sehr schlecht gepfiffen/hat das Spiel zerpfiffen.
O juiz foi um ladrão.	Der Schiri hat die andere Mannschaft bevorzugt.
Eles são nossos arqui-inimigos.	Sie sind unsere Erzrivalen.
Você joga alguma coisa?	Treiben Sie/treibst du Sport?
Podemos marcar para jogar alguma coisa.	Vielleicht spielen wir mal zusammen.
Eu me junto a alguns amigos para jogar alguma coisa no final de semana.	Am Wochenende treffe ich mich mit Freunden, und dann spielen wir manchmal.

Descrevendo uma noite romântica	Sie beschreiben einen romantischen Abend
Me produzi todo(a).	Ich habe mich richtig rausgeputzt/habe mich in Schale geworfen/habe mich schön gemacht.
Fui buscá-la em casa.	Ich habe sie zu Hause abgeholt.
Levei flores.	Ich habe ihr Blumen mitgebracht.
Ele me trouxe flores.	Er hat mir Blumen mitgebracht.
Ele abriu a porta para mim.	Er hat mir die Tür offen gehalten/er hat mich vorgehen lassen.
Ela estava linda/maravilhosa.	Sie sah hinreißend aus.
Ele estava lindo.	Er sah umwerfend aus.
Ele falou que eu estava linda.	Er hat gesagt, ich sähe hinreißend aus.
Ela/Ele estava tão cheirosa(o).	Er/sie duftete so wunderbar!
Não conseguia tirar os olhos dela.	Ich konnte die Augen nicht von ihr lassen.
Queria que fosse uma noite especial.	Es sollte ein ganz besonderer Abend sein.
Fomos para um restaurante (italiano) ótimo.	Wir sind in ein sehr gutes (italienisches) Restaurant gegangen.

Descrevendo uma noite romântica (cont.)	Sie beschreiben einen romantischen Abend (Forts.)
Jantamos à luz de velas.	Wir haben bei Kerzenschein zu Abend gegessen.
Ficamos olhos nos olhos.	Wir haben uns tief in die Augen gesehen.
Estava com muita vontade de beijá-la(o).	Ich hatte großes Verlangen, sie zu küssen.
Me senti um(a) adolescente.	Ich habe mich wie ein Teenager gefühlt.
Ela bancou/se fez de difícil.	Sie hat sich ein wenig geziert.
Ela/Ele me dava a entender que também queria.	Sie/er gab mir zu verstehen, dass sie/er dasselbe wollte.
Ela deitou a cabeça em meu ombro	Sie hat den Kopf auf meine Schulter gelegt.
Ele pôs o braço por cima do meu ombro.	Er hat mir den Arm um die Schultern gelegt.
Ficamos de mãos dadas.	Wir haben Händchen gehalten.
Nos beijamos.	Wir haben uns geküsst.
Senti uma coisa especial.	Ich hatte so ein besonderes Gefühl.
Fomos dar uma volta a pé/de carro (pela praia).	Wir sind ein Stück (am Strand) spazieren gegangen/spazieren gefahren.
Dançamos de rosto colado.	Wir haben Wange an Wange getanzt.
Acompanhei-a até a porta (de casa).	Ich habe sie bis zur Haustür begleitet/gebracht.
Ficamos em frente à lareira.	Wir haben am Kamin gesessen.
Passamos a noite abraçadinhos.	Wir haben die Nacht eng umschlungen verbracht.
Eu a abracei a noite toda.	Ich habe sie die ganze Nacht in meinen Armen gehalten.
Passei a noite abraçada nele.	Ich habe die Nacht in seinen Armen verbracht.
Não vejo a hora de vê-la de novo.	Ich kann es nicht erwarten, sie wiederzusehen.

Chamadas telefônicas de uso pessoal	Telefongespräche (persönlich)

Em alemão não se usa nada semelhante a “um abraço” ou “um beijo” em português. Um simples “Tschüß” ou “Auf Wiederhören” é suficiente na hora de se despedir ao telefone. Da mesma maneira, não há equivalente em alemão para “De onde fala?”, uma vez que a pessoa que está ligando deve se identificar primeiro (considera-se uma questão de educação, já que ela estaria “invadindo” o espaço de quem recebe a chamada.)

Ligando	Sie rufen an
Oi, gostaria de falar com (Silvia) por favor.	Guten Tag/Hallo. Mein Name ist/hier ist ... Könnte ich bitte mit (Silvia) sprechen?
Oi, (a Silvia) está?	Guten Tag, hier ist... Ist (Silvia) da?
Aqui é (o Pedro).	Hier ist (Pedro)
Sou um amigo dela/dele.	Ich bin ein Freund/Bekannter von ihr/von ihm.
Trabalho com ela/ele.	Wir arbeiten zusammen.
Oi, é o (Pedro).	Hallo, hier ist (Pedro).
Você está ocupado?	Bist du gerade beschäftigt?
Você está podendo falar?	Kannst du reden? Oder habe ich zu einer unpassenden Zeit angerufen?
Tentei ligar antes, mas... ... ninguém atendeu	Ich habe es vorher schon einmal versucht, aber... es kam niemand ans Telefon/niemand hat abgenommen.
... mas acho que você não estava.	... ich glaube, du warst nicht da.
... estava ocupado.	... es war besetzt.
... só dava ocupado.	... es gab immer das Besetztzeichen.
... caiu na secretária eletrônica.	... der Anrufbeantworter hat sich eingeschaltet.
... caiu na caixa postal.	... ich habe nur deine Mailbox bekommen.
Você recebeu meu recado?	Hast du meine Nachricht bekommen?

Atendendo	Sie gehen ans Telefon

Aqui é interessante observar que, normalmente, as pessoas atendem dizendo o seu nome; isto facilita as coisas para quem liga. No entanto, ultimamente, por receio de receber um trote, as pessoas se "protegem" dizendo apenas "Hallo?"

Alô?	Hallo?
Quem está falando?	Wer ist dort, bitte?
É ela.	Ich bin es selbst.

Durante a chamada	Während des Gesprächs

veja também "Coisas que se falam quando as pessoas se encontram", página 33

Oi (Pedro). Que bom que você ligou.	Oh, hallo, (Pedro). Schön, dass du anrufst.
Recebi seu recado, obrigado.	Ich habe deine Nachricht bekommen, danke.

Durante a chamada (cont.)	Während des Gesprächs (Forts.)
Ah, que bom. Estava esperando sua ligação.	Wie gut. Ich habe schon auf deinen Anruf gewartet.
Me aguarda um segundinho? Eu tenho que...	Kannst du einen Moment dranbleiben? Ich muss eben schnell...
Só um segundo. Tem alguém na outra linha.	Einen kleinen Moment, bitte. Ich habe jemanden am anderen Apparat.
Dá para me ouvir bem?	Hörst du mich gut?
Posso ligar para você de volta?	Kann ich zurückrufen?
Quer que eu te ligue de volta?	Möchtest du, dass ich zurückrufe?
Essa ligação vai sair muito cara para você.	Dies Gespräch wird dich ein Vermögen kosten/dieses Gespräch wird zu teuer!
Estou no meio de um negócio aqui. (Posso ligar para você mais tarde?)	Ich bin im Moment leider nicht abkömmlich. (Kann ich später zurückrufen?).
Olha, eu tenho que ir agora. Eu...	Entschuldige, aber ich muss jetzt dringend weg. Ich... *veja também "Desculpas", página 81*
Eu já ligo para você.	Ich rufe sofort zurück.
Qual é seu número mesmo?	Wie war doch gleich deine Nummer?

Problemas durante a ligação	Probleme während des Gesprächs
Desculpe-me, caiu a linha.	Entschuldigung, wir wurden unterbrochen.
Essa ligação está péssima.	Die Verbindung ist sehr schlecht.
Eu estou ouvindo você muito mal.	Ich kann dich kaum verstehen.
Estou ouvindo um eco.	Da ist ein Echo in der Leitung.

Terminando	Sie beenden ein Gespräch
Preciso desligar.	Entschuldigung, ich muss leider auflegen. *veja também "Desculpas", página 81*
Então tá bom...	Ja dann...
Gostei de falar com você.	Es war schön, mal wieder mit dir zu sprechen.
Vamos marcar alguma coisa.	Wir müssen uns mal verabreden. *veja "Convidando", página 124*
Um beijo./Um abraço.	Mach's gut.
Até mais.	Bis bald.
Tchau.	Tschau!/Tschüß!

Deixando recado	Sie hinterlassen eine Nachricht
Você pode pedir para ele/ela ligar para (Pedro)?	Könnten Sie/könntest du sie/ihn bitten, (Pedro) anzurufen?
Você pode avisá-lo/la de que...	Würden Sie/würdest du ihm/ihr bitte sagen, dass...
(Ele) pode me encontrar...	Ich bin unter (33845678) zu erreichen.
Se eu não estiver, é para tentar no...	Sollte ich nicht hier sein, so bin ich unter (33845678) zu erreichen.
Acho que ele/ela tem meu telefone, (mas em todo caso é...)	Ich glaube, er/sie hat meine Nummer, (aber hier ist sie noch mal, für alle Fälle: 33845678).

Deixando um recado na secretária	Sie hinterlassen eine Nachricht auf dem Anrufbeantworter
Oi, aqui é o (Pedro).	Hallo, hier ist (Pedro)
Estou só retornando.	Ich rufe nur gerade zurück
Que pena que eu não o encontrei.	Schade, dass ich Sie/dich nicht angetroffen habe.
Que desencontro!	Wir verpassen uns immer!
Você está fugindo de mim.	Ich habe fast den Eindruck, Sie meiden/du meidest mich.
Que difícil falar com você.	Es ist gar nicht so leicht, Sie/dich zu erreichen.
Bom, acho que você ainda está (no trabalho).	Nun ja, mir scheint, Sie sind/du bist noch (bei der Arbeit).
Só liguei para...	Ich rufe nur an, um... zu...
Bom, enfim...	Na ja, wie auch immer...
Me ligue quando você puder.	Rufen Sie/ruf mich an, wenn Sie Zeit haben/wenn du Zeit hast.
Pode me ligar em casa/no trabalho/ no celular.	Sie können/du kannst mich zu Hause/auf der Arbeit/auf mein Handy anrufen.
Caso você não tenha meu número, é...	Sollten Sie/solltest du meine Nummer nicht haben, hier ist sie:...
Então, espero poder falar com você mais tarde.	Also, ich hoffe, ich höre später von Ihnen/von dir.
Vou tentar ligar mais tarde.	Ich werde es später noch einmal versuchen.
Até mais.	Bis später!
Um abraço./Um beijo.	Auf Wiederhören! Mach's gut!
Tchau.	Tschüß!

Anotando um recado	Sie nehmen eine Nachricht entgegen
Você quer deixar recado?	Möchten Sie/möchtest du eine Nachricht hinterlassen?/Soll ich etwas ausrichten?
Só um instante. Vou pegar uma caneta.	Einen kleinen Moment, bitte! Ich hole nur schnell einen Kuli.
Pronto. Pode falar.	So, ich bin bereit.
Deixe-me ver se eu entendi...	Ich wiederhole noch mal, um zu sehen, ob ich das richtig verstanden habe...
Tudo bem. Eu dou o recado para ele/ela.	In Ordnung, ich werde es ausrichten.
Tudo bem. Eu digo a ele/ela que você ligou.	In Ordnung, ich werde ausrichten, dass Sie/du angerufen haben/hast.

Saudações na secretária eletrônica	Begrüßungstexte auf dem Anrufbeanworter
Oi, você ligou para (Pedro).	Hallo, hier ist der Anschluss (33845678) von (Pedro).
Infelizmente não posso atender.	Leider bin ich im Moment nicht zu erreichen.
Você pode me mandar uma mensagem para...	Sie können mir eine SMS auf meine Handynummer (17323456) schicken...
Por favor deixe seu nome e telefone.	Bitte hinterlassen Sie Ihren Namen und Ihre Telefonnummer.
Por favor deixe seu nome, número e hora de chamada.	Bitte hinterlassen Sie Ihren Namen, Ihre Nummer und die Uhrzeit Ihres Anrufs.
Retornarei a ligação assim que possível.	Ich rufe sobald wie möglich zurück.
Por favor deixe seu recado ao sinal do bip.	Bitte hinterlassen Sie Ihre Nachricht nach dem Signalton.

Mais expressões sobre ligações	Weitere Ausdrücke zum Thema Anrufen
Ele/Ela desligou na minha cara.	Er/sie hat mitten im Gespräch einfach aufgelegt.
Só dá ocupado.	Es ist dauernd besetzt.
Ele/Ela me deixou aguardando na espera.	Er/sie hat mich einfach in der Warteschleife hängen lassen.
Caiu a linha.	Wir wurden unterbrochen.
Deixei recado.	Ich habe eine Nachricht hinterlassen.
Caiu na secretária/caixa postal.	Ich habe nur mit dem Anrufbeantworter/der Mailbox gesprochen.

Mais expressões sobre ligações (cont.)	Weitere Ausdrücke zum Thema Anrufen (Forts.)
Ele/Ela me pôs no viva voz.	Er/sie hat mich auf Mithören geschaltet.
Eu atendo.	Ich gehe ran.
Deixe tocar.	Lassen Sie/lass es nur klingeln.
Não está dando sinal de discagem.	Die Leitung ist tot.

Combinando um encontro	Sie verabreden sich
Então, onde a gente se encontra?	Also, wo treffen wir uns?
Que tal (seu hotel)?	Wie wäre es mit (Ihrem/deinem Hotel)?
Posso buscá-lo no (no seu hotel).	Ich kann Sie/dich (in Ihrem/deinem Hotel) abholen.
Que horas posso buscar você?	Um wie viel Uhr kann ich Sie/dich abholen?
Você gostaria de me encontrar (no meu escritório)?	Möchten Sie/möchtest du mich (in meinem Büro) treffen?
Você que sabe.	Ganz wie Sie wollen/wie du willst.
O que for melhor para você.	Was für Sie/für dich am günstigsten ist.
Onde você quiser.	Wo (auch immer) Sie wollen/du willst.
Você conhece...?	Kennen Sie/kennst du...?
Nós poderíamos nos encontrar aí/lá.	Wir könnten uns dort treffen.
Vamos fazer o seguinte: ...	Vielleicht machen wir folgendes:...
Podemos nos encontrar (no seu hotel) às (8:30).	Wir treffen uns (in Ihrem/deinem Hotel) um (8:30) (=acht Uhr dreißig = halb neun).
Que tal?	Wie wär's?
Me avise se houver alguma mudança.	Geben Sie mir/gib mir nur Bescheid, falls sich etwas ändern sollte.
Se por algum motivo você não puder, me dê uma ligada.	Wenn Sie/du es aus irgendeinem Grund nicht schaffen können/kannst, rufen Sie mich/ruf mich nur eben an.

Explicando o caminho	Sie erklären den Weg
É fácil.	Es ist leicht.
Saindo do (hotel)...	Wenn Sie/wenn du aus (dem Hotel) kommen/kommst,...
Pegue a (marginal Tietê) no sentido...	Nehmen Sie/nimm (die Stadtautobahn "Marginal Tietê) in Richtung...

Explicando o caminho (cont.)	Sie erklären den Weg (Forts.)
Procure as placas indicando...	Halten Sie/halt Ausschau nach den Schildern mit der Aufschrift...
Saia na...	Nehmen Sie/nimm die Ausfahrt (*nome que está na placa*)
Entre à direita/esquerda (na...)	Biegen Sie/bieg rechts/links ab (an der Kreuzung...).
Suba a (rua Canário)...	Fahren sie/fahr die (Rua Canário) entlang...
... até chegar na...	... bis Sie/du zur... kommen/kommst.
... à (rua Cabral)	... zur (Rua Cabral).
E vai embora...	Dann fahren Sie/fährst du immer weiter...
Continue por (2) quarteirões...	(2) Straßen weiter...
Vá reto...	geradeaus...
Quando chegar a...	Wenn Sie/wenn du an... kommen/kommst...
Fique à esquerda/direita...	Halten Sie sich/halt dich links/rechts...
Procure (um supermercado)...	Halten Sie/halt Ausschau nach einem Supermarkt...
Você vai passar por um...	Sie kommen/du kommst an einem... vorbei
Se chegar num ____, então já passou.	Wenn Sie/wenn du an einem ____ vorbeikommen/vorbeikommst, dann sind Sie/bist du schon zu weit gefahren.
Fica à sua direita/esquerda.	Es liegt zu Ihrer/deiner Rechten/Linken.
É bem na esquina.	Es liegt genau an der Ecke.
Fica na (Paulista) com a (Frei Caneca).	Es liegt an der Ecke (Avenida Paulista) und (Frei Caneca).
É uma travessa da (Getúlio Vargas).	Es ist eine Querstraße der (Getúlio Vargas).
É em frente ao...	Es liegt/ist ... genau gegenüber dem/der...
É bem ao lado do...	Es liegt/ist genau neben dem/der...
Fica entre ____ e ____	Es liegt/ist zwischen ____ und ____
Não tem erro.	Man kann es nicht übersehen.
Se tiver qualquer problema, é só me ligar.	Wenn Sie/wenn du irgendein Problem haben/hast – Anruf genügt!

Dirigindo | Auto fahren

Falando com passageiros no seu carro | Sie sprechen mit Mitfahrenden

veja também "Desculpas pelo carro sujo" e "Desculpas por algo quebrado" na página 85

Entre aí.	Steigen Sie/steig ein!
Quer sentar na frente?	Möchten Sie/möchtest du lieber vorne sitzen?
Você pode pôr o banco mais para trás se você quiser.	Sie können/du kannst den Sitz etwas zurückstellen, wenn Sie möchten/wenn du möchtest.
Está muito apertado aí atrás?	Ist hinten auch genug Platz?
Eu posso pôr o banco mais para a frente se você quiser.	Ich kann meinen Sitz etwas nach vorne stellen, wenn Sie möchten/wenn du möchtest.
Você pôs o cinto?	Sind Sie/bist du auch angeschnallt?
Estão todos com o cinto de segurança?	Sind alle angeschnallt?
Veja se a porta está travada.	Schauen Sie/schau noch mal nach, ob die Tür auch verriegelt ist!
Acho que a sua porta está aberta.	Ich glaube, Ihre/deine Tür ist offen.
Quer que eu desça o vidro?	Soll ich das Fenster herunterlassen?
Quer que eu suba/feche o vidro?	Soll ich das Fenster zumachen?
Quer que eu ligue/desligue o ar-condicionado?	Soll ich die Klimaanlage einschalten/ausschalten?
Você se importa se eu fumar?	Macht es Ihnen/dir etwas aus, wenn ich rauche?
O que você prefere ouvir?	Welche Art Musik hören Sie/hörst du am liebsten?
Está muito alto aí atrás?	Ist es da hinten zu laut?
Você pode encostar a cabeça um pouquinho para trás?	Könnten Sie/könntest du bitte den Kopf eine Sekunde zurücklegen?
Este carro não corre.	Dieser Wagen zieht nicht.
Dá para sair desse lado?	Kann man auf der Seite gut aussteigen/raus?
Não tem muito vento aí?	Zieht es da auch nicht?
Quer que eu ligue a calefação?	Soll ich die Heizung einschalten/anmachen?

Falando de manobras	Sie sprechen über Manöver beim Fahren
Vou encostar aqui.	Ich fahr dort eben ran.
Preciso encostar/parar por um minuto.	Ich muss da eben kurz ranfahren/ anhalten.
Eu atravessei o sinal vermelho.	Ich bin bei Rot über die Kreuzung gefahren.
Me pegaram correndo.	Ich bin zu schnell gefahren, dabei haben sie mich erwischt.
Fui multado.	Ich habe einen Strafzettel bekommen.
Ele me cortou.	Er hat mich geschnitten.
Tenho a preferencial.	Ich habe Vorfahrt.
Ele está colado.	Der fährt zu dicht auf.
Vamos! Anda logo!	Nun mach schon! Fahr doch!
Tive um acidente.	Ich hatte einen Unfall.
Ele entrou na minha traseira.	Er ist mir hinten rein gefahren./Es war ein Auffahr-Unfall.
Ele entrou de ré no meu carro.	Er ist rückwärts gefahren und dabei in mich rein gefahren.
Entrei de ré num (poste).	Ich habe beim Rückwärtsfahren einen Pfosten mitgenommen.
Ele bateu na minha lateral.	Er ist mir in die Seite gefahren.
Ele apareceu do nada.	Er kam wie aus heiterem Himmel/Urplötzlich war er da.
Conheço um jeito de cortar o caminho.	Ich kenne eine Abkürzung.
fazer o retorno	wenden
entrar à esquerda/direita	(nach) links/rechts abbiegen
fazer uma conversão proibida à esquerda/ direita	verbotenerweise (nach) links/rechts abbiegen
acelerar	beschleunigen
diminuir	verlangsamen/langsamer fahren
costurar	(im) Zickzack fahren
ficar preso no trânsito	im Stau stecken bleiben
dirigir feito louco	wie ein Verrückter/Irrer fahren
parar para abastecer	zum Tanken anhalten
quebrar o carro	eine Panne haben
furar um pneu	einen Platten haben
se perder	sich verfahren
pegar uma autoestrada	die Autobahn nehmen/über die Autobahn fahren
sair de uma autoestrada	von der Autobahn abfahren/die Autobahn verlassen

Falando de manobras (cont.)	Sie sprechen über Manöver beim Fahren (Forts.)
pegar uma estradinha	eine Landstraße nehmen
manter-se na faixa da esquerda/meio/direita	in der linken/mittleren/rechten Spur bleiben
mudar de faixa	die Spur wechseln
dar sinal/sinalizar	blinken
perder o controle da direção	die Gewalt/Herrschaft über das Steuer verlieren
frear	bremsen
pisar fundo no freio	die Bremse ganz durchtreten/"in die Bremsen latschen"
envolver-se num acidente	in einen Unfall verwickelt werden
dar a ré	rückwärts fahren
estacionar	parken
engatar a marcha	den (1./2./3./4./5.) Gang einlegen
deixar engatado	den Gang eingelegt lassen
ligar o limpador de para-brisa	den Scheibenwischer anmachen
puxar o freio de mão	die Handbremse ziehen
acender os faróis	die Scheinwerfer anmachen
acender o pisca alerta	die Warnblinkanlage einschalten
deixar os faróis acesos	die Scheinwerfer anlassen
acender o farol alto	das Fernlicht einschalten
piscar os faróis	aufblenden
fazer uma ligação direta	den Wagen kurzschließen
ligar o carro	den Wagen anmachen/den Motor starten
pegar no tranco	den Wagen anschieben – die Kupplung kommen lassen – dann geht er an!

Discutindo a conta	Sie diskutieren darüber, wer die Rechnung bezahlt...
Ah, não...	Aber nein...
Deixe comigo.	Überlassen Sie/überlass mir das, bitte!
Eu acerto.	Ich bringe das schon in Ordnung.
Deixe que eu pago essa.	Lassen Sie/lass mich das bezahlen!
Não, não. Por favor.	Nein, wirklich. Es ist mir ernst. Bitte.
Eu insisto.	Ich bestehe darauf.
Não, essa é por minha conta.	Nein, das geht auf meine Rechnung!

Discutindo a conta (cont.)	Sie diskutieren darüber, wer die Rechnung bezahlt... (Forts.)
Você paga da próxima vez.	Das nächste Mal sind Sie/bist du dran.
Por favor, eu me sinto mal.	Bitte. Es ist mir wirklich unangenehm./Ich fühle mich wirklich nicht wohl dabei.
Tá certo, mas da próxima vez eu pago.	Na gut, aber das nächste Mal bin ich dran.

Falando sobre o final de semana ou feriado	Sie sprechen über das Wochenende oder den Feiertag
Foi bom o fim de semana?	Na und, war das Wochenende schön?
Foi bom o feriado?	War der Feiertag schön?
Você foi para algum lugar?	Sind Sie/bist du irgendwohin gefahren?
O que você fez (no fim de semana)?	Was haben Sie/hast du am Wochenende gemacht/unternommen?
Só fiquei em casa.	Ich bin zu Haus geblieben/ich war nur zu Haus.
Fiquei em casa e (assisti à televisão).	Ich bin zu Haus geblieben und (habe ferngesehen).
Fui a...	Ich bin ins (Theater)/zum (Fußballspiel) gegangen/nach (Gramado) gefahren.
... já esteve lá?	Waren Sie/warst du schon mal da?
Fui à praia.	Ich bin ans Meer gefahren.
Fiz um churrasco em casa.	Ich habe zu Hause gegrillt.
Meus pais vieram me visitar.	Ich hatte Besuch von meinen Eltern/Meine Eltern haben mich besucht.
Fui a um churrasco na casa de um amigo.	Ich bin zu einer Grillparty bei einem Freund gegangen.
Saí para dançar no (sábado).	Ich bin (Samstag/Sonnabend) tanzen gegangen.
Visitei meus parentes em (Petrópolis).	Ich habe meine Verwandten in (Petrópolis) besucht.
Tive de trabalhar.	Ich musste arbeiten.
Fui comer neste restaurante chamado (Fasano). Já esteve lá?	Ich bin zum Essen ins (Fasano) gegangen. Kennen Sie/kennst du das?/Waren Sie/warst du schon mal da?

Feriados e ocasiões especiais	**Feiertage und besondere Gelegenheiten**
Natal	**Weihnachten**
Feliz Natal!	Frohe/fröhliche Weihnachten!
O que você pediu para o Papai Noel?	Was hast du dir von Weihnachtsmann gewünscht?
O Papai Noel lhe trouxe tudo que você pediu?	Hat der Weihnachtsmann dir alles gebracht, was du dir gewünscht hast?
Coisas que as pessoas fazem no Natal	**Was man Weihnachten tut**
montar uma árvore (e enfeitá-la)	einen Weihnachtsbaum/Tannenbaum aufstellen (und schmücken)
cantar músicas natalinas	Weihnachtslieder singen
fazer compras de Natal	Weihnachtseinkäufe machen
se endividar	Schulden machen
presentear	Geschenke machen/etwas schenken
receber presentes	Geschenke bekommen/etwas geschenkt bekommen
abrir presentes	Geschenke auswickeln/auspacken
ir à missa do galo	zur Mitternachtsmesse gehen
Véspera de Ano-Novo	**Sylvester**
Feliz Ano-Novo!	Ein frohes/gutes/gesundes Neues Jahr! Alles Gute zum Neuen Jahr!
Coisas que as pessoas fazem no *Réveillon*	**Was man Sylvester tut**
reunir os amigos/se reunir os amigos	sich mit Freunden treffen/mit Freunden zusammen kommen
ir a festas de Ano-Novo	zu einer/auf eine Sylvesterparty gehen
beber champagne	Champagner/Sekt trinken
fazer promessas de Ano-Novo	gute Vorsätze schmieden
varar a noite	die ganze Nacht durchfeiern/durchmachen

Dia das Bruxas	**Halloween**
Vai fantasiado de quê?	Als was gehen Sie/gehst du?
Está vestido de quê?	Wen stellen Sie dar? Was soll das sein?

Casamentos	**Hochzeiten**
Parabéns!/Felicidades!	Herzlichen Glückwunsch!
Boa sorte!	Viel Glück!
Onde vocês vão passar a lua de mel?	Wo verbringen Sie/verbringt ihr die Flitterwochen?

Coisas que as pessoas fazem nos/ para casamentos	**Was zu einer Hochzeit gehört**
escolher um vestido de noiva	ein Brautkleid aussuchen
reservar a igreja	die Kirche reservieren
fazer uma lista de convidados	eine Gästeliste aufstellen
mandar convites	Einladungen verschicken
escolher as alianças	die Ringe aussuchen
gravar o nome na aliança	die Namen in die Ringe gravieren lassen
escolher as damas de honra	Die Brautjungfern aussuchen (*para* o *casamento religioso*)
escolher os padrinhos	die Trauzeugen aussuchen (*para* o *casamento civil*)
contratar um fotógrafo	einen Fotografen anstellen
se casar no civil/cartório	standesamtlich heiraten
ir à igreja	zur Kirche gehen
andar até o altar	zum Altar gehen
dizer "sim"	das Jawort geben
beijar a noiva	die Braut küssen
sair de lua de mel	in die Flitterwochen fahren

Aniversários	**Geburtstage**
Feliz aniversário!	Herzlichen Glückwunsch (zum Geburtstag)! *veja Apêndice 5 para a letra da música em alemão*
Parabéns!	*Sem equivalente*
Está fazendo quantos anos hoje?	Wie alt werden Sie/wirst du heute?
Não aparenta.	Sie sehen/du siehst nicht danach aus.
Está ficando velho!	Du wirst alt, mein Lieber/meine Liebe!

Coisas que as pessoas fazem nos aniversários	Was dazu gehört
Cantar parabéns	ein Geburtstagslied singen
Fazer um desejo	etwas wünschen
Assoprar as velinhas	die Kerzen ausblasen/auspusten
Abrir presentes	Geschenke auspacken/aufmachen
Fazer um discurso	eine Rede halten

Brindes e homenagens	Trinksprüche
Gostaria de dizer algumas palavras.	Ich möchte gern einige Worte sagen.
Vamos brindar a...	Trinken wir auf.../lasst uns auf... trinken!
Aos noivos!	Auf die Brautleute/auf das junge Paar!
À sua/tua saúde!	Auf Ihr/dein Wohl!/Zum Wohl!/Prost!

Presentes — Geschenke

Presenteando	Sie überreichen ein Geschenk
Comprei uma coisinha para você.	Ich habe eine Kleinigkeit für Sie/für dich gekauft.
É uma surpresa.	Es ist eine Überraschung!
Trouxe uma coisa para você.	Ich habe Ihnen/dir etwas mitgebracht.
Espero que goste.	Ich hoffe, es gefällt Ihnen/dir.
Acho que vai gostar.	Ich glaube, es wird Ihnen/dir gefallen.
Que bobagem.	Ach was!/Unsinn!
Porque eu quis.	Ich wollte es eben.
Pode abrir.	Machen Sie's/mach's nur auf!
Gostou?	Gefällt es Ihnen/dir?
Espero que sirva.	Ich hoffe, es passt Ihnen/dir./Ich hoffe, es ist Ihre/deine Größe.
Se você não gostar eu posso trocar.	Wenn Sie es nicht mögen/wenn du es nicht magst, kann ich es umtauschen.
Achei que tinha sua cara.	Ich habe gleich gedacht, dass es gut zu Ihnen/dir passt.
Para você não se esquecer de (mim/nós).	Nur damit Sie mich/uns nicht vergessen! Nur damit du mich/uns nicht vergisst!
Que bom que você gostou.	Schön, dass es Ihnen/dir gefällt!

Recebendo	Sie bekommen ein Geschenk
Adoro/Detesto surpresas.	Ich liebe/hasse Überraschungen.
Posso abrir?	Darf ich/kann ich das aufmachen?
Nossa! Obrigado.	Wie schön! Tausend Dank!
Que surpresa!	Was für eine Überraschung!
Que gentil!	Wie nett von Ihnen/dir!
Ah! Legal!	Oh! Toll!
Não precisava.	Aber das wäre doch nicht nötig gewesen!
Não precisava se importar.	Sie hätten sich/du hättest dir doch nicht solche Umstände machen sollen.
Sinto-me mal.	Ich bin richtig verlegen.
Não posso aceitar isso.	Das kann ich nicht annehmen.
Por que você fez isso?	Das ist viel zu viel!
Adorei o presente. Obrigado.	Das Geschenk ist wunderschön! Vielen,vielen Dank!

Fé e religião	Glaube und Religion
Se Deus quiser.	So Gott will.
Só Deus sabe.	Das weiß nur Gott.
Acredito em Deus.	Ich glaube an Gott.
Tenho fé em Deus.	Ich vertraue auf Gottes Hilfe.
Tenha fé em Deus.	Vertrauen Sie/vertrau auf Gottes Hilfe!
Peça a Deus para lhe guiar.	Bitten Sie Gott, Sie zu leiten./Bitte Gott, dich zu leiten.
Agradeço a Deus por...	Ich danke Gott für.../dafür, dass...
Acredito que tudo acontece por um motivo.	Ich glaube, dass alles, was geschieht, einen Grund hat.
Acredito que há vida depois da morte.	Ich glaube an ein Leben nach dem Tode.
Acredito que fazemos parte de um grande plano.	Ich glaube, dass wir Teil eines göttlichen Planes sind.
Acredito que nós todos temos uma missão aqui na Terra.	Ich glaube, dass wir alle auf der Erde/in diesem Leben eine Aufgabe zu erfüllen haben.
Acredito no destino.	Ich glaube an die Macht des Schicksals.
Tudo tem seu motivo.	Alles geschieht aus einem bestimmten Grunde.

Desculpas	Sie entschuldigen sich
Numa ligação pessoal	**Bei einem persönlichen Telefongespräch**
A minha bateria está acabando.	Meine Batterie ist fast leer.
Tem alguém na outra linha.	Ich habe einen Anruf auf dem anderen Apparat.
Estou com visita.	Ich habe gerade Gäste.
Tem alguém na porta.	Da ist jemand an der Tür./Es klingelt gerade.
Estou no meio de um negócio agora.	Ich bin gerade beschäftigt.
Não estou podendo falar agora.	Sie haben/du hast leider gerade einen unglücklichen Moment gewählt/erwischt.
No telefone do escritório	**Am Telefon im Büro**
Tem alguém me aguardando.	Es wartet gerade jemand auf mich.
Estou numa outra ligação.	Ich spreche gerade mit jemandem am anderen Apparat.
Estava a caminho para uma reunião.	Ich war gerade im Begriff, zu einer Sitzung zu gehen.
Ele está em uma reunião.	Er/sie ist gerade in einer Sitzung.
Ele está viajando.	Er/sie ist auf Reisen/unterwegs.
Nossos computadores estão/estavam fora do sistema.	Unsere Computer sind/waren abgestürzt.
Quando não encontramos um arquivo/documento	**Sie können eine Unterlage/ein Dokument nicht finden**
Tenho certeza de que está por aqui em algum lugar.	Es muss hier irgendwo sein, da bin ich mir ganz sicher.
Deve estar fora do lugar.	Es muss falsch abgelegt/eingeordnet worden sein.
Ainda não caiu no sistema.	Es ist noch in Bearbeitung.
Deve estar entre esta papelada aqui.	Es muss hier zwischen diesen Papieren sein/liegen.
Estamos fora de sistema.	Unsere Computer sind im Moment außer Betrieb.

Por não ter feito algo	**Sie haben etwas noch nicht erledigt**
Andei muito ocupado.	Ich hatte furchtbar viel zu tun.
Estava muito ocupado.	Ich war sehr beschäftigt.
Não deu tempo.	Ich hatte keine Zeit.
Surgiu um imprevisto.	Im letzten Augenblick/in der letzten Minute ist etwas dazwischen gekommen.

Por chegar tarde	**Sie kommen zu spät**
Tinha muito trânsito.	Es war furchtbar viel Verkehr.
O trânsito está péssimo agora de manhã.	Heute morgen ist der Verkehr schrecklich.
Fiquei preso no trânsito.	Ich bin im Stau stecken geblieben.
Fiquei preso em uma reunião.	Ich bin in einer Sitzung hängen geblieben.
Meu voo atrasou.	Mein Flug war verspätet.
Surgiu um imprevisto.	In der letzten Minute ist etwas dazwischen gekommen.
Perdi a noção do tempo.	Ich habe die Zeit total vergessen/ich habe mein Zeitgefühl total verloren.
Meu despertador não tocou.	Mein Wecker hat nicht geklingelt/geläutet.

Por ir embora cedo	**Sie gehen früh weg**
Tenho que acordar cedo amanhã.	Ich muss morgen früh aufstehen.
(3:15!) Já?	Was?/Wie? Schon um (3 Uhr 15)?
Tenho de buscar as crianças.	Ich muss meine Kinder abholen.
Tenho de buscar um amigo no aeroporto.	Ich muss einen Freund vom Flughafen abholen.
Marquei com um amigo meu.	Ich bin mit einem Freund/Bekannten verabredet.
Tenho que estar num lugar às (7:00).	Ich muss um (7 Uhr) woanders sein.
Já estou atrasado.	Ich bin schon zu spät dran.

Pela maneira de fazer algo	**Sie tun etwas auf eine bestimmte Art und Weise**
Sempre fiz assim.	Ich habe das immer so gemacht.
Sempre foi feito assim.	Das wurde immer so gemacht.
Fui criado assim.	Ich bin so erzogen (worden).
É de família.	Es/das liegt in der Familie.

Por não entrar em contato	Sie haben sich nicht gemeldet
Ando tendo problemas com meu e-mail.	Ich hatte in letzter Zeit Probleme mit meiner E-mail.
Estava fora do escritório.	Ich war nicht im Büro.
Estava viajando.	Ich war auf Reisen/unterwegs.
Estava numa reunião.	Ich war in einer Sitzung.
Desculpe-me, mas perdi seu telefone.	Es tut mir sehr leid, aber ich habe Ihre Telefonnummer verloren.
Não consegui ligar.	Es war kein Telefon in der Nähe.
Ando ocupadíssimo.	Ich habe unwahrscheinlich viel zu tun.
Esqueci de levar o carregador do meu celular	Ich habe das Ladegerät von meinem Handy vergessen.

Pelo alemão imperfeito	Sie sprechen nicht so gut Deutsch
Meu alemão está um pouco enferrujado.	Mein Deutsch ist ein bisschen verrostet.
Eu falava bem melhor.	Früher konnte ich viel besser sprechen.
Eu entendo mais do que falo.	Ich verstehe besser, als ich spreche.
Não estou acostumado com seu sotaque.	Ich bin Ihren/deinen Akzent nicht gewöhnt.
Ainda estou estudando.	Ich lerne noch.

Por não ter dinheiro	Sie haben kein Geld
Esqueci de passar por um caixa eletrônico.	Ich habe vergessen, zum Geldautomaten zu gehen.
Acabei de pagar (o apartamento).	Ich habe gerade (meine Wohnung) abbezahlt.
Tive uma série de imprevistos (mês passado).	Ich hatte letzten Monat ein paar unvorhergesehene/unerwartete Ausgaben.

Por comer muito	Sie essen zu viel
Vou malhar amanhã.	Na ja, morgen gehe ich sowieso ins Fitness-Center.
Vou começar meu regime (amanhã).	(Morgen) fange ich eine Diät an.
Um só não faz mal.	Einer/eine/eins allein kann nicht schaden.
Não tomei café da manhã.	Ich habe heute nicht gefrühstückt.

Por comer muito (cont.)	**Sie essen zu viel (Forts.)**
Pulei o almoço.	Ich habe das Mittagessen heute überschlagen.
Bom, é uma ocasião especial.	Nun ja, es ist schließlich eine besondere Gelegenheit.

Por não comer	**Sie essen nichts**
Já comi.	Ich habe schon etwas gegessen.
Acabei de comer.	Ich habe gerade etwas gegessen.
Estou fazendo um regime.	Ich mache eine Diät.
Estou meio mal do estômago.	Mein Magen ist nicht ganz in Ordnung/ich habe so ein flaues Gefühl im Magen.

Por não beber	**Sie trinken nichts**
Estou dirigindo.	Ich muss noch fahren.
Sou fraco para bebida.	Ich vertrage nicht viel.
Parei.	Ich trinke nicht mehr.
Estou tentando diminuir.	Ich versuche ein bisschen weniger zu trinken.

Por beber	**Sie trinken**
Ah, um só não faz mal.	Ach, einer ist keiner/einer kann nicht schaden.
Tá bom, só um pinguinho/dedinho.	Gut, aber nur einen kleinen Tropfen/ nur ein wenig.
Tá bom, só um então.	Gut, aber nur einen.
Por que não? É uma ocasião especial.	Warum nicht? Schließlich ist es eine besondere Gelegenheit!

Por ficar bêbado	**Sie haben zu viel getrunken**
Sou fraco para bebida.	Ich vertrage nicht viel.
Não estou acostumado a beber tanto.	Ich bin es nicht gewöhnt, so viel zu trinken.
Quase nunca bebo.	Ich trinke fast nie (Alkohol).
Só bebo socialmente.	Ich trinke nur in Gesellschaft.

Por fumar	**Sie rauchen**
Estou tentando diminuir.	Ich versuche, es mir abzugewöhnen.
Vou parar.	Ich habe vor, es aufzugeben.
Agora só fumo (4) cigarros por dia.	Ich bin jetzt bei (4) Zigaretten pro Tag.
Fumava (2) maços por dia.	Früher habe ich (2) Päckchen am Tag geraucht.
É o único vício que tenho agora.	Es ist das einzige Laster, das ich noch habe.

Pela bagunça da casa	**Es ist bei Ihnen sehr unordentlich**
É a folga da empregada hoje.	Meine Hilfe hat heute Ausgang.
Ando tão ocupado, que nem dá tempo de limpar nada.	Ich hatte in der letzten Zeit so furchtbar viel zu tun; da hatte ich keine Zeit zum Putzen.
É normalmente mais em ordem.	Sonst ist es immer viel ordentlicher als heute.

Pelo carro sujo	**Ihr Auto ist schmutzig**
Não deu tempo de mandar lavar.	Ich hatte keine Zeit, es in die Waschanlage zu bringen.
Estou querendo deixar para lavar.	Ich habe vor, es waschen zu lassen.
Não tive tempo.	Ich hatte keine Zeit.
Nunca deixo meu carro assim.	Sonst sieht es nie so schlimm aus.

Por algo quebrado	**Etwas ist kaputt**
Estou querendo consertar.	Ich wollte es schon längst reparieren lassen.
Estou juntando um dinheiro para consertar.	Ich muss ein bisschen sparen, damit ich die Reparatur bezahlen kann.
Não vale a pena consertar.	Die Reparatur lohnt sich nicht.
Vou vender mesmo.	Ich will es sowieso verkaufen.

Por guardar algo velho	**Sie heben etwas Altes auf**
Não consigo jogar fora.	Ich kann mich nicht dazu überwinden, es wegzuwerfen.
Tem (muito) valor sentimental.	Es hat (einen großen) Erinnerungswert.

Por guardar algo velho (cont.)	Sie heben etwas Altes auf (Forts.)
Pode valer alguma coisa um dia.	Es könnte irgendwann noch mal etwas wert sein.
Traz muitas lembranças.	Es hängen viele Erinnerungen daran.
Era do (meu avô).	Es gehörte (meinem Großvater).
A moda pode voltar.	Es könnte ja mal wieder in Mode kommen.

Por se esquecer do nome de alguém	Sie haben jemandes Namen vergessen
Sou péssimo com nomes.	Ich habe ein sehr schlechtes Namensgedächtnis.
Nunca fui bom para guardar nomes.	Namen behalten war nie meine starke Seite.
Às vezes até me esqueço do meu nome.	Manchmal vergesse ich sogar meinen eigenen Namen!
Estou perdendo a memória.	Ich verliere mein Gedächtnis.
Mas nunca me esqueço de um rosto.	Aber ein Gesicht, das vergesse ich nie.

Por dizer algo insensível	Sie haben etwas Taktloses gesagt
Saiu errado, não é isso.	Entschuldigung, das ist ein wenig schief herausgekommen, das wollte ich nicht sagen.
Não foi isso que eu quis dizer.	Das war nicht so gemeint.
Não é nada pessoal.	Bitte nehmen Sie/nimm das nicht persönlich.
Desculpe-me. Estou tendo um dia péssimo.	Es tut mir Leid. Ich habe heute einen schlechten Tag.
Não quis descontar em você.	Es war nicht meine Absicht, das an Ihnen/dir auszulassen.

Por recusar um convite	Sie lehnen eine Einladung ab
Tenho outro compromisso.	Ich habe leider schon etwas anderes vor/ich habe einen Termin.
Vou estar fora.	Tut mir leid, ich werde unterwegs sein.
Não vou poder a essa hora.	Um diese Zeit kann ich leider nicht.
Agora não é uma boa hora.	Im Moment passt es mir leider nicht.

Por cancelar um compromisso	Sie sagen eine Verabredung ab
Surgiu um imprevisto.	Es ist (mir) etwas dazwischen gekommen.
Algo surgiu no último minuto.	Im letzten Moment ist etwas dazwischen gekommen.
Me esqueci de outro compromisso que eu tinha.	Ich habe einen anderen Termin total vergessen.
Surgiu um problema no trabalho e não dá para escapar, infelizmente.	Wir haben ein Problem bei der Arbeit und da kann ich leider nicht davonlaufen.

Por comprar algo caro	Sie haben etwas sehr Teures gekauft
Estava em promoção/liquidação.	Es war ein Angebot/es war im Ausverkauf.
Foi uma pechincha.	Es war ein Schnäppchen.
Não resisti.	Da konnte ich nicht widerstehen.
É um investimento.	Es ist eine Investition!
Eu vejo como um investimento.	Ich betrachte es als eine Art Investition.
Valeu a pena.	Es war das Geld wert/es hat sich gelohnt.
Gosto de coisas caras.	Ich habe eben einen teuren Geschmack!

Por não gastar	Sie geben nichts aus
Estou me controlando agora.	Ich halte meine Ausgaben im Moment unter Kontrolle.
Tudo vai se somando.	Da kommt eins zum anderen.
Estou com o orçamento apertado.	Meine Mittel sind im Augenblick etwas knapp.
Estou economizando para...	Ich spare auf...

Por não ter um presente para alguém	Sie haben kein Geschenk für jemanden
Não sabia seu tamanho.	Ich wusste Ihre/deine Größe nicht.
Seu presente está em casa.	Ihr/dein Geschenk liegt bei mir zu Haus.
Estou guardando para lhe dar no seu aniversário.	Ich hebe es auf und schenke es Ihnen/ dir zum Geburtstag.

Por ser infiel	Sie sind untreu
Ele/Ela é só um amigo.	Wir sind nur gute Freunde.
Estamos numa fase muito difícil agora.	Wir machen im Augenblick eine schwierige Phase durch.
Não deixo a coisa ficar séria.	Ich sorge dafür, dass es nicht zu ernst wird.
Vou terminar tudo. (Eu só preciso de um pouco de tempo.)	Ich werde Schluss machen. (Ich brauche nur ein bisschen Zeit.)
Só estou me divertindo.	Es ist nur ein Zeitvertreib (nichts Ernstes)!
Eu sou humano.	Ich bin auch nur ein Mensch.

Por fazer algo que não deveria	Sie haben etwas Unerlaubtes/Ungehöriges getan
Sei lá. A vida é uma só.	Was soll's. Man lebt nur einmal!
Quem vai descobrir?	Wer findet das schon heraus?
Não deu para evitar.	Ich konnte es nicht helfen/ich konnte nichts dagegen tun/es war stärker als ich.
Não tive escolha.	Ich hatte keine andere Wahl.
Uma coisa levou a outra...	Eins kam zum anderen...
Aqui (no Brasil) todo mundo faz.	Hier (in Brasilien) ist das üblich./Alle tun das.
Até parece que você nunca fez nada errado na vida.	Es scheint gerade so, als hättest du noch nie einen Fehler gemacht!

Doença — Krankheit

Esta seção trata apenas de doenças menores, portanto os comentários são correspondentes. Para tratar de situações mais sérias, refira-se às seções "Emoções", "Empatia" e "Novidades".

Antes	Vorher
Acho que estou pegando alguma coisa.	Ich glaube, mir steckt etwas in den Knochen.
Está todo mundo pegando.	Irgend etwas geht um/liegt in der Luft.

Antes (cont.)	Vorher (Forts.)
Acho que estou pegando um resfriado.	Ich glaube, ich bekomme eine Erkältung.
Estou tentando não pegar um resfriado.	Ich versuche, die Erkältung nicht ausbrechen zu lassen/die Erkältung zu unterdrücken.
Você está bem?	Geht es Ihnen/dir gut?
Você não está com uma cara muito boa.	Sie sehen/du siehst nicht besonders wohl/gut aus.
Você está um pouco pálido.	Sie sehen/du siehst ein wenig blass aus.
Acho melhor você ir para casa.	Ich finde, es ist besser, Sie gehen/du gehst nach Hause.
Vá para casa e descanse.	Gehen Sie nach Haus und ruhen Sie sich aus Geh nach Haus und ruh dich aus.

Durante	Während der Krankheit
Estou doente.	Ich bin krank.
Não estou me sentindo muito bem.	Ich fühle mich nicht sehr gut/nicht wohl.
Estou com...	Ich habe... *veja Apêndice 6 para mais vocabulário sobre doenças específicas*
Não estou muito católico.	Ich bin nicht so recht auf dem Damm.
Estou péssimo.	Ich fühle mich elend.
Soube que você não está se sentindo muito bem.	Ich habe gehört, Sie fühlen sich/du fühlst dich nicht wohl.
Fiquei sabendo que você tem...	Ich habe gehört, Sie haben.../du hast...
O que você tem?	Was haben Sie?/Was hast du?/Was ist los?
Posso fazer alguma coisa?	Kann ich etwas für Sie/dich tun?/Kann ich irgendwie behilflich sein?
O que você tem de fazer é...	Sie sollten.../du solltest...
A melhor coisa é...	Das Beste ist...
Como é que você está?	Wie geht es Ihnen/dir?
Eu sei como você está se sentindo.	Ich weiß, wie Sie sich fühlen/wie du dich fühlst.
Odeio isso.	Ich hasse das.
Posso imaginar como você está se sentindo.	Ich kann mir vorstellen, wie es Ihnen/dir ist.
Pegue leve!	Nehmen Sie's leicht! Nimm's leicht!
Só precisa descansar.	Sie brauchen/du brauchst nur ein bisschen Ruhe.

Durante (cont.)	**Während der Krankheit (Forts.)**
Espero que se sinta melhor.	Ich hoffe, Sie fühlen sich/du fühlst dich besser.
Estimo suas melhoras.	Gute Besserung!
Se precisar de alguma coisa, é só me ligar.	Rufen Sie mich an, wenn Sie etwas brauchen!/Ruf mich an, wenn du etwas brauchst!

Depois	**Danach**
Estou saindo de um resfriado.	Ich habe gerade eine Erkältung hinter mir.
Você está se sentindo melhor?	Geht es Ihnen/dir besser?
Você está com uma cara melhor.	Sie sehen/du siehst schon viel besser aus!
Que bom que você está se sentindo melhor!	Wie gut, dass Sie sich schon besser fühlen/dass du dich schon besser fühlst!

Novidades — Nachrichten/Neuigkeiten

Querendo saber de novidades	**Sie fragen nach Neuigkeiten**
Então, alguma novidade?	Nun, was gibt es Neues?
Você tem notícias de...?	Hast du Nachricht von...?
Alguma novidade sobre...?	Hast du irgendetwas von... gehört?

Dando boas notícias (geral)	**Sie überbringen gute Nachrichten (allgemen)**
Tenho boas notícias.	Ich habe gute Nachrichten.
Tenho ótimas notícias!	Gute Nachrichten!
Ah, adivinhe!	Raten Sie mal! Rate mal!

Reagindo às boas notícias (geral)	**Sie reagieren auf eine gute Nachricht (allgemein)**
Nossa, que ótimo!	Das ist ja großartig/wunderbar/fantastisch!
Fico contente.	Da bin ich aber froh.
Parabéns!	Herzlichen Glückwunsch!

Dando más notícias (geral)	Sie überbringen schlechte Nachrichten (allgemein)
Tenho más notícias.	Ich habe leider schlechte Nachrichten/eine schlechte Nachricht.
Lamento dizer...	Ich bedaure sehr, dass ich das sagen muss.
Sinto muito em lhe dizer, mas...	Es tut mir so Leid, dass ich Ihnen/dir das sagen muss, aber...
Gostaria de poder lhe dar notícias melhores.	Ich wünschte, ich hätte eine bessere Nachricht für Sie/dich.
Odeio ter de lhe dizer isso.	Ich bin sehr ungern der Überbringer einer Hiobsbotschaft.

Reagindo às más notícias	Sie reagieren auf eine schlechte Nachricht
Ah, não!	Oh, nein!
Você está brincando!	Das kann nicht Ihr/dein Ernst sein!
Sinto muito.	Das tut mir schrecklich Leid.

Dando boas e más notícias	Sie überbringen gute und schlechte Nachrichten
Eu tenho duas notícias: uma boa e uma má.	Ich habe eine gute und eine schlechte Nachricht.
Qual você quer primeiro? (a boa ou a má?)	Welche möchten Sie/möchtest du zuerst hören? (die gute oder die schlechte?)
A boa notícia é que.../A má notícia é que...	Die gute ist, dass.../die schlechte ist, dass…

Reagindo às notícias sobre um novo relacionamento	Sie reagieren auf eine Nachricht über eine neue Beziehung
Qual é o nome dele/dela?	Wie heißt er/sie?
Como ele/ela é?	Wie sieht er/sie aus?
Ele é bonito? Ela é bonita?	Sieht er gut aus?Ist sie hübsch?
Onde você o/a conheceu?	Wo hast du ihn/sie kennengelernt?
O que ele/ela faz?	Was macht er/sie (beruflich)?
Está ficando sério?	Meinst du, dass es ernst ist?

Reagindo às notícias sobre um noivado	**Sie reagieren auf die Nachricht von einer Verlobung**
Quando é o grande dia?	Wann ist der große Tag?
Quem é o/a felizardo/a?	Wer ist der Glückliche/die Glückliche?
Como ele/você a pediu em casamento?	Wie hat er um deine Hand angehalten? Wie hast du um ihre Hand angehalten/gebeten?
Já estava na hora!	Es wurde auch schon Zeit!/Es war auch schon an der Zeit!
Já estão pensando em filhos?	Denkt ihr schon an Nachwuchs?
Para onde vocês vão na lua de mel?	Wo verbringt ihr eure Flitterwochen?

Reagindo às notícias sobre uma gravidez	**Sie reagieren auf die Nachricht von einer Schwangerschaft**
Quando você ficou sabendo?	Wann haben Sie/hast du es erfahren?
Você está de quantos meses?	Im wievielten Monat sind Sie/bist du?
Nossa, não está nem aparecendo!	Man kann es kaum sehen!/Es ist kaum zu sehen.
Para quando é?	Wann kommt es?
É menino ou menina?	Ist es ein Junge oder ein Mädchen?
Já pensou em algum nome?	Haben Sie/hast du schon einen Namen (für das Kind)?
É seu primeiro filho?	Ist es das erste Kind?

Reagindo às notícias sobre um novo emprego	**Sie reagieren auf die Nachricht von einem neuen Job**
Quando você começa?	Wann fangen Sie an?/Wann fängst du an?
Você está animado?	Freuen Sie sich? Freust du dich?
Você vai ganhar bem?	Verdienen Sie/verdienst du (dort) gut?
Você está progredindo!	Sie machen/du machst Fortschritte!

Reagindo às notícias sobre uma nova casa	**Sie reagieren auf die Nachricht von einer neuen Wohnung/einem neuen Haus**
Onde fica?	Wo ist sie/es?Wo liegt sie/es?
Quantos dormitórios?	Wie viele Schlafzimmer?
Tem (piscina)?	Hat es (einen Pool/ein Schwimmbad)?
Você vai dar uma festinha?	Machen Sie/machst du eine Einweihungsparty?

Reagindo à notícia sobre um falecimento na família	**Sie reagieren auf die Nachricht von einem Todesfall in der Familie**
Sinto muito.	Oh, das tut mir sehr Leid.
Fiquei triste com a notícia.	Ich trauere mit Ihnen/dir.
Como aconteceu?	Wie ist es passiert?
Se precisar de alguma coisa pode contar comigo.	Wenn Sie etwas brauchen/wenn du etwas brauchst – Sie können/du kannst immer auf mich zählen!
Me avise se houver algo que possa fazer.	Bitte lassen Sie/lass es mich wissen, wenn ich etwas für Sie/für dich tun kann.
Vou/Vamos sentir muita falta dele/dela.	Er/sie wird uns sehr fehlen./Ich werde/wir werden ihn/sie sehr vermissen.
Meus pêsames.	Mein herzliches Beileid.

Reagindo à notícia sobre a perda de um emprego	**Sie reagieren auf die Nachricht, dass jemand seine Stelle/seinen Job verloren hat**
Não se preocupe. Vai aparecer outra coisa bem melhor.	Machen Sie sich keine Gedanken/keine Sorgen./Mach dir keine Sorgen. Bestimmt bekommen Sie/bekommst du etwas viel Besseres.
É só por um tempo.	Das ist nur ein Vorübergang.
Isso acontece a toda hora.	So etwas kommt alle Augenblicke vor.
Eles perderam um ótimo funcionário.	Die haben einen sehr guten Mitarbeiter verloren.
Eles não mereciam você.	Die hatten Sie/dich sowieso nicht verdient!

Reagindo à notícia sobre um divórcio ou fim de um relacionamento	**Sie reagieren auf die Nachricht von einer Scheidung oder dem Ende einer Beziehung**
Estou aqui se precisar de mim.	Ich bin für Sie da, wenn Sie mich brauchen./Ich bin für dich da, wenn du mich brauchst.
Vai ser bem melhor para você.	Das ist bestimmt so viel besser für Sie/für dich.
Talvez seja bem melhor assim.	Vielleicht ist es viel besser so.

Reagindo à notícia sobre um divórcio ou fim de um relacionamento (cont.)	Sie reagieren auf die Nachricht von einer Scheidung oder dem Ende einer Beziehung (Forts.)
Ele/Ela não merecia você.	Er/sie hatte dich (sowieso) nicht verdient.
Você merece coisa bem melhor.	Sie haben/du hast etwas Besseres verdient.
Dava para perceber que tinha alguma coisa errada.	Man konnte merken, dass irgend etwas nicht stimmte/nicht in Ordnung war.
Você vai superar isso.	Sie kommen/du kommst schon darüber hinweg.

A sua situação financeira	Ihre finanzielle Lage

Bom	Gut
Estou indo bem (em termos de dinheiro).	Es geht mir gut (in Sachen Geld).
Não estou tão mal (em termos de dinheiro).	Es geht mir gar nicht so schlecht (in Sachen Geld).
Acho que estou até bem.	Ich muss sagen, es geht mir sogar gut.
Estou bem satisfeito com a minha situação financeira	Ich bin mit meiner finanziellen Lage durchaus zufrieden.
As coisas vão bem, financeiramente.	Finanziell läuft alles bestens.
Financeiramente, vou bem.	Finanziell gesehen geht es mir gut.
Não posso reclamar.	Ich kann nicht klagen.
Eu estou bem de vida.	Ich kann mir alles leisten.
Tenho tido sorte.	Ich habe auch wirklich viel Glück (gehabt).

Ruim	Schlecht
Poderia estar melhor.	Es könnte besser sein.
Não estou indo muito bem, financeiramente.	Finanziell geht es mir leider nicht besonders gut.
Estou tendo problemas com dinheiro.	Ich habe im Moment finanzielle Probleme.
Estou totalmente quebrado.	Ich bin bankrott/ich bin total pleite.
Nunca tive jeito com dinheiro.	Ich konnte (noch) nie gut mit Geld umgehen.
As coisas andam meio apertadas agora.	Im Augenblick ist es ein bisschen knapp.
Tenho muita conta para pagar.	Ich habe viele Rechnungen zu bezahlen.

Ruim (cont.)	Schlecht (Forts.)
Quero quitar minha dívida com meu(s) cartão(ões) de crédito.	Ich möchte meine Kreditkartenschulden tilgen.
Tudo que entra sai.	Ich lebe von der Hand in den Mund.
Antes mesmo de receber, já gastei tudo.	Ehe ich mein Gehalt bekomme, habe ich schon alles ausgegeben.
Estou endividado.	Ich bin verschuldet.
Estou atolado em dívidas.	Ich habe einen Haufen Schulden.

2

Alemão geral 2
A linguagem da conversação
Unterhaltung

Contando histórias	Sie erzählen, was Sie erlebt haben
Já contei para você o que aconteceu?	Habe ich Ihnen/dir schon erzählt, was passiert ist?
Nunca vou me esquecer disto.	Ich werde das nie vergessen.
Você não vai acreditar o que aconteceu...	Sie können sich nicht vorstellen/du kannst dir nicht vorstellen, was passiert ist...
Você deveria ter visto...	Sie hätten/du hättest sehen sollen,...
Quer dizer...	Das heißt,...
Um dia desses...	Neulich...
Isso foi (em 1998)...	Das war (1998)...
Eu estava em (Curitiba) em (um congresso)	Ich war in (Curitiba)/auf (einem Kongress)
Estava a caminho de...	Ich war auf dem Weg zu...
Estava voltando de...	Ich war auf dem Rückweg von...
Tinham me pedido para...	Man hatte mich gebeten,... zu...
Havia um...	Da war ein/eine...

Contando histórias (cont.)	Sie erzählen, was Sie erlebt haben (Forts.)
Percebi que...	Ich habe gemerkt, dass...
Então eu...	Da habe/bin ich...
E então...	Und da...
Então eu disse...	Da habe ich gesagt:
Aí o cara/a mulher disse...	Und der Mann/die Frau hat gesagt...
Nisso...	Genau da...
E de repente...	Und plötzlich...
Bem quando isso aconteceu...	Und genau als das passierte,...
Do nada...	Aus heiterem Himmel...
Aconteceu tão rápido.	Es ist blitzschnell passiert.
Na época eu... Naquele momento...	Damals... ich.../in dem Augenblick... ich...
E, então, me toquei (de que as chaves estavam no carro).	Und dann kam es mir plötzlich: (Meine Schlüssel waren im Auto).
Fiquei (chocado).	Ich war schockiert/betroffen/bestürzt.
E pensei comigo...	Und ich dachte so bei mir...
E, por algum motivo...	Und aus irgendeinem Grund...
E você sabe como é quando...	Und Sie wissen/du weißt, wie es ist, wenn...
Dá para acreditar?	Ist das zu glauben?
Dá para imaginar?	Können Sie sich/kannst du dir das vorstellen?
Você pode imaginar como eu me senti?	Können Sie sich/kannst du dir vorstellen, wie ich mich da gefühlt habe?
Na hora, me pareceu uma boa ideia.	In dem Moment kam die Idee mir gut vor.
Como é que eu iria saber...?	Wie konnte ich das wissen?
Não (espera). Tem mais...	Moment. Es kommt noch schlimmer...
A pior parte foi...	Das Schlimmste war,...
E para piorar...	Und um es noch schlimmer zu machen...
E, além disso...	Und zu allem Überfluss...
Não teria sido tão ruim, mas...	Das allein wäre noch nicht so schlimm gewesen, aber...
Então, finalmente...	Also, schließlich...
Por sorte...	Zum Glück...
Estava começando a me sentir...	Ich fing an, mich... zu fühlen
... o que, por sinal,...	... was übrigens,...
É claro que eu...	Es ist klar, dass ich.../natürlich... ich...
Felizmente...	Zum Glück...
Por uma mera coincidência...	Aus reinem Zufall...
E, então, como num passe de mágica...	Und dann, wie von Zauberhand...

Contando histórias (cont.)	Sie erzählen, was Sie erlebt haben (Forts.)
E, então, por um milagre...	Und dann, wie durch ein Wunder...
E quando eu pensei que...	Und gerade als ich dachte...
Eu não acreditei.	Ich konnte es nicht glauben.
Eu juro por Deus...	Ich schwöre bei allem, was mir heilig ist...
Se eu não tivesse visto com meus próprios olhos, não teria acreditado.	Wenn ich es nicht mit meinen eigenen Augen gesehen hätte, hätte ich es nicht geglaubt.
Parecia uma cena de filme/novela.	Es war wie in einem Film.
Hoje é engraçado, mas na época...	Heute kann ich darüber lachen, aber in dem Moment, als es passierte...
Aprendi a lição.	Ich habe meine Lehre daraus gezogen.
Moral da história...	Und die Moral von der Geschicht(e).

Fazendo um parêntese	Sie machen einen Einschub
Só um detalhe:...	Nur eine kleine Bemerkung:...
Mudando de assunto só um instantinho...	Um nur kurz vom Thema abzuschweifen,...
Primeiro tenho que dizer que...	Zuerst muss ich sagen, dass...
Ah, eu me esqueci de dizer...	Oh, ich habe ganz vergessen zu erwähnen...
Só para situar você no assunto...	Nur damit Sie/du die Zusammenhänge verstehen/verstehst...
Então, onde estávamos?	So, wo war ich stehen geblieben?
Então, voltando à história.	So, um zum Thema zurückzukehren.

Criando expectativa	Anspielungen auf weitere Informationen
Você vai ver.	Sie werden schon sehen/du wirst schon sehen...
Isso não é nada!	Das ist noch gar nichts!
Você não pode imaginar.	Sie können es sich nicht/du kannst es dir nicht vorstellen.
Se você soubesse...	Wenn Sie wüssten.../wenn du wüsstest...
Tenho história para contar.	Ich könnte Ihnen/dir Geschichten erzählen...
O que eu posso dizer é que...	Alles was ich sagen kann, ist dass...
Você não tem ideia.	Sie haben/du hast keine Vorstellung, ...

Criando expectativa (cont.)	Anspielungen auf weitere Informationen (Forts.)
Só para você ter uma ideia...	Nur damit Sie es sich ungefähr vorstellen können/du es dir ungefähr vorstellen kannst...
Digamos assim:...	Drücken wir es mal so aus:...
Vamos só dizer que...	Sagen wir nur, dass...

Quando faltam as palavras	Sie finden nicht das passende Wort
Deixe-me ver...	Lassen Sie/lass mich sehen...
Deixe-me pensar...	Lassen Sie mich/lass mich mal überlegen...
É difícil falar...	Es ist schwer zu sagen...
Como é que eu posso explicar?	Wie kann ich das erklären?
Não dá muito para explicar.	Es ist irgendwie nicht viel daran zu erklären.
É meio...	Es ist irgendwie...
Sabe...	Wissen Sie/weißt du...
É tipo...	Es ist wie...
Sei lá...	Was weiß ich...
Não sei bem a palavra/expressão em alemão	Ich weiß das Wort/den Ausdruck nicht so recht auf Deutsch.
Acho que não tem equivalente em alemão.	Ich glaube, es gibt kein entsprechendes Wort/keinen entsprechenden Ausdruck auf Deutsch.
... na falta de outra palavra.	... in Ermangelung eines passenderen Wortes.
... mais ou menos isso.	... ungefähr das/so.
Algo tipo...	So etwas wie...
Qual é a palavra mesmo...	Wie heißt es doch gleich noch...
Não sei como descrever isso...	Ich weiß nicht, wie ich das beschreiben soll...
É uma história meio longa.	Die Geschichte ist ein bisschen lang.
... ou sei lá.	... oder so ähnlich/was weiß ich!
Isso me lembra (mais ou menos)...	Das erinnert mich so in etwa an...

Sendo vago — Sie drücken sich vage aus

Sendo vago sobre quantidade — Ungenaue Mengenangaben

Sendo vago sobre quantidade	Ungenaue Mengenangaben
Cerca de...	Ungefähr.../annähernd...
Tipo...	Etwa...
Alguns	Einige/manche
Só um pouco.	Nur ein wenig/ein bisschen.
Sim, bastante.	Ja, ziemlich viel.
Bastante...	Ziemlich...
Muito	Viel/sehr viel
Muitos	Viele
Uma quantidade enorme	Eine Riesenmenge
Um monte de...	Ein Haufen...
Todo tipo de...	Alle Arten...
Uma grande quantidade de (dinheiro)...	Eine große Menge.../Eine große Summe (Geld)

Sendo vago sobre tempo — Ungenaue Zeitangaben

Sendo vago sobre tempo	Ungenaue Zeitangaben
Um tempo	Eine Weile
Um tempão/Um tempinho	Sehr lange/nicht sehr lange
Por algum tempo	Ziemlich lange
Já faz um tempo	Es ist schon eine Weile her
Muito tempo	(Eine) lange (Zeit)
Algum tempo atrás	Vor einiger Zeit
Faz muito tempo que...	Es ist schon lange her, seit...
Outro dia	Neulich
Não faz muito tempo...	Es ist noch nicht lange her
Há alguns dias...	Vor einigen Tagen...
Recentemente...	Kürzlich...
Mais para a frente/Daqui a algum tempo	Irgendwann (später)
A qualquer momento	Jeden Augenblick
A qualquer hora	Irgendwann
A qualquer dia	Irgendwann
Esses dias	Dieser Tage
Algum dia	Irgendwann
Um dia desses...	Irgendwann
Qualquer dia (na semana que vem)	Irgendwann (nächste Woche)
Uma hora dessas	Irgendwann
Às vezes	Manchmal
De vez em quando	Ab und zu/ab und an
O tempo todo	Immer/die ganze Zeit

Sendo vago sobre localização	Ungenaue Ortsangaben
Lá	Da (drüben)/Da (hinten)/Da (vorn)
Bem lá	Genau da/dort
Por aqui	Irgendwo hier
Perto	In der Nähe
Longe	Weit/weit weg
Em algum lugar	Irgendwo

Sendo vago sobre a fala de alguém	Ungenaue Angaben über Äußerungen eines Dritten
Algo como...	So etwas wie...
Não me lembro do que ele falou exatamente.	Ich erinnere mich nicht genau an seine Worte.
... algo assim./... mais ou menos isso.	... So etwas in der Richtung./So in etwa.

Sobre motivo	Über einen Grund
Por algum motivo	Aus irgendeinem Grund
É aquela coisa...	Ja, das wird wohl seine Gründe haben...

Sobre algo	Über Allgemeines/eine Idee
Alguma coisa assim	So etwas in der Richtung
Esse tipo de coisa	Etwas in der Art
Coisas desse tipo	Solche Dinge
Certas coisas	Gewisse Dinge

Sobre uma pessoa	Über eine Person
Um cara (aí).	Irgend jemand. Irgend so ein Mann.
Uma mulher (aí).	Irgendeine Frau.

Sobre atividade	Über eine Aktivität
Nada demais.	(Das ist) nicht der Rede wert.
Nada em particular.	Nichts Besonderes.
Nada de novo.	Nichts Neues.

Sobre sua opinião	Über Ihre Meinung
Sei lá...	Ich weiß nicht/was weiß ich!
Mais ou menos.	Mehr oder weniger.
Não sei não.	Ich weiß nicht so recht.

Brincando	Sie machen Spaß
Estou brincando!	Ich mache nur Spaß!
Brincadeira.	Es ist nur Spaß/es ist kein Ernst.
Não me leve muito a sério.	Nehmen Sie mich/nimm mich nicht zu ernst.
Quero encher (você).	Ich will Sie/dich nur ein wenig necken/ärgern.
Quero provocar (você).	Ich will Sie/dich nur ein wenig reizen/necken.

Falando sério	Sie meinen es ernst
Agora é sério...	Aber jetzt im Ernst...
Estou falando sério.	Ich meine es ernst.
Eu não estou brincando.	Es ist kein Spaß.
Mas, falando sério...	Aber jetzt mal im Ernst...

Mostrando que está ouvindo — **Sie zeigen, dass Sie zuhören**

Quando você ouvir e reagir à fala de alguém em alemão, lembre-se de não usar "ich weiß" (= eu sei) para mostrar que você está atento, pois "ich weiß", neste caso, soa como o "já sei" do português. A seguir você encontra uma lista de expressões usadas em alemão para mostrar que se está prestando atenção.

Hum, hum.	Hm, hm.
Isso.	Genau!
Sei.	Ah, ja.
É verdade.	Das stimmt.
Certo.	Richtig.
Tá bom.	Gut.
Claro.	Klar/Natürlich.
É mesmo?	Wirklich?

Mostrando que está ouvindo (cont.)	Sie zeigen, dass Sie zuhören (Forts.)
Ah, é?	Ach ja?
Interessante.	Interessant.
Hum.	Hm.

Expressando interesse	Sie zeigen Interesse
Ah, é?	Ach ja? Ach, wirklich?
É mesmo?	Wirklich?
Interessante.	Interessant.
Que ótimo.	Wunderbar!/Großartig!
Legal.	Gut/Fein/Prima.
De verdade?	Wirklich?
Sério?	Im Ernst?
Jura?	Ist das wirklich wahr?

Compreendendo / Verstehen

Mostrando compreensão	Sie drücken aus, dass Sie verstehen
Entendi.	Ich verstehe.
Entendo o que está dizendo.	Ich verstehe, was Sie meinen/was du meinst.
Entendo perfeitamente.	Ich verstehe vollkommen.
Tá. Agora entendi.	Aha. Jetzt verstehe ich.
Ah, entendi.	Ah, jetzt habe ich (es) verstanden.

Falta de compreensão	Sie drücken aus, dass Sie nicht verstehen
Desculpe, não entendi.	Entschuldigung, aber ich habe (das) nicht verstanden.
Não sei se entendi.	Ich bin nicht ganz sicher, ob ich (das) verstanden habe.
Como assim?	Wie so?/Wie meinen Sie das?
(Ainda) não entendi direito.	Ich habe das (noch) nicht genau verstanden.

Falta de compreensão (cont.)	Sie drücken aus, dass Sie nicht verstehen (Forts.)
Ah, desculpe. Eu entendi (tudo) errado.	Oh, Entschuldigung! Ich habe Sie (völlig) falsch verstanden.
Ah, tá! Eu tinha entendido...	Ach so! Ich hatte verstanden,...
Desculpe-me. Você me confundiu.	Entschuldigung! Ich habe da etwas durcheinander bekommen.
Desculpe-me. Estou devagar hoje.	Entschuldigung, ich bin heute etwas langsam (von Begriff).
Desculpe-me. Sou meio devagar.	Entschuldigung. Ich bin etwas langsam (von Begriff).

Confirmando se entendeu	Sie fragen nach
Tá, então...	Also, das heißt,...
Ou seja...	Mit anderen Worten,...
Você quer dizer que...?	Meinen Sie/meinst du,...?
Deixe-me ver se eu entendi...	Mal sehen, ob ich das verstanden habe...
É isso?	Ist es das?/Meinen Sie/meinst du das?

Confirmando se o ouvinte entendeu	Sie prüfen nach, ob Ihr Gesprächspartner verstanden hat
Sabe?/Entende?	Verstehen Sie?/Verstehst du?
Você está me entendendo?	Verstehen Sie/verstehst du, was ich meine?
Você me entendeu? Você me entende?	Haben Sie mich/hast du mich verstanden?
Você entendeu o que eu quis dizer?	Verstehen Sie,/verstehst du, was ich (damit) sagen will?
Acho que eu não estou sendo muito claro.	Ich glaube, ich habe mich nicht klar genug ausgedrückt.

O previsível	Was vorherzusehen war
Tinha que ser.	Das musste ja so sein/kommen.
Tinha certeza.	Ich war ganz sicher, dass es so kommen würde.
Eu sabia.	Ich wusste es (vorher)!
Claro.	Klar/Natürlich.
Típico.	Typisch!

O previsível (cont.)	Was vorherzusehen war (Forts.)
É sempre assim.	So ist es immer.
Já era de se esperar.	Das war ja zu erwarten.
Não me surpreende.	Das überrascht mich nicht.
Quem mais?	Wer sonst?
Como sempre./Para variar.	Wie immer!/Zur Abwechslung...
Eu já deveria saber, né?	Ich hätte es wissen müssen.
Era disso que eu tinha medo.	Das hatte ich befürchtet.
... e não é que (ela estava lá).	... und genau so war es: (sie war da).
Não é sempre assim?	Ist es nicht immer dasselbe?

Mudando de assunto	Sie wechseln das Thema
Por falar em...	Da wir gerade von... sprechen,...
Por falar nisso...	Da wir gerade davon sprechen,...
Mudando um pouco de assunto...	Um ein wenig vom Thema abzuschweifen:...
Isso não tem nada a ver com o que nós estamos falando agora, mas...	Das hat nichts mit dem zu tun, worüber wir gerade gesprochen haben, aber...
Antes que eu me esqueça...	Bevor ich es vergesse,...
Vamos mudar de assunto.	Wechseln wir das Thema!
Vamos falar sobre outra coisa.	Sprechen wir über etwas anderes!
Esta conversa está ficando um pouco (deprimente).	Ich finde, das Gespräch wird langsam ein wenig (deprimierend).
Acho melhor mudarmos de assunto.	Ich finde es besser, wenn wir das Thema wechseln.

Lembrando	Sie erinnern sich

Tentando se lembrar	Sie versuchen sich zu erinnern
Não me lembro.	Ich erinnere mich nicht (mehr)/ich weiß (es) nicht mehr.
Me lembro vagamente.	Ich erinnere mich undeutlich.
Assim de cabeça, não.	So aus dem Gedächtnis nicht.
Que eu lembre, não.	Nicht dass ich wüsste.
Deixe-me ver...	Lassen Sie mich/lass mich kurz überlegen...
Ah, sim!/Agora lembrei!	Ah, ja! Jetzt weiß ich es wieder!
Como pude me esquecer.	Wie konnte ich das nur vergessen!?
Está fresco na memória	Ich habe es ganz frisch in Erinnerung.

Tentando se lembrar (cont.)	Sie versuchen sich zu erinnern (Forts.)
Está na ponta da língua.	Es liegt mir auf der Zunge.
Bom, agora que você falou...	Ja, jetzt, da Sie davon sprechen/da du davon sprichst...

Lembrando uma pessoa de algo	Sie erinnern jemanden an etwas
Você se lembra?	Erinnern Sie sich? Erinnerst du dich?
Você não se lembra?	Wissen Sie/weißt du das nicht mehr?

Coisas que fazem você se lembrar	Dinge/Menschen, die Sie an etwas/jemanden erinnern
Isso me lembra de...	Das erinnert mich an...
Toda vez que eu... eu penso em...	Jedesmal, wenn ich..., denke ich an...
Isso me traz tantas lembranças.	Da kommen so viele Erinnerungen wieder hoch...
Nunca vou me esquecer quando...	Ich werde nie vergessen, als...
Você me lembra (de) um amigo...	Sie erinnern mich/du erinnerst mich an einen Freund.
Aliás! (Eu tenho de...)	Da fällt mir gerade ein! (ich muss...)

Fofoca	Klatsch
Você soube o que aconteceu?	Haben Sie/hast du schon gehört, was passiert ist?
Você não vai acreditar no que aconteceu...	Sie können sich/du kannst dir nicht vorstellen, was passiert ist!
Você pode guardar um segredo?	Können Sie ein Geheimnis für sich behalten?/Kannst du ein Geheimnis für dich behalten?
Cá entre nós...	Ganz unter uns…
Ninguém pode saber.	Niemand darf davon erfahren.
Não se preocupe. Não vou abrir a boca.	Keine Sorge! Ich erzähle es nicht weiter.
Pelo que ouvi...	Nach allem, was ich gehört habe,...
Não sei. Foi o que disseram.	Keine Ahnung. Das habe ich nur von anderen gehört.
Estão falando que...	Man sagt, dass...
Desculpe, não deu para não ouvir a conversa...	Entschuldigung, es war mir leider unmöglich, Ihr Gespräch nicht mit anzuhören.

Fofoca (cont.)	Klatsch (Forts.)
Olha, isso é meio em "off"...	Hören Sie/hör mal, das hier ist vertraulich...
Olha, não falei nada...	Hören Sie/hör mal, ich habe nichts gesagt!

Expressões sobre fofoca	Ausdrücke zum Thema "Klatsch"
espalhar um boato	ein Gerücht verbreiten
falar pelas costas de alguém	hinter jemandes Rücken über ihn/sie sprechen
contar um segredo	ein Geheimnis verraten
ser intrometido	neugierig sein

Chegando ao assunto	Sie kommen zum Thema
Bem,...	Also,...
Bom, enfim...	Nun denn,...
A questão é...	Die Frage ist,...
O mais importante é...	Die Hauptsache ist,...
A questão principal é...	Das Wichtigste ist,...
Esse é o "x" da questão.	Das ist die Hauptsache/das Wichtigste.
O que interessa é...	Was hier interessiert, ist...
O que interessa é o seguinte:...	Was hier interessiert, ist folgendes:...
No final...	Schließlich und endlich...
O fato é que...	Tatsache ist, dass...
O que importa mesmo aqui é...	Was hier wirklich zur Debatte steht, ist...
A questão aqui é...	Worum es hier wirklich geht, ist...
O que eu sei é que...	Alles, was ich weiß, ist dass...
O que estou dizendo é que...	Was ich meine, ist...
O que estou querendo dizer é que...	Was ich sagen wollte, ist...
Eu só estou querendo dizer que...	Ich wollte nur sagen, dass...

Concordando	Sie stimmen zu
É verdade.	Das stimmt./Das ist wahr.
Eu concordo.	Das meine ich auch.
Eu também acho.	Das finde ich auch./Das denke ich auch.

Concordando (cont.)	Sie stimmen zu (Forts.)
Eu também.	Ich auch.
Eu também não./Nem eu.	Ich auch nicht.
Eu concordo plenamente.	Ich bin vollkommen Ihrer/deiner Meinung.
Concordo 100%.	Ich stimme Ihnen/dir hundertprozentig zu.
Com certeza.	Ganz gewiss./So ist es!
Claro.	Natürlich!/Klar!
Sem dúvida.	Ohne (jeden) Zweifel.

Discordando	Sie stimmen nicht zu
Eu não concordo.	Da bin ich anderer Meinung/anderer Ansicht.
Eu não acho.	Das finde ich nicht./Da denke ich anders.
Eu não vejo assim.	Ich sehe das anders.
Eu entendo o que você está tentando dizer, mas...	Ich verstehe, was Sie sagen wollen/was du sagen willst, aber...
Concordo que ____, mas...	Ich räume ein, dass ____, aber...
Concordo até certo ponto.	Bis zu einem gewissen Grad stimme ich zu.

Em cima do muro	Sie bleiben neutral
Não estou dizendo que concordo ou não.	Ich sage weder, dass ich zustimme, noch dass ich nicht zustimme.
Entendo (isso).	Ja, ich verstehe Sie schon.
Sei o que está dizendo.	Ich weiß, was Sie meinen.
Entendo o que está dizendo.	Ich verstehe, was Sie sagen wollen.
É uma maneira interessante de ver (isso).	Es ist interessant, die Angelegenheit aus dieser Perspektive anzusehen.
Nunca pensei nisso desta forma.	Ich habe das noch nie auf diese Weise betrachtet.
Bem, sim e não.	Also – ja und nein!

Perguntando se as pessoas concordam	Sie fragen, ob Ihr Gesprächspartner zustimmt
Você não acha?	Meinen Sie (das) nicht auch? Meinst du (das) nicht auch?
Você não acha que...?	Finden Sie nicht/findest du nicht, dass...?
Concorda comigo?	Stimmen Sie/stimmst du mir zu?

Surpresa	Sie sind überrascht
Nossa!	Donnerwetter!/Na so was!
Meu Deus!	O Gott!
Jura?	Das kann doch nicht Ihr/dein Ernst sein!
Não acredito!	Ich kann's nicht glauben!/Das darf ja wohl nicht wahr sein!
Está falando sério?	Im Ernst?/Meinen Sie/meinst du das ernst?
Está brincando!	Ich glaube, Sie nehmen mich/du nimmst mich auf den Arm!
Não dá para acreditar!	Das ist unfassbar!
Mesmo?	Wirklich?/Ehrlich?/Echt?
Quem diria?	Wer hätte das gedacht!
Tem certeza?	Sind Sie/bist du ganz sicher?

Descrevendo uma surpresa	Sie beschreiben eine Überraschung
Foi uma total surpresa.	Das kam vollkommen überraschend.
Não estava (mesmo) esperando isso.	Damit hatte ich (wirklich) nicht gerechnet.
Me pegou de surpresa.	Darauf war ich nicht eingestellt/vorbereitet.
Nunca teria imaginado...	Das hätte ich nie erwartet...
Essa é a última coisa que eu imaginaria.	Das war das letzte, das ich erwartet hätte.
Nunca sonhei...	Nicht (einmal) imTraum hätte ich gedacht, dass...
Levei um susto.	Ich bin richtig erschrocken.
Demorou para eu aceitar.	Ich konnte lange nicht darüber hinwegkommen.
Fiquei chocado.	Ich war bestürzt/schockiert.

Descrevendo uma surpresa (cont.)	Sie beschreiben eine Überraschung (Forts.)
Sempre acontece quando você menos espera.	So etwas passiert immer dann, wenn man es am wenigsten erwartet.
Veio do nada.	Es kam wie aus heiterem Himmel.

Aceitando um acontecimento ou uma notícia desagradável	Sie akzeptieren etwas Unangenehmes
Pois é.	Na ja...
Grande coisa.	Das ist nicht so schlimm.
Faz parte.	So ist das Leben (nun einmal).
É a vida.	So ist das Leben!
Fazer o que, né?	Was kann man schon dagegen tun?
Lei de Murphy.	Das ist eben das Murphy'sche Gesetz.
Não dá para ter tudo perfeito.	Es kann nicht immer alles hundertprozentig sein.
Não é o fim do mundo.	Davon geht die Welt doch nicht unter!
Acontece.	Ja, so was kommt vor.

Tranquilizando	Sie beruhigen/trösten jemanden
Não se preocupe.	Machen Sie sich/mach dir keine Sorgen/keine Gedanken!!
Vai dar tudo certo./Tudo vai dar certo.	Es wird alles wieder gut.
Isso não é nada.	Das ist doch nicht schlimm!
Não deixe isso lhe afetar.	Lassen Sie es sich/lass es dich nicht anfechten!
Estas coisas sempre acontecem.	So etwas kommt immer wieder vor.
Se eu fosse você não me preocuparia.	Ich an deiner Stelle würde mir keine Gedanken machen.
Tenho certeza de que não é nada.	Ich bin ganz sicher, dass es nichts ist.
Se serve de consolo...	Wenn es Sie/dich tröstet:...
Quando você menos imagina...	Wenn Sie/du es am wenigsten erwarten/erwartest,...
As coisas sempre acabam se resolvendo.	Schließlich und endlich fügt sich doch alles zum Guten.
No final, dá tudo certo.	Am Ende wird doch noch alles gut.
Nós vamos dar um jeito nisso.	Wir kriegen das schon wieder hin.
Poderia ser bem pior.	Es könnte viel schlimmer sein.

Tranquilizando (cont.)	Sie beruhigen/trösten jemanden (Forts.)
Eu sei exatamente o que você está passando.	Ich weiß genau, was Sie durchmachen /was du durchmachst.
Já passei por isso.	Genau dasselbe habe ich auch durchgemacht.
Bom, pelo menos...	Nun ja, wenigstens...
Ainda bem que você...	Gut, dass Sie/du...

Emoções / Empfindungen

Necessidades físicas	Bedürfnisse des täglichen Lebens
Está com fome?	Sind Sie/bist du hungrig?/Haben Sie/hast du Hunger?
Estou com fome.	Ich bin hungrig./Ich habe Hunger.
Estou morrendo de fome.	Ich sterbe vor Hunger.
Está com sede?	Sind Sie/bist du durstig?/Haben Sie/hast du Durst?
Estou com sede.	Ich bin durstig./Ich habe Durst.
Preciso ir ao banheiro.	Ich muss auf die Toilette./Ich muss aufs Klo.
Tenho que fazer xixi.	Ich muss Pipi machen.
Está com frio/calor?	Ist Ihnen /dir kalt/heiß?
Está com (malha)?	Haben Sie/hast du eine Jacke?
Estou com frio/calor.	Mir ist kalt/heiß.
Estou congelando.	Mir ist eiskalt./Ich erfriere beinahe.
Estou derretendo.	Ich glühe./Ich schmelze beinahe.
Você não está com calor?	Ist Ihnen/dir nicht heiß?
Por que não tira a (malha)?	Warum ziehen Sie Ihre Jacke nicht aus? Warum ziehst du deine Jacke nicht aus?
Por que não coloca a (malha)?	Warum ziehen Sie Ihre Jacke nicht an? Warum ziehst du deine Jacke nicht an?

Alegria	Glück
Que ótimo!	Wie herrlich!/Wie wunderbar!
Que bom que você (gostou)!	Wie schön, dass Sie (sich freuen)/dass du (dich freust)!
Que bom que deu tudo certo.	Ich bin froh, dass alles gut gegangen ist.
Estou indo bem.	Es geht mir großartig.

Alegria (cont.)	Glück (Forts.)
Nunca estive tão feliz na minha vida.	Noch nie war ich so glücklich/In meinem ganzen Leben war ich noch nie so glücklich.

Tristeza	Traurigkeit
Você está bem?	Geht es Ihnen/dir gut?
Parece meio desanimado.	Sie sehen/du siehst ein wenig niedergeschlagen/abgespannt aus.
Que pena!	Wie schade!
Fiquei arrasado.	Das hat mich erschüttert.
Estou-me sentindo meio desanimado.	Ich fühle mich ein bisschen abgespannt/down.
Não estou me sentindo muito bem.	Es geht mir nicht besonders./Ich fühle mich nicht/gut/wohl.
Estou passando por uma fase meio difícil agora.	Ich mache gerade eine schwierige Zeit durch.
Ando meio esquisito esses dias.	Ich kenne mich nicht wieder.

Nojo	Ekel
Que nojo!	Wie eklig/ekelhaft!
Credo!	Igitt!
Não quero nem ouvir isso.	Schon wenn ich daran denke, ekelt es mich.

Saudades	Sehnsucht
Que saudades!	Wie ich sie/ihn/das vermisse!
Sinto (tantas) saudades dela/dele/disso.	Ich habe (so) große Sehnsucht nach ihr/nach ihm/danach.
Faz tanto tempo que eu não...	Es ist schon so lange her, seit...

Tédio	Langeweile
Estou sem assunto.	Ich langweile mich.
Você está entediado/cansado?	Langweilen Sie sich?/Langweilst du dich?
Estou cansando você?	Langweile ich Sie/dich?

Emoção	Erregung
Está animado?	Sind Sie/bist du aufgeregt/gespannt?
Não vejo a hora!	Ich kann es nicht erwarten!
Que emocionante!	Wie aufregend/spannend!

Decepção	Enttäuschung
Estou um pouco decepcionado.	Ich bin etwas enttäuscht.
Não é o que eu imaginei.	Es ist nicht so, wie ich es mir vorgestellt habe.
Fazer o quê?	Ja, da ist wohl nichts zu machen...
Eu esperava mais de...	Ich hätte von... mehr erwartet.

Gostar	Mögen
Você gosta?	Mögen Sie/magst du das?
Gosto muito.	Ich mag das sehr.
Adoro.	Ich finde es herrlich.
Acho ótimo.	Ich finde es großartig.

Não gostar	Nicht mögen
Não acho grande coisa.	Ich bin nicht gerade verrückt danach.
Não sou (muito) chegado a...	Ich kann mich für... nicht gerade begeistern.
Não gosto muito.	Ich mag das nicht besonders.
Não suporto isso.	Ich kann das nicht ausstehen.
... não faz falta nenhuma.	Ich kann sehr gut ohne... auskommen.

Culpa	Schuld
Não se sinta mal.	Machen Sie sich nichts daraus/mach dir nichts daraus!
Sinto-me mal.	Ich fühle mich nicht wohl dabei.
Sinto-me péssimo.	Ich fühle mich schrecklich.
Sinto-me tão culpado.	Ich fühle mich so schuldig!
Não é culpa sua.	Es ist doch nicht Ihre/deine Schuld!

Amor	Liebe
Eu te amo tanto!	Ich liebe dich so (sehr)!
Você é tudo para mim.	Du bist alles für mich.
Você não sabe o que eu sinto por você.	Du kannst dir nicht vorstellen, was ich für dich fühle/empfinde.

Lealdade	Treue
Posso confiar em você?	Kann ich Ihnen/dir vertrauen?
Posso contar com você?	Kann ich auf Sie/dich zählen? Kann ich mich auf Sie/dich verlassen?
Sua confiança significa muito para mim.	Ihr/dein Vertrauen bedeutet mir sehr viel.
Pode contar comigo.	Sie können/du kannst auf mich zählen. Sie können sich auf mich verlassen/du kannst dich auf mich verlassen.
Faria qualquer coisa por (você).	Ich würde alles für (Sie/dich) tun.
Nunca vou abandonar (você).	Ich werde (Sie/dich) nie verlassen./Ich werde (Sie/dich) nie im Stich lassen.

Indiferença	Gleichgültigkeit
Não estou nem aí.	Das ist mir völlig gleichgültig/egal.
Tanto faz.	Das ist einerlei/egal.
Não faz a mínima diferença para mim.	Das macht in meinen Augen nicht den geringsten Unterschied./Das ist Jacke wie Hose (*idiom*).

Desespero	Verzweiflung
(A essa altura) eu faço qualquer negócio.	Ich nehme alles mögliche auf mich (wenn ich nur aus dieser Situation herauskomme).
Não tenho muita escolha.	Ich habe leider keine große Wahl.
Estou desesperado/a.	Ich bin verzweifelt.
Não vejo (nenhuma) saída.	Ich sehe keinen Ausweg./Ich weiß nicht ein noch aus.
Não sei a quem apelar.	Ich weiß nicht, an wen ich mich wenden soll.

Pena	Mitleid
Sinto pena dele/dela/deles.	Er/sie tut mir sehr Leid. Sie tun mir sehr Leid.
Eu entendo você.	Ich fühle mit Ihnen/dir.
Coitado./Coitada.	Der Arme!/Die Arme! Du Armer!/Du Arme!
Queria poder ajudar você.	Ich wünschte, ich könnte dir helfen.

Autopiedade	Selbstmitleid
Pare de sentir pena de si mesmo.	Hören Sie auf, sich selbst zu bemitleiden!/Hör auf, dich selbst zu bemitleiden!
Por que comigo?	Warum gerade ich?
O que eu fiz para merecer isso?	Was habe ich nur getan, dass ich das verdient habe?
Que foi que eu fiz de errado?	Was habe ich denn nur falsch gemacht?

Otimismo	Optimismus
Não se preocupe. As coisas vão melhorar.	Machen Sie sich keine Sorgen /Mach dir keine Sorgen. Es wird schon besser werden.
Tenho certeza de que vai dar tudo certo no final.	Ich bin sicher, dass alles gut ausgeht.
Estou certo de que as coisas vão melhorar.	Ich bin zuversichtlich/ich glaube ganz fest, dass alles besser wird.

Pessimismo	Pessimismus
(Na verdade) não está nada bom.	Es sieht (wirklich) gar nicht gut aus.
Não teria muita esperança, não.	Ich hätte keine große Hoffnung.
(Na verdade) não estou muito otimista sobre isso.	Ich glaube eigentlich nicht, dass das gut geht.

Raiva	Wut
Isso é um absurdo!	Das ist ja geradezu absurd!
Não estou nada feliz com isso!	Das gefällt mir ja nun überhaupt nicht.
Estou com muita raiva agora.	Ich platze vor Wut.

Convicção	Überzeugung
Eu acredito firmemente...	Ich glaube ganz fest,.../ich bin der festen Überzeugung, dass...
De uma coisa tenho certeza...	Eines weiß ich ganz gewiss:...
Estou convencido de que...	Ich bin überzeugt, dass...

Inveja	Neid
Você/Ele/Ela tem tanta sorte!	Sie haben/du hast vielleicht ein Glück! Der/die hat vielleicht ein Glück!
Odeio ele/ela/você!	Ich hasse ihn/sie/dich!
Por que ele/ela/você ____ e eu não?	Warum ____ er/sie/du und ich nicht?
Tem gente que tem sorte, né?	Es gibt Leute, die haben immer Glück.

Ambição	Ehrgeiz
Não exagere.	Nicht übertreiben!/Übertreiben Sie es nicht!/Übertreib es nicht!/Gehen Sie nicht zu weit!/Geh nicht zu weit!
Isso é só o começo.	Und das ist erst der Anfang.
Estou só começando.	Ich bin gerade erst am Anfang.
Para que ficar só no...?	Warum soll ich mich mit... zufrieden geben?
Hoje é ____, amanhã o mundo!	Heute ____, morgen die Welt!

Vergonha	Scham
Estou tão envergonhado.	Ich schäme mich so!
Eu fico sem jeito.	Ich werde ganz verlegen.
Não acredito que fiz isso.	Ich kann nicht glauben, dass ich zu so etwas fähig war/dass ich so etwas getan habe.
Eu não faço essas coisas.	Das sieht mir doch gar nicht ähnlich.
Onde eu enfio minha cara?	Ich würde mich am liebsten in einem Mauseloch verkriechen!

Modéstia	Bescheidenheit
Não é grande coisa.	Na ja, es ist wirklich nichts Besonderes.
Não sou ninguém.	Ich bin nicht wichtig./Wer bin ich schon?
Sou uma pessoa como qualquer outra.	Ich bin ein Mensch wie jeder andere.
Eu me acho uma pessoa normal.	Ich finde mich ganz durchschnittlich.

Arrependimento	Reue
Eu (acho que eu) deveria ter...	Ich hätte wirklich... sollen.
Eu (acho que eu) não deveria ter...	Ich hätte wirklich nicht... sollen.
Não acredito que eu (fiz isso).	Ich kann nicht glauben, dass ich zu so etwas imstande war.
Já deveria saber.	Ich hätte es besser wissen müssen.
Não costumo fazer isso.	Das sieht mir nicht ähnlich./So etwas tue ich doch nicht!
Me sinto muito mal (com...)	Ich bin zutiefst beschämt über...
Nunca vou me perdoar (por...)	Ich werde es mir nie verzeihen, dass ich...
Eu tinha que falar, né?	Warum konnte ich den Mund nicht halten?
O que é que deu em mim?	Was habe ich mir nur dabei gedacht?
É isso que dá...	Das kommt davon, wenn man...
Se eu pudesse voltar atrás, eu...	Wenn ich das ungeschehen machen könnte, würde ich...
Se eu tivesse outra chance faria tudo diferente.	Wenn ich eine zweite Chance bekäme, würde ich alles anders machen.
Queria poder voltar atrás e tentar tudo de novo.	Ich wünschte, ich könnte das Rad der Zeit zurückdrehen und noch mal von vorn anfangen.
Agora eu sei.	Jetzt weiß ich es besser.
Se eu soubesse naquela época o que eu sei hoje.	Wenn ich nur damals gewusst hätte, was ich heute weiß...
Que pena que eu...	Wie schade, dass ich...
É uma pena eu...	Es ist ein Jammer, dass ich...
Olhando para trás...	Wenn ich so zurückschaue...
Gostaria de ter (estado aí)...	Ich wünschte, ich hätte (dort sein können).

Empatia	Empathie
Eu odeio isso.	Ich hasse das!/Ich verabscheue das!/Ich finde das abscheulich!
Odeio quando isso acontece.	Ich finde es schrecklich, wenn so etwas passiert.
Eu sei o que você quer dizer.	Ich weiß, was Sie damit sagen wollen/was du damit sagen willst.

Empatia (cont.)	Empathie (Forts.)
Posso imaginar.	Das kann ich mir vorstellen.
Eu sei o que é isso.	Ich kenne das Gefühl./Ich kann mich gut in Sie/dich hineinversetzen.
Eu sei pelo que você está passando.	Ich weiß, was Sie durchmachen/was du durchmachst.
Sei que não deve estar sendo fácil.	Das ist sicher nicht leicht.
Não é horrível isso?	Ist das nicht schrecklich für Sie/dich?
Deve ter sido (horrível).	Das muss schrecklich/entsetzlich gewesen sein.
Eu sei, pode acreditar.	Ich weiß (es), das können Sie/kannst du mir glauben.
Somos dois.	Genau so geht es mir/genau so ist es mir ergangen.
Você não está sozinho.	Sie sind/du bist nicht allein.

Desejos e sonhos	Wünsche und Träume
Bem que eu gostaria de (ir...)	Ich wünschte, ich könnte... (gehen).
Bem que eu gostaria de ter (visto...)	Ich wünschte, ich hätte... (gesehen).
Queria (ser...)	Ich wünschte, ich (wäre...)
Você não gostaria de poder...?	Würden Sie/würdest du nicht gern... können?
Seria ótimo se pudéssemos..., não é?	Es wäre fantastisch, wenn wir... könnten, nicht wahr?
Quem me dera ao menos uma vez...	Nur ein einziges Mal...
Quem me dera!	Das wäre schön!
Só sonhando mesmo!	Davon kann man nur träumen!
Quem sabe um dia.	Eines Tages vielleicht...
Se ao menos...	Wenn nur.../wenn wenigstens...
O que eu gostaria mesmo de fazer é...	Was ich wirklich gern tun würde, wäre...
Uma coisa que eu sempre quis fazer é...	Etwas, das ich schon lange tun wollte, ist...
Sempre sonhei (poder...)	Ich habe immer davon geträumt, ... (zu können).
Um dia ainda (vou...)	Eines Tages (werde ich noch...)
Vou torcer.	Ich werde die Daumen drücken.
É só torcer.	Wir brauchen nur die Daumen zu drücken.

Parabenizando	Sie gratulieren
Parabéns!	Herzlichen Glückwunsch!
Parabéns por...	Herzlichen Glückwunsch/meine herzlichsten Glückwünsche zum.../zur...
Fiquei sabendo (da promoção...)	Ich habe von (Ihrer/deiner Beförderung) gehört.
Me disseram que você.	Man hat mir erzählt, dass Sie/du...
Que ótimo!	Das ist großartig!
Deve estar orgulhoso.	Sie sind/du bist bestimmt stolz!
Você merece!	Sie haben es/du hast es verdient!
Sabia que iria conseguir!	Ich wusste, dass Sie es schaffen würden/dass du es schaffen würdest!
Fico muito contente por você.	Ich freue mich riesig für Sie/dich.
Bem, já estava na hora!	Na ja, es wurde auch (langsam) Zeit!

Pedindo desculpas	Sie bitten um Entschuldigung
Desculpas em geral	**Allgemeine Entschuldigungen**
Opa!	Oh! Entschuldigen Sie/entschuldige bitte!
Desculpe-me.	Das tut mir Leid.
Foi sem querer.	Es war wirklich keine Absicht.
Perdoe-me.	Verzeihung!/Bitte verzeihen Sie mir/verzeih mir!
Peço desculpas (por...)	Ich bitte vielmals um Entschuldigung (für...)
Não tem perdão.	Das ist unverzeihlich.
Eu não sei o que deu em mim.	Ich weiß nicht, was in mich gefahren ist/was über mich gekommen ist.
Não sei o que dizer.	Mir fehlen die Worte/ich weiß nicht, was ich dazu sagen soll.
Não costumo...	Es ist nicht meine Art,... zu...
Vou compensar você por isso.	Ich werde es wieder gut machen.
Isso não vai se repetir.	Es wird/soll nicht wieder vorkommen.
Sinto-me muito mal com isso.	Ich bin wirklich zerknirscht.

Perdoando	Sie verzeihen
Esquece.	Vergessen Sie es./Vergiss es!/Denken Sie/denk nicht weiter darüber nach!
Tudo bem.	Schon in Ordnung!
Sem problemas.	Kein Problem.
Já até esqueci.	Schon vergeben und vergessen!
Acontece.	Das kann schon mal vorkommen/so was kommt vor.
Isso não é nada.	Das ist nicht weiter schlimm.
Não vamos mais falar sobre isso	Schwamm drüber!

Incentivando	Sie machen jemandem Mut
Vai fundo!	Weiter so! Nur Mut!
Você não tem nada a perder.	Sie haben/du hast nichts zu verlieren.
O que você tem a perder?	Was haben Sie/hast du zu verlieren?
Você vai conseguir.	Sie werden/du wirst es schaffen.
Vale a pena tentar.	Ein Versuch lohnt sich!
O momento é agora.	Jetzt ist der richtige Augenblick.
É agora ou nunca.	Jetzt oder nie!
É moleza.	Das ist kinderleicht/ das ist ein Zuckerschlecken.
Faça o melhor possível./Dê o melhor de si.	Tun Sie Ihr Bestes/tu dein Bestes!
Se você não tentar você nunca vai saber.	Versuch macht klug!
Só existe uma maneira de saber.	Es gibt nur einen Weg, es herauszufinden:
Você tem a mesma chance que eles.	Sie haben/du hast dieselben Chancen wie die anderen.
Você tem meu apoio.	Ich stehe zu Ihnen/zu dir./Sie können/du kannst meiner Unterstützung sicher sein.
Eu lhe dou total apoio nisso.	Ich stehe hundertprozentig zu Ihnen/dir.

Desaconselhando	Sie raten jemandem ab
Acho que não deve...	Ich glaube, Sie sollten /du solltest lieber nicht...
Não acho que seja uma boa ideia.	Ich finde, das ist keine gute Idee.
Eu pensaria bem se fosse você.	An Ihrer /deiner Stelle würde ich es mir zweimal überlegen./Wenn ich Sie/du wäre, würde ich es mir noch einmal durch den Kopf gehen lassen.

Desaconselhando (cont.)	Sie raten jemandem ab (Forts.)
Imploro para você repensar isso.	Ich flehe Sie /dich an, überlegen Sie es sich /überleg es dir noch einmal.
Não vai ser uma boa ideia.	Das geht nicht gut (aus)./Dabei kommt nichts Gutes heraus.
Isto não está me cheirando muito bem.	Ich habe kein gutes Gefühl bei dieser Sache.
Estou lhe dizendo isso como um amigo...	Als Ihr/dein Freund/als Ihre deine Freundin sage ich Ihnen/dir, ...

Conselhos — Ratschläge

Na hora de dar um conselho, o alemão usa muito as formas verbais com “würde” (que correspondem ao português “iria”). Por exemplo, *Ich würde die Stelle annehmen* (“Eu aceitaria o trabalho”) soa muito mais cortês e suave do que “ Nehmen Sie die Stelle an”. Na hora de usarmos os verbos modais, construímos diretamente estas formas mais suaves: “Sie könnten...” (você poderia...), “Sie sollten...” (você deveria...), “Sie müssten...” (você teria que...), muitas vezes acrescentando um “vielleicht” (talvez); para ser mais diplomático ainda.

Dando um conselho	Sie geben jemandem einen Rat
Por que você não...?	Warum... Sie /du nicht...?
Talvez você deva/possa...	Vielleicht sollten /könnten Sie... Vielleicht solltest/könntest du...
Você deveria...	Sie sollten.../du solltest...
É melhor (ir a...)	Es wäre besser, wenn Sie (... gehen würden)/es wäre besser, wenn du... (gehen würdest)
Você poderia...	Sie könnten.../du könntest...
Sabe o que você poderia fazer?	Wissen Sie, was Sie tun könnten?/Weißt du, was du tun könntest?
Talvez seja uma boa ideia (ir...)	Vielleicht wäre es eine gute Idee, (... zu gehen).
Se eu fosse você, eu...	Wenn ich Sie/du wäre, würde ich.../An Ihrer/deiner Stelle würde ich...
Eu acho que você deve...	Ich finde, Sie sollten.../du solltest...
Acho que seria interessante você (fazer...)	Ich finde, es wäre gut /interessant, wenn Sie... würden/wenn du... würdest.
Sabe o que eu acho...	Wissen Sie was?/weißt du was?...

Dando um conselho (cont.)	Sie geben jemandem einen Rat (Forts.)
Bom, o que eu faço é...	Also, ich mache es immer so:...
Bom, eu tenho um amigo que...	Also, ich habe einen Freund, der...
Meu pai sempre fala/falava...	Mein Vater sagt/sagte immer:...
	veja também "Provérbios e Citações", página 138
Você tem de fazer o que for melhor para você.	Sie müssen das tun, was für Sie am besten ist./Du musst das tun, was für dich am besten ist.
Só você pode decidir isso.	Das müssen Sie/musst du selbst entscheiden.
Ninguém pode decidir por você.	Niemand kann das für Sie /dich entscheiden!

Recebendo um conselho	Sie reagieren auf einen Ratschlag
Talvez você tenha razão.	Vielleicht haben Sie/hast du Recht.
Talvez seja interessante isso.	Das wäre vielleicht ganz gut/interessant.
Boa ideia!	Gute Idee!
Eu sei.	Ich weiß.
Não sei...	Ich weiß nicht so recht...
Vou pensar.	Ich muss (noch mal) darüber nachdenken.
É, talvez.	Ja, vielleicht...
Vamos ver.	Mal abwarten./Mal sehen.
Eu vou dar um jeito.	Ich werde mir etwas ausdenken/ich werde sehen, dass ich es so mache.

Avisos	Sie warnen jemanden
Você não deveria...	Sie sollten nicht.../du solltest nicht...
Se eu fosse você, não...	Wenn ich Sie/du wäre, würde ich nicht... An Ihrer/deiner Stelle würde ich nicht...
Talvez não seja bom...	Vielleicht ist es nicht ratsam,... zu…
Talvez não deva...	Vielleicht sollten Sie/solltest du nicht...
Confie em mim, não...	Hören Sie auf mich/vertrauen Sie mir:... Sie nicht.../Hör auf mich/vertrau mir:... nicht...
Um conselho:...	Ein guter Rat:…

Conselhos tardios	Ratschläge, die zu spät kommen
Que pena que não...	Wie schade, dass Sie/du nicht...
Você deveria ter...	Sie hätten/du hättest... sollen.
Você não deveria ter feito isto.	Das hätten Sie/hättest du nicht machen sollen!
Por que não (foi...)?	Warum sind Sie/bist du nicht (... gegangen?)
Olhando para trás, você/eu deveria ter (dito...)	Im Nachhinein muss ich sagen, Sie hätten/ich hätte (sagen) sollen: ...
Da próxima vez, você tem de...	Das nächste Mal/beim nächsten Mal müssen Sie.../musst du...
Por que não me disse? Eu teria (falado para você...)	Warum haben Sie/hast du mir das nicht gesagt? Ich hätte Ihnen/dir gesagt, ...)
Eu avisei.	Ich habe es Ihnen/dir vorher gesagt!

Convites	Einladungen

Convidando	Sie laden ein
Vou dar (uma festa)...	Ich mache (eine Party)...
Você vem?	Haben Sie/hast du Lust zu kommen?
Vai ter (uma festa) na casa de...	Bei... gibt es eine Party.
Vou festejar meu aniversário.	Ich werde meinen Geburtstag feiern/ich habe vor, meinen Geburtstag zu feiern...
Adoraria que viesse.	Ich würde mich sehr freuen, wenn Sie kommen könnten/wenn du kommen könntest.
Por que não vem?	Warum kommen Sie /kommst du nicht?/Kommen Sie doch!/Komm doch!
Por que não vem para jantar/para tomar um vinho?	Warum kommen Sie/kommst du nicht zum Abendessen/auf ein Gläschen Wein?
Você pode trazer alguém, se quiser.	Sie können gern jemanden mitbringen, wenn Sie möchten./Du kannst gern jemanden mitbringen, wenn du möchtest.

Convidando (cont.)	Sie laden ein (Forts.)
Traga o (John).	Bringen Sie doch (John) mit! Bring doch (John) mit!
... ou também nós poderíamos...	... oder wir könnten auch...
Você que sabe.	Das müssen Sie/musst du wissen/entscheiden.

Aceitando um convite	Sie nehmen eine Einladung an
Parece legal.	Das klingt gut.
Não perderia isso por nada.	Das möchte ich auf keinen Fall verpassen.
A que horas?	Um wieviel Uhr?
O que eu devo trazer?	Was soll ich mitbringen?
Que roupa é para usar?	Was zieht man da an?
Posso trazer um amigo?	Darf ich einen Freund mitbringen?

Recusando um convite	Sie lehnen eine Einladung ab
Me desculpe, mas não dá. Tenho que...	Das tut mir leid, aber ich kann nicht. Ich muss…
Adoraria, mas (tenho que...)	Ich würde ja schrecklich gern kommen, aber leider (muss ich...)
Bem que eu queria.	Ich wünschte, ich könnte (kommen).
Quem sabe na próxima.	Vielleicht das nächste Mal/beim nächsten Mal.
Deixa para a próxima.	Lassen wir es für das nächste Mal/ein anderes Mal, ja?
Se tivesse me dito antes...	Wenn Sie mir das früher gesagt hätten.../ wenn du mir das früher gesagt hättest...
Se fosse outra hora eu iria, mas...	Wenn es nicht zu der Uhrzeit wäre, würde ich kommen, aber so...

Horas e datas — Zeitangaben

Em alemão, há duas maneiras de dizer as horas. A primeira é o assim chamado horário oficial, usado em comunicados da mídia, em aeroportos, estações de trem etc. Nesse caso, diz-se as horas conforme se escreve: 10:20 (zehn Uhr zwanzig), 14:40 (vierzehn Uhr vierzig); 23:50 (dreiundzwanzig Uhr fünfzig). A palavra "Uhr" aparece no lugar dos dois-pontos, não sendo necessário usar a palavra "Minuten".

A segunda maneira de falar é o chamado horário informal, onde há alguns detalhes para observar. Primeiro, nele só são usados os números de 1 até 12, sendo repetidos após o meio-dia. Segundo, os horários que passam da hora cheia são falados assim: 10:20 "zwanzig nach zehn": 12:10 "zehn nach zwölf", não sendo necessário usar a palavra "Uhr". Então, na metade direita do relógio, usa-se a palavra "nach". Correspondentemente, na metade esquerda do relógio, usa-se a palavra "vor" para dizer que tantos minutos faltam ainda para completar a hora: 14:40, "zwanzig vor drei"; 23:50, "zehn vor zwölf". O horário mais esquisito, nesse jeito informal, é o dos trinta minutos, que se diz assim: 7:30, "halb acht"; 15:30, "halb vier"; 20:30, "halb neun". Esta é a maneira que todos usam no dia a dia.

Outra observação interessante: a "noite" em alemão se subdivide em "Abend" (mais ou menos das 18 horas até 22 horas ou a hora de dormir) e "Nacht" (mais ou menos a partir das 22 horas).

Que horas são?	Wie spät ist es?/Wie viel Uhr ist es?
Você tem horas?	Ach bitte, haben Sie die Uhrzeit?/Können Sie mir sagen, wie spät es ist?
Desculpe-me, estou sem relógio.	Es tut mir Leid, ich habe keine Uhr um.
Meu relógio está um pouco (atrasado/adiantado).	Meine Uhr geht ein wenig nach/vor.
De acordo com meu relógio, são...	Nach meiner Uhr ist es...
São (dez) horas.	Es ist (zehn) Uhr/es ist (zehn).
São (dez) e quinze.	Es ist Viertel nach zehn.
São (dez) e meia.	Es ist halb elf.
São (dez) horas em ponto.	Es ist Punkt (zehn) Uhr./Es ist Punkt (zehn).
Mais ou menos (dez) horas.	Es ist ungefähr (zehn) Uhr./Es ist ungefähr (zehn).
São quase (dez) horas.	Es ist fast (zehn) Uhr./Es ist fast (zehn).
Passou um pouquinho das (dez) horas.	Es ist kurz nach (zehn) Uhr./Es ist kurz nach (zehn).
Às (dez) horas.	Um (zehn) Uhr/um (zehn).

Horas e datas (cont.)	Zeitangaben (Forts.)
Às (dez) e pouco.	So um kurz nach (zehn) Uhr/so um kurz nach (zehn).
Por volta das (dez).	So um (zehn) Uhr/so um(zehn).
Daqui a (uma hora).	In (einer Stunde).
Das dez às onze.	Von zehn bis elf.
Faz (uma hora)./(Uma hora) atrás.	Vor (einer Stunde).
O dia todo./A noite toda.	Den ganzen Tag (lang)/die ganze Nacht (lang).
Bem cedo/tarde.	Sehr früh/sehr spät.
Logo cedinho.	Ganz früh morgens/im Morgengrauen.
Logo de manhã.	Früh am Morgen.
De manhã.	Morgens.
No final da manhã.	Am späten Vormittag.
Ao meio-dia.	Am Mittag.
No começo da tarde.	Am frühen Nachmittag.
No final da tarde.	Am Spätnachmittag.
No comecinho da noite.	Am frühen Abend.
De/à noite.	Am Abend/abends. In der Nacht/nachts.
Tarde da noite.	Spät am Abend.
À meia-noite.	Um Mitternacht.
Quando o sol nascer.	Wenn die Sonne aufgeht.
Quando o sol se pôr.	Wenn die Sonne untergeht.
Ao amanhecer.	In der Morgendämmerung.
Ao nascer do sol.	Bei Sonnenaufgang.
No crepúsculo.	In der Dämmerung/in der Abenddämmerung.
Ao pôr do sol.	Bei Sonnenuntergang.
Em plena luz do dia.	Am hellichten Tage.
De madrugada/No meio da noite.	Mitten in der Nacht.
Que dia é hoje?	Welches Datum ist heute?Welches Datum haben wir heute?
Hoje é dia (vinte e quatro).	Heute ist der (vierundzwanzigste).
Todo dia.	Jeden Tag/täglich.
Dia sim, dia não.	Jeden zweiten Tag/Alle zwei Tage.
De (doze) em (doze) horas.	Alle (zwölf) Stunden.
Hoje de manhã.	Heute Morgen.
Hoje à tarde.	Heute Nachmittag.

Horas e datas (cont.)	Zeitangaben (Forts.)
Hoje à noite.	Heute Abend/heute Nacht.
Amanhã de manhã/à tarde/à noite	Morgen früh/Nachmittag/Abend/Nacht.
Anteontem.	Vorgestern.
Ontem de manhã.	Gestern Morgen.
Ontem à tarde.	Gestern Nachmittag.
Ontem à noite.	Letzte Nacht/in der letzten Nacht.
Depois de amanhã.	Übermorgen.
Toda (quinta-feira).	Jeden (Donnerstag).
Às (quintas).	Donnerstags.
De (segunda) a (sexta).	Von (Montag) bis (Freitag).
Na (sexta-feira).	Am (Freitag).
Nesta (sexta-feira).	Diesen (Freitag)/an diesem (Freitag).
Esta (sexta-feira) que vem.	Nächsten (Freitag)/am nächsten (Freitag).
Não esta (sexta-feira), a outra.	Nicht diesen (Freitag), sondern den nächsten.
Nos dias de semana.	An Wochentagen.
No finais de semana.	An Wochenenden.
Este final de semana.	Dieses Wochenende/an diesem Wochenende.
A semana que vem.	Nächste Woche/in der nächsten Woche.
A semana passada.	Letzte Woche/in der letzten Woche.
O mês/ano/verão passado.	Letzten Monat/letztes Jahr/letzten Sommer.
Faz uma semana.	Vor einer Woche.
No fim do mês.	Am Ende des Monats.
No início do ano.	Am Anfang des Jahres.
Ao longo de uma semana.	Im Laufe einer Woche.
No decorrer do ano.	Im Laufe des Jahres.
(3 dias) seguidos.	(3 Tage) nacheinander.
Às vezes sim, às vezes não.	Manchmal, dann wieder nicht/manchmal ja, manchmal nein.
Agora mesmo.	Gerade eben.
Imediatamente.	Sofort.
Assim que possível.	So bald wie möglich.
Até (as dez horas).	Bis (zehn Uhr).
Não mais tarde do que...	Nicht später als/spätestens...

Etapas	Zeitabschnitte/Etappen
Anterior a isso...	Vorher...
Antes de começar...	Bevor es losgeht/bevor wir anfangen...
Primeiro...	Zuerst...
No começo...	Am Anfang...
No início...	An erster Stelle...
Demorou um pouco para começar, mas...	Am Anfang ging es ein bisschen langsam, aber...
... assim que pegamos o ritmo...	... als wir dann in Schwung kamen,...
Começou...	Es ging los...
Depois...	Dann...
Com o passar do tempo...	Im Lauf der Zeit...
Mais tarde...	Später...
Depois de um tempo...	Nach einer Weile...
Um tempo mais tarde...	Etwas später...
No final...	Schließlich...
No meio do trabalho.	Mitten in der Arbeit…
Finalmente...	Am Ende/endlich!
Depois deslanchou...	Dann ging es so richtig los...
Lá pelo final...	Kurz vor dem Ende/Schluss...
Nas fases finais...	In der Endphase...
No final de tudo...	Schließlich und endlich...
Depois disso...	Danach...
Já progredimos muito.	Wir haben schon große Fortschritte gemacht. *veja também "Tendências", a seguir*
Está chegando lá.	Wir sind fast fertig/wir schaffen es schon.
Falta muito ainda.	Es fehlt noch viel.

Tendências	Tendenzen

Tendências positivas	Positive Tendenzen
Não poderia ser melhor.	Es könnte nicht besser sein.
As coisas vão bem.	Alles läuft nach Wunsch.
Melhorou/Melhoramos bastante.	Es ist schon wesentlich besser geworden./Wir sind schon ein großes Stück vorwärts gekommen.

Tendências positivas (cont.)	Positive Tendenzen (Forts.)
Fez/Fizemos grandes progressos.	Sie/wir haben große Fortschritte gemacht.
Está/Estamos no caminho certo.	Sie/wir sind auf dem richtigen Weg.
Está/Estamos chegando lá.	Sie/wir schaffen es.
Ainda não chegou/chegamos lá, mas...	Sie/wir haben es noch nicht ganz geschafft, aber...
Está a meio caminho andado.	Die Hälfte haben Sie schon geschafft!
Já dá para ver uma luz no final do túnel.	Man kann schon ein kleines Licht am Ende des Tunnels erblicken.
Houve progresso (significativo) nos últimos (2 anos).	Es hat in den letzten (2 Jahren) (bedeutende) Fortschritte gegeben.

Tendências negativas	Negative Tendenzen
Chegamos/Chegou ao fim do poço.	Wir sind auf der Talsohle angekommen.
As coisas não poderiam ser piores.	Es könnte nicht schlechter/schlimmer sein.
As coisas não vão indo muito bem.	Es läuft nicht wie erwartet.
Vejo uma leve queda (em...).	Ich beobachte einen leichten Rückgang/ein leichtes Zurückgehen (bei...).
Ainda temos/tem muito o que fazer.	Wir haben noch/es ist noch viel zu tun.
É uma coisa atrás de outra.	Es kommt eins zum andern.
Chegamos/Cheguei/Chegou a um ponto em que...	Wir sind /ich bin/die Sache ist an einem Punkt angekommen, wo...
Está chegando a um ponto que...	Die Angelegenheit ist jetzt auf einem Punkt, wo...
Do jeito que as coisas vão...	So wie die Lage sich entwickelt...
Está tudo desmoronando.	Alles bricht zusammen.

Supondo	Sie drücken eine Vermutung aus

veja também "Tendo cuidado com o que diz", página 137

Bom, não tenho certeza, mas...	Nun ja, ich bin nicht ganz sicher, aber...
O que poderia ser é...	Was es sein könnte, ist...
Imagino que...	Ich könnte mir vorstellen, dass...
É só um chute/palpite/suposição.	Das ist nur so eine Annahme/eine Idee/eine Vermutung (von mir).
Por experiência...	Aus Erfahrung...

Supondo (cont.)	Sie drücken eine Vermutung aus (Forts.)
	veja também "Tendo cuidado com o que diz", página 137
É difícil dizer, mas...	Es ist schwer zu sagen, aber...
É só um palpite, mas...	Es ist nur so eine Idee aber...
Talvez...	Vielleicht/möglicherweise...
Eu acho que...	Ich finde/denke/meine, dass...
Eu diria...	Ich würde sagen, ...
Mais ou menos...	... mehr oder weniger...

Solicitações	Höfliche Bitten
	veja também "Pedindo um favor", nesta página
Você poderia...?	Könnten Sie/könntest du bitte...?
Você pode...?	Können Sie/kannst du wohl...?
Você me (traria...)?	Würden Sie/würdest du mir bitte... bringen?
Deixe-me lhe perguntar uma coisa...	Darf ich Sie/dich etwas fragen?
Você poderia por acaso...?	Könnten Sie/könntest du... zufällig...?
Sabe do que eu preciso...	Wissen Sie/weißt du, was ich brauche: ...
Você se importaria se eu...?	Würde es Ihnen/dir etwas ausmachen, wenn ich...?
Você se importa se eu...?	Macht es Ihnen/dir etwas aus, wenn ich...?
Tudo bem se eu...?	Ist es Ihnen/dir recht, wenn ich...?
Eu gostaria...	Ich würde gern...
Talvez se você pudesse...	Wenn Sie/du vielleicht... könnten/könntest...
... agradeceria (muito).	Ich wäre Ihnen/dir wirklich sehr dankbar.
Será que seria possível...?	Wäre es (Ihnen/dir) vielleicht möglich, ...

Favores | Gefallen

Pedindo um favor	Sie bitten um einen Gefallen
Você poderia por acaso...?	Könnten Sie/könntest du vielleicht/zufällig...?
Preciso-lhe pedir um favorzinho/um grande favor.	Ich möchte Sie/dich um einen (großen) Gefallen bitten.

Pedindo um favor (cont.)	Sie bitten um einen Gefallen (Forts.)
Você poderia me fazer um favor?	Könnten Sie/könntest du mir einen Gefallen tun?
Seria demais pedir para você...?	Wäre es zu viel verlangt, wenn ich Sie/dich bitten würde,... zu...?
Se não puder, tudo bem.	Wenn es Ihnen/dir nicht möglich ist/wenn es nicht geht, ist es nicht schlimm/kein Problem.
Não quero incomodar.	Ich möchte Sie/dich nicht belästigen/in Ungelegenheiten bringen.
Não quero atrapalhar.	Ich möchte nicht stören.
Você tem certeza de que não tem problema?	Sind Sie/bist du sicher, dass es Ihnen/dir nichts ausmacht?

Aceitando fazer um favor	Sie tun den Gefallen
Ah, claro.	Aber natürlich.
Sem problemas.	Kein Problem.
É um prazer.	Sehr gern/es ist mir ein Vergnügen.
Para que servem os amigos?	Dafür sind Freunde da!
Que é isso? É o mínimo que eu posso fazer.	Aber hören Sie/hör mal, das ist das wenigste, das ich tun kann!
Não se preocupe com isso.	Machen Sie sich/mach dir deswegen keine Gedanken!
Não é incômodo algum.	Das ist wirklich keine Mühe./Das ist nicht der Rede wert.
Seria um prazer para mim.	Es wäre mir ein Vergnügen.

Recusando fazer um favor	Sie lehnen es ab, einen Gefallen zu tun
Olha, sabe...	Ach, wissen Sie.../weißt du...
É que eu..	Ich... nämlich...
Infelizmente...	Leider...
Se fosse (outra hora), eu poderia, mas (amanhã)...	Wenn es (zu einer anderen Zeit) wäre, könnte ich, aber (morgen)...
Me desculpe, mas eu não posso.	Es tut mir sehr Leid, aber ich kann nicht.
Eu tenho de...	Ich muss...

veja também "Desculpas", página 81

Bem que gostaria de ajudar.	Ich wünschte wirklich, ich könnte Ihnen/dir helfen.
Desculpe-me mesmo.	Tut mir wirklich Leid.

Confissões	Geständnisse/Sie schütten Ihr Herz aus
Tem uma coisa que estou querendo lhe dizer...	Da ist etwas, das ich Ihnen/dir schon lange sagen wollte: ...
Estava esperando a hora certa de lhe dizer isto: ...	Ich habe den rechten Moment abgewartet, um Ihnen/dir das zu sagen.
Faz tempo que estou querendo lhe dizer isto.	Schon lange wollte ich Ihnen/dir das sagen.
Acho que é a melhor hora para lhe dizer isso: ...	Ich glaube, dies ist der richtige Moment, um Ihnen/dir das zu sagen.
Tem uma coisa que está me incomodando.	Ich habe etwas auf dem Herzen.
Tenho uma coisa que preciso lhe dizer.	Ich muss Ihnen/dir etwas sagen.
Tenho de confessar uma coisa.	Ich muss Ihnen/dir etwas gestehen.
Tem uma coisa que preciso lhe dizer.	Da ist etwas, das ich Ihnen/dir unbedingt sagen muss.

Disfarçando ignorância	Sie verdecken, dass Sie etwas nicht wissen
Não estou familiarizado com isso.	Damit bin ich nicht vertraut.
Não sei se estou familiarizado com isso.	Ich bin nicht sicher, ob ich da so gut Bescheid weiß.
Não me lembro de ter (ouvido) isso/dele/dela.	Ich kann mich nicht erinnern, davon/von ihm/von ihr gehört zu haben.
Tenho uma vaga memória disso.	Ich erinnere mich nur dunkel./Das kommt mir irgendwie bekannt vor.
Não estou muito por dentro de...	Ich weiß mit... nicht so gut Bescheid.
Acho que já ouvi falar (nele/nela) em algum lugar.	Es kommt mir so vor, als ob ich irgendwo schon einmal etwas über ihn/sie gehört hätte.

Analisando	Sie analysieren
Por um lado.../Por outro...	Einerseits.../andererseits...
A vantagem é.../A desvantagem é...	Der Vorteil ist/liegt darin, dass.../Der Nachteil ist/liegt darin, dass...
Se você analisar...	Wenn man es genau betrachtet,...
Aparentemente...	Es scheint, dass/es sieht so aus, als ob.../anscheinend...
Se você for fundo no negócio...	Wenn man der Sache auf den Grund geht,...

Analisando (cont.)	Sie analysieren (Forts.)
Se você considerar...	Wenn man bedenkt,...
Levando em consideração...	Wenn man in Betracht zieht, dass.../ wenn man berücksichtigt, dass...
Do ponto de vista de...	Vom Standpunkt des... aus...
Estatisticamente falando...	Um einen Ausdruck aus einer Statistik zu gebrauchen,...
Do ponto de vista puramente (científico)...	Von einem rein (wissenschaftlichen) Standpunkt aus betrachtet...
Acho que tem (2) lados:...	Ich meine, man kann (die Angelegenheit) von (2) Seiten aus betrachten:

Questionando a análise de alguém	Sie stellen jemandes Analyse in Frage
Mas você já pensou em...?	Aber haben Sie/hast du auch an... gedacht?
Você já considerou...?	Haben Sie/hast du... berücksichtigt?
Você já levou em consideração...?	Haben Sie/hast du... in Betracht gezogen?
É, mas, por outro lado...	Schon, aber andererseits...
Eu acho que você tem que também levar em consideração que...	Ich meine, Sie sollten/du solltest auch berücksichtigen/bedenken, dass...

Decidindo	Entscheidungen

Aqui, é interessante observar que a língua alemã tem dois verbos para dizer "decidir-se": "sich entscheiden" significa escolher uma alternativa entre as existentes (por exemplo, um vestido vermelho e outro verde); "sich entschließen" significa decidir entre agir ou não (comprar ou não).

É difícil decidir.	Das ist schwer zu entscheiden.
Não consigo me decidir.	Ich kann mich nicht entscheiden/entschließen.
Já me decidi.	Jetzt habe ich mich entschieden/entschlossen.
Não me decidi (ainda).	Ich habe mich noch nicht entschieden/entschlossen.
Ainda estou decidindo.	Ich überlege noch.
Estou (caindo) mais para...	Ich bin eher geneigt,... zu...

Decidindo (cont.)	Entscheidungen (Forts.)
É uma decisão difícil.	Das ist eine schwere Entscheidung/ein schwerer Entschluss.
Tanto faz na verdade.	Eigentlich ist es einerlei/egal.
Estava querendo ficar com...	Eigentlich wollte ich...
Qual você escolheria?	Welchen/welche/welches würden Sie/würdest du nehmen/wählen?
Se fosse escolher um, ficaria com...	Wenn ich einen/eine/eins aussuchen müsste, würde ich... wählen...
Para mim, tanto faz.	Mir ist es (eigentlich) egal/gleichgültig.
Você é quem sabe.	Das müssen Sie/musst du entscheiden/wissen.
Por que você não decide?	Warum entscheiden Sie sich/entscheidest du dich nicht?/Warum entschließen Sie sich/entschließt du dich nicht?
Confio no seu bom senso.	Ich verlasse mich auf Ihren/deinen gesunden Menschenverstand.
Confio no seu bom gosto	Ich verlasse mich ganz auf Ihren/deinen guten Geschmack.
Escolha à vontade.	Suchen Sie/such doch ganz nach Belieben aus!
Escolha o que quiser.	Suchen Sie aus, was Sie möchten/such aus, was du möchtest.
Pode escolher qualquer um destes (três).	Sie können/du kannst unter diesen (dreien) auswählen.
O que você quiser.	Was (auch immer) Sie wünschen/du wünschst.
Você decide.	Ich überlasse es Ihnen/dir.
Posso fazer uma sugestão?	Darf ich einen Vorschlag machen?

Comparando	Vergleiche
São (exatamente) iguais.	Sie sind (genau) gleich.
São muito parecidos.	Sie sind sehr ähnlich.
São mais ou menos iguais.	Sie sind fast /ungefähr gleich.
A diferença é muito pequena.	Der Unterschied ist sehr gering/ist minimal.
Quase não tem diferença (entre os dois).	Es besteht praktisch kein Unterschied (zwischen ihnen).
Só mesmo um “expert” saberia distingui-los.	Nur ein Fachmann könnte sie auseinanderhalten.

Comparando (cont.)	Vergleiche (Forts.)
Eu não vejo diferença.	Ich sehe keinen Unterschied.
Eu não sei distingui-los.	Ich kann sie nicht auseinanderhalten.
São um pouco diferentes.	Sie sind ein wenig unterschiedlich/ verschieden.
São bastante diferentes.	Sie sind ziemlich unterschiedlich/ verschieden.
São totalmente diferentes.	Sie sind ganz und gar verschieden.
Uma coisa não tem nada a ver com a outra.	Das eine hat mit dem anderen nichts zu tun/nichts gemeinsam.
Eu os separo em duas categorias bem diferentes.	Ich teile sie zwei ganz verschiedenen Kategorien zu./Ich ordne sie in zwei ganz verschiedene Kategorien ein.
Um é (barato) e o outro é (mais útil).	Der/die/das eine ist (preiswert/billig) und der/die/das andere ist (nützlicher).
(X) é maior que (Y).	(X) ist größer als (Y).
(X) é mais caro do que (Y).	(X) ist teurer als (Y).
(X) é bem mais barato do que (Y).	(X) ist viel billiger/preiswerter als (Y).
(X) tem mais (espaço).	(X) hat mehr (Platz)
(X) tem uma infra estrutura melhor.	(X) hat eine bessere Infrastruktur.
(X) não é tão (interessante) quanto (Y).	(X) ist nicht so (interessant) wie (Y).
(X) é (bonito), mas (Y) é (mais bonito) ainda.	(X) ist (hübsch/nett), aber (Y) ist noch (hübscher/netter).
(X) é o (mais bonito).	(X) ist am (schönsten/nettesten).
(X) é o mais comum.	(X) ist das einfachste/am einfachsten.
(X) é o menos (caro).	(X) kostet am wenigsten/ist am preiswertesten.
(X) é de longe o (mais interessante).	(X) ist bei weitem am (interessantesten)
... e (Y) é (melhor) ainda.	... und (Y) ist noch (besser).
Não tem comparação: (X) é o (melhor).	Es gibt keinen Zweifel – (X) ist am (besten).

Querendo saber mais em uma entrevista	Sie möchten mehr über Ihren Gesprächspartner erfahren

veja também "Como fazer uma pergunta pessoal sem ofender" na seção "Coisas que se falam quando as pessoas se encontram", página 36

É talvez óbvio que esta seção seria útil para pessoas que trabalham em jornalismo. Situações de entrevista, porém, também acontecem nas conversas do dia a dia. Quando duas pessoas que acabam de se conhecer querem saber mais sobre a outra, por exemplo.

Querendo saber mais em uma entrevista (cont.)	Sie möchten mehr über Ihren Gesprächspartner erfahren (Forts.)
	veja também "Como fazer uma pergunta pessoal sem ofender" na seção "Coisas que se falam quando as pessoas se conhecem", página 36
Poderia me dizer mais sobre...?	Könnten Sie/könntest du mir ein bisschen mehr über... erzählen?
Gostaria de saber mais sobre...	Ich würde gern mehr über... hören/ erfahren./Ich wüsste gern mehr über...
Será que você poderia discorrer mais sobre...	Könnten Sie/könntest du etwas ausführlicher über... sprechen?
Você poderia discorrer um pouco mais sobre (isso)?	Könnten Sie/könntest du das etwas näher erklären?
O que você quer dizer exatamente com ("privilegiado")?	Was genau meinen Sie/meinst du mit ("bevorzugt")?
Qual é sua opinião sobre...?	Wie ist Ihre/deine Meinung zu...
Você mencionou ____. O que você quis dizer exatamente com isso?	Sie erwähnten/du erwähntest ____. Was genau wollten Sie/wolltest du damit sagen?
Será que você poderia dizer mais sobre...	Wäre es vielleicht möglich, dass Sie/du mir mehr über... erzählen/erzählst?
Ainda não ficou bem claro (por que/ como/quem etc.)...	Mir ist noch nicht ganz klar geworden, (warum/wie/wer etc.)...
Você poderia me esclarecer sobre...	Vielleicht könnten Sie/könntest du mich über... aufklären...
Você poderia falar um pouco sobre...?	Könnten Sie/könntest du kurz über... sprechen?

Tendo cuidado com o que diz	Sie drücken sich vorsichtig aus
Se não estiver errado...	Wenn ich mich nicht irre...
Eu posso estar errado.	Ich kann mich irren.
Não tenho certeza, mas...	Ich bin nicht (ganz) sicher, aber...
Não sou muito entendido.	Ich bin kein Fachmann/Ich verstehe nicht besonders viel davon.
Até onde eu sei...	Soviel ich weiß...
Pelo que eu me lembro...	Soweit ich mich erinnere...
Pelo que eu sei...	Nach dem zu urteilen, was ich weiß/was ich gehört habe...
Tudo o que eu sei é...	Alles, was ich weiß, ist...
É o que as pessoas dizem.	Das ist in aller Munde.

Tendo cuidado com o que diz (cont.)	Sie drücken sich vorsichtig aus (Forts.)
Aparentemente.../Pelo jeito...	Offensichtlich/anscheinend...
Olha, eu não falei nada...	Ich habe nichts gesagt!
Não sei com certeza...	Ich weiß es nicht mit Sicherheit...
Não dá para dizer com certeza...	Man kann es nicht hundertprozentig behaupten.

Provérbios e citações	Sprichwörter und Zitate

Introduzindo citações	Einleitungen zu Zitaten
Como diz o ditado...	Wie es im Sprichwort heißt,...
É como as pessoas dizem:...	Wie man so sagt:...
Você sabe o que dizem:...	Sie wissen/du weißt doch, was man so sagt:...
Eu sempre digo: ...	Ich sage immer:...
Isso mostra que...	Das zeigt, dass...
Tem um velho ditado:...	Es gibt da ein altes Sprichwort:
Tem um ditado em português:...	Auf Portugiesisch gibt es ein Sprichwort,...
Meu (pai) sempre dizia:...	Mein (Vater) sagte immer:...
Acho que foi (Sócrates) quem disse que...	Ich glaube, es war (Sokrates), der gesagt hat:...
Tem uma frase famosa:...	Da ist so ein berühmter Ausspruch...
Alguém disse uma vez que...	Irgend jemand hat (ein)mal gesagt, class...
Não me lembro quem foi que disse:...	Ich weiß nicht mehr genau, wer gesagt hat:...

Exemplos	Beispiele
As aparências enganam.	Der Schein trügt.
Quem ri por último ri melhor.	Wer zuletzt lacht, lacht am besten.
A cavalo dado não se olham os dentes.	Einem geschenkten Gaul sieht man nicht ins Maul.
A galinha do vizinho é sempre mais gorda.	Nachbars Kirschen schmecken besser/die Kirschen in Nachbars Garten sind süßer.
Água mole em pedra dura tanto bate até que fura.	Steter Tropfen höhlt den Stein.

Exemplos (cont.)	Beispiele: (Forts.)
A pressa é inimiga da perfeição.	Eile mit Weile!
Amanhã é outro dia.	Morgen sieht alles anders aus.
Amigos, amigos, negócios à parte.	Geschäft ist Geschäft!
Melhor que nada.	Besser als nichts.
Antes tarde que nunca.	Besser spät als nie!
Dos males, o menor.	Das kleinere Übel.
Um por todos e todos por um.	Einer für alle und alle für einen.
Não deixe para amanhã o que você pode fazer hoje.	Was du heute kannst besorgen, das verschiebe nicht auf morgen!
Não faça com os outros o que não quer que façam a você.	Was du nicht willst, das man dir tu', das füg' auch keinem andern zu!
Nunca diga nunca.	Man soll nie "nie" sagen.
O importante não é a idade e sim como você se sente.	Man ist so alt, wie man sich fühlt.
A prática leva à perfeição.	Übung macht den Meister.
O importante é variar.	Abwechslung tut not.
Ver para crer.	Wer's glaubt, wird selig.
Falar é prata, calar é ouro.	Reden ist Silber, Schweigen ist Gold.
Duas cabeças pensam melhor do que uma.	Vier Augen sehen mehr als zwei.
Mais vale um pássaro na mão do que dois voando.	Ein Spatz in der Hand ist besser als eine Taube auf dem Dach.
Falar é fácil.	Leichter gesagt als getan.
É melhor prevenir do que remediar.	Vorbeugen ist besser als heilen.
Querer é poder.	Wo ein Wille ist, ist auch ein Weg.
Não conte com o ovo antes da galinha.	Man soll den Tag nicht vor dem Abend loben.
Uma mão lava a outra.	Eine Hand wäscht die andere.
Quem espera sempre alcança.	Kommt Zeit, kommt Rat.
Quando o gato sai, o rato faz a festa.	Wenn die Katze spazieren geht, tanzen die Mäuse auf dem Tisch.
Os olhos são o espelho da alma.	Die Augen sind der Spiegel der Seele.
O amor é cego.	Liebe macht blind.
Não ponha o carro na frente dos bois.	Man soll das Pferd nicht am Schwanz aufzäumen.
Não faça tempestade em copo d'água.	Mach keinen Sturm im Wasserglas!/Du machst ja aus einer Mücke einen Elefanten.
Não há recompensa sem esforço.	Ohne Fleiß kein Preis.
O que os olhos não veem, o coração não sente.	Aus den Augen, aus dem Sinn.

3

Alemão comercial e profissional
Deutsch im Geschäft und im Beruf

Seu currículo — Ihr Lebenslauf

É importante ressaltar que, em alemão, existem dois verbos distintos para dizer "estudar": o primeiro, "lernen", só se refere ao estudar no colégio e também a cursos avulsos, como, por exemplo, os de línguas em um instituto de idiomas; o outro, "studieren", é usado quando se referem a estudos de terceiro grau, ou seja, em uma universidade.

Com referência à faculdade, cabe informar que o sistema alemão, em princípio, não conhece as categorias "graduação" e "pós-graduação"; por isto, torna-se às vezes bastante difícil encontrar uma equivalência para um diploma obtido no Brasil.

Eu estudei na...	Ich habe an der (*nome da universidade*) studiert.
Me formei em (economia) pela (USP).	Ich habe an der (USP) mein Diplom in (Volkswirtschaft) gemacht.
	veja Apêndice 2 para os nomes das disciplinas e cursos
Me especializei em...	(sem equivalente)
Eu me formei em...	Ich habe einen Studienabschluss in.../ich habe ein Diplom/Staatsexamen in...

Seu currículo (cont.)	Ihr Lebenslauf (Forts.)
Também fiz cursos em/de...	Ich habe auch Kurse in... besucht.
Enquanto estava na (USP), tive a oportunidade de trabalhar para/com...	Während meines Studiums an der (USP) hatte ich Gelegenheit, mit/für... zu arbeiten.
Eu fiz um estágio na (Compaq) como (assistente de marketing)	Ich habe ein Praktikum als (Marketing-Assistent) bei (Compaq) gemacht.
Eu fiz meu mestrado em ____ na (Universidade de California).	Ich habe meinen Magister in ____ an der (University of California) gemacht.
Eu fiz doutorado em...	Ich habe in... promoviert/ich habe den Doktor in... gemacht.
Quase todo o meu estudo de pós-graduação consistia em...	(Sem equivalente)
Defendi tese em...	Ich habe eine Dissertation über... geschrieben.
Já publiquei trabalhos em...	Ich habe einige Artikel/Arbeiten über... veröffentlicht.
Meu trabalho já foi publicado em...	Meine Artikel/Arbeiten sind/wurden in ... veröffentlicht.
Já morei fora por (dois anos).	Ich habe (zwei Jahre) im Ausland gelebt.
Eu morei em...	Ich habe in... gelebt/gewohnt.
Eu trabalhei/estudei em (Boston).	Ich habe in (Boston) gearbeitet/studiert.
Em (1997) comecei a trabalhar para...	(1997) habe ich angefangen, für... zu arbeiten /nahm ich meine Arbeit für... auf.
Fui contratado para...	Ich wurde eingestellt, um... zu...
Fui contratado como...	Ich wurde als... eingestellt.
Era o (diretor comercial).	Ich war Geschäftsführer/Direktor der Abteilung Finanzen.
Na descrição do meu trabalho incluía...	Das Profil meiner Tätigkeit beinhaltete/umfasste...
Era encarregado de...	Ich war Beauftragter für...
Era responsável pelo desenvolvimento de... ... que envolvia...	Ich war verantwortlich für die Entwicklung von..., wozu gehörte, dass...
Colaborei com a implementação de um novo...	Unter meiner Mitarbeit wurde ein neuer.../eine neue.../ein neues... eingeführt/implementiert.
Tinha que trabalhar com...	Ich hatte die Aufgabe, mit... zu arbeiten/ich musste mit... arbeiten.

Seu currículo (cont.)	Ihr Lebenslauf (Forts.)
Adquiri muita experiência com...	Ich erwarb große Erfahrung im Umgang mit...
Fiquei muito bom em (comunicação em inglês).	Ich erwarb gute Kenntnisse in (Kommunikation auf Englisch).
Quase diariamente tinha que...	Fast täglich musste ich...
Fui logo/afinal promovido a...	Ich wurde schnell/schließlich zum.../ zur... befördert.
Eu saí da ____ porque...	Ich verließ ____, weil...
Não fosse pela (mudança), eu teria ficado na...	Wenn (der.../die.../das...) nicht gewesen wäre/wenn die (Veränderung) nicht eingetreten wäre, wäre ich bei... geblieben...
Senti que tinha chegado a um ponto que...	Ich merkte, dass ich an einen Punkt gekommen war, wo...
Tinha chegado a hora de crescer.	Es war Zeit, sich größeren Herausforderungen zu stellen; nur so konnte ich mich weiter entwickeln.
Aí, então fui trabalhar para...	Dann habe ich eine Stelle bei... angenommen.
Minha experiência mais recente tem sido...	Meine jüngste Erfahrung ist...
Tenho larga experiência em quase todas as áreas de...	Ich habe umfassende Erfahrung auf fast allen Gebieten des.../der...

A entrevista de trabalho	Stellenbewerbung: Das Interview
Perguntas e comentários do entrevistador	**Fragen und Kommentare des Interviewers**
Obrigado por ter vindo.	Ich danke Ihnen für Ihr Kommen/dass Sie gekommen sind.
Deixe-me falar um pouco sobre nós.	Lassen Sie mich Ihnen ein wenig über unsere Firma erzählen. *veja também "Descrevendo o estado de sua empresa", página 149, e "Destacando pontos positivos de sua empresa", página 150*
Deixe-me dizer um pouco sobre o que fazemos aqui.	Ich möchte Ihnen ein wenig über unsere Arbeit (hier) erzählen.
Queremos alguém que...	Wir suchen/brauchen jemanden, der...
De preferência alguém com experiência em (administração)...	Am besten jemand(en) mit Erfahrung in (Management/Verwaltung).

Perguntas e comentários do entrevistador (cont.)	Fragen und Kommentare des Interviewers (Forts.)
Oferecemos...	Wir bieten...
O cargo requer...	Die Stellung erfordert/verlangt...
Estamos dispostos a...	Wir sind bereit,... zu...
Por que não me fala um pouco sobre sua formação?	Nun erzählen Sie mir doch ein wenig über Ihre Ausbildung.
Me fale sobre sua experiência na/em...	Sprechen Sie ein wenig über Ihre Erfahrungen bei/mit...
Por que você saiu da...?	Warum haben Sie die Stellung bei... aufgegeben?/Warum haben Sie... verlassen?
O que foi que o/a atraiu a este cargo?	Was reizt/interessiert Sie besonders an dieser Stellung?/Was hat Sie bewogen, sich für diese Stelle zu bewerben?
Fez algum curso de ____ na faculdade?	Haben Sie studiert?
Você precisava (trabalhar com estrangeiros) na ____?	Mussten Sie bei... mit Ausländern zusammen arbeiten?
Você conhece (HTML)?	Ist Ihnen (HTML) ein Begriff?
Você tem conhecimentos de ____?	Haben/besitzen Sie Kenntnisse in/über ____?
Você tem experiência em ____?	Haben Sie Erfahrung mit ____?
Como você se sente em relação a (trabalhar em equipe)?	Wie steht es bei Ihnen mit (Teamarbeit)?
Estaria disposto a ____?	Wären Sie bereit, zu ____?
Qual era sua faixa salarial na ____?	In welcher Höhe bewegte sich Ihr Gehalt bei ____?
Que faixa salarial você tem em mente?	Welche Gehaltsvorstellungen haben Sie?/Was haben Sie sich als Gehalt so ungefähr vorgestellt?
Isso está dentro...	Das ist annehmbar.
Acho que é mais do que podemos oferecer no momento.	Ich fürchte, das ist mehr, als wir im Augenblick bieten können.
Bom, tivemos uma boa impressão sua e de sua experiência.	Nun, wir hatten einen guten Eindruck von Ihnen und Ihrer Erfahrung.
Você aceita trabalhar conosco?	Würden Sie gern bei uns arbeiten?
Gostaríamos de oferecer um cargo aqui.	Wir möchten Ihnen gern eine Stelle in unserer Firma anbieten.
Quando pode começar?	Wann können Sie anfangen?

Perguntas e comentários do entrevistador (cont.)	Fragen und Kommentare des Interviewers (Forts.)
Agradecemos seu interesse. Entramos em contato.	Wir danken (Ihnen) für Ihr Interesse. Wir setzen uns mit Ihnen in Verbindung.
Não estamos precisando de ninguém em ____ no momento.	Im Augenblick benötigen wir leider niemand in ____.
Vamos manter seu currículo em nossos arquivos caso apareça algo.	Wir werden Ihren Lebenslauf zu den Akten nehmen für den Fall, dass etwas frei wird.
Infelizmente a vaga para ____ já foi preenchida.	Leider ist die Stelle schon besetzt.

Perguntas e comentários do entrevistado	Fragen und Kommentare des Interviewten
	veja também "Seu currículo", página 141, e "Disfarçando ignorância", página 133
Senti-me atraído por esta companhia porque acho...	Ich interessiere mich dafür, hier zu arbeiten, weil ich denke, ...
Estou no momento procurando um cargo em...	Ich bin auf der Suche nach einer Stellung in...
De preferência, gostaria de um cargo que envolvesse...	Am liebsten hätte ich eine Stelle, die... umfasst/wo ich... kann.
Acredito que me enquadro bem nesse cargo porque...	Ich glaube, dass ich der/die Richtige für diese Stelle bin, weil...
	veja também "Descrevendo as pessoas", página 47
Sou (dedicado)...	Ich bin (eifrig/fleißig)
	veja também "Descrevendo as pessoas", página 47
Acho que meus pontos fortes são...	Ich denke, meine starken Seiten sind...
Você pode ver no meu currículo que eu...	Aus meinem Lebenslauf können Sie ersehen, dass...
Tenho larga experiência em...	Ich habe große Erfahrung in/mit...
Tenho alguma experiência em...	Ich habe etwas Erfahrung in /mit...
Acho que me saio bem em situações que envolvem...	Ich glaube, dass ich Situationen gut meistern kann, in denen... vorkommen...
Você verá que eu...	Sie werden sehen, dass ich...
Anexei algumas referências de empregadores anteriores em meu currículo.	Ich habe meinem Lebenslauf einige Empfehlungsschreiben von früheren Arbeitgebern beigefügt.

Perguntas e comentários do entrevistado (cont.)	Fragen und Kommentare des Interviewten (Forts.)
	veja também "Seu currículo", página 141, e "Disfarçando ignorância", página 133
Aprendi muito com minha experiência na ____ porque...	Ich habe sehr viel aus meinen Erfahrungen bei ____ gelernt, weil...
Já trabalhei com...	Ich habe bereits mit... gearbeitet.
No meu cargo anterior estava recebendo ____ mais ____.	In meiner früheren Stellung verdiente ich ____ zusätzlich ____.
É uma proposta interessante.	Das ist ein sehr interessantes/großzügiges Angebot.
(Tá) certo. É na verdade menos do que estava esperando.	Gut. Das ist, um ehrlich zu sein, weniger, als ich erwartet hatte.
Posso dar uma resposta (no começo da semana)?	Kann ich Ihnen die Antwort (Anfang nächster Woche) geben?/Kann ich es mir bis (Anfang nächster Woche) überlegen?
Posso começar (já).	Ich kann (sofort) anfangen.

Falando do seu alemão e outros idiomas	Sie sprechen über Ihr Deutsch und andere Sprachkenntnisse
Eu falo ____ fluentemente.	Ich spreche (fließend) ____.
Peço desculpas pelo meu alemão...	Bitte entschuldigen Sie mein Deutsch!
Meu alemão está um pouco enferrujado.	Ich fürchte, mein Deutsch ist ein bisschen verrostet.
Eu sou bilíngue em ____ e ____.	Ich bin zweisprachig: ____ und ____.
Tenho alguns conhecimentos de ____.	Ich kann ein wenig/bisschen ____.
Eu falo um pouco de ____.	Ich spreche ein wenig/bisschen ____.
Eu me viro em ____.	Ich komme mit ____ so einigermaßen zurecht.
Francês eu praticamente só falo.	Mein Französisch reicht praktisch nur für mündliche Kommunikation.
Eu sei ____ em espanhol.	Ich kann auf Spanisch ____.
Eu sei usar italiano na maioria das situações (comerciais).	In der (Geschäfts) Sprache kann ich mich auf Italienisch meistenteils gut ausdrücken.
Falo bem grego.	Ich spreche gut Griechisch.
Já me falaram que tenho um sotaque bom.	Man hat mir schon gesagt, das ich einen guten Akzent habe.

Falando do seu alemão e outros idiomas (cont.)	Sie sprechen über Ihr Deutsch und andere Sprachkenntnisse (Forts.)
Eu entendo mais do que eu falo.	Ich verstehe mehr, als ich spreche.
Não sou exatamente fluente, mas sei...	Ich spreche nicht gerade fließend, aber ich kann...
Sei que tenho sotaque.	Ich weiß, dass ich einen Akzent habe.

Networking	Networking
Então, soube que você mexe com (computadores).	Nun denn, ich habe gehört, Sie haben mit Computern zu tun?
Então, você mexe com (computadores).	Dann haben Sie also mit Computern zu tun.
Então, como está o mercado de ____?	Und wie geht das Geschäft mit...?/Wie ist der Markt für...?
E então, está gostando de trabalhar para...?	Na und, gefällt Ihnen die Arbeit bei...?
E que tal?	Und wie geht's?
Você está gostando?	Gefällt es Ihnen?/Sind Sie zufrieden?
Você conhece o (John Hoffsis)?	Kennen Sie (John Hoffsis)?
Deixe-me dar meu cartão...	Warten Sie, ich gebe Ihnen meine Karte.
Eu trabalho com...	Ich arbeite mit... *veja também "Falando do seu trabalho", nesta página*
Quem sabe eu/você não queira...	Wer weiß, vielleicht möchte ich.../möchten Sie...
Você tem um cartão?	Haben Sie eine (Visiten)Karte (für mich)?
Vamos (tomar um café) uma hora dessas...	Wir sollten irgendwann einmal (einen Kaffee zusammen trinken).
Se for ao Brasil, dê um alô.	Wenn Sie einmal nach Brasilien kommen, rufen Sie mich doch einfach an!

Falando do seu trabalho	Sie sprechen über Ihre Arbeit
Eu sou ____ na ____.	Ich bin ____ bei ____.
Você conhece?	Kennen Sie das?
Eu trabalho na...	Ich arbeite bei...
Você já ouviu falar?	Haben Sie schon davon gehört?
É uma companhia de ____	Es ist eine kleine/große ____ Firma.
Minha companhia está sediada em...	Meine Firma hat ihren (Haupt)Sitz in...
Temos filiais em/por todo...	Wir haben überall Filialen.

Falando do seu trabalho (cont.)	Sie sprechen über Ihre Arbeit (Forts.)
Eu trabalho de...	Ich arbeite als...
Sou uma espécie de...	Ich bin eine Art...
Acho que você pode dizer que sou uma espécie de...	Man kann sagen, ich bin eine Art...
Basicamente, eu...	Grundsätzlich... ich...
Eu trabalho em...	Ich arbeite in...
Eu trabalho com...	Ich arbeite mit...
No geral, o que eu faço é...	Im allgemeinen... ich...
Meu trabalho consiste basicamente em...	Meine Arbeit besteht grundsätzlich darin, dass...
Eu gosto muito.	Ich mag (meine Arbeit) sehr/ich bin sehr zufrieden.
É bem (interessante).	Es ist sehr (interessant).
É um pouco estressante às vezes.	Manchmal ist es ein bisschen anstrengend.
Nunca é chato.	Es ist nie langweilig.
Comecei a trabalhar lá em (1998).	Ich habe dort (1998) angefangen.
Eu tenho (9) anos lá.	Ich arbeite schon seit (neun) Jahren da/dort.
Comecei a trabalhar lá porque...	Ich habe dort angefangen zu arbeiten, weil...
Gosto das pessoas com que trabalho.	Ich mag die Leute, mit denen ich zusammen arbeite/meine Kollegen sehr.
As pessoas com quem trabalho são bem...	Meine Kollegen sind wirklich...

veja também "Descrevendo as pessoas", página 47

Fazendo perguntas sobre o trabalho de alguém	Sie fragen jemanden nach seiner Arbeit

veja também "Como fazer uma pergunta pessoal sem ofender", página 36

O que você faz?	Was machen Sie/was machst du?/Was sind Sie/ was bist du von Beruf?
O que é que você faz exatamente?	Was machen Sie/was machst du (ganz) genau?
Você está em que área de trabalho?	In welcher Sparte arbeiten Sie/arbeitest du? In welchem Berufszweig sind Sie/bist du tätig?

Fazendo perguntas sobre o trabalho de alguém (cont.)	Sie fragen jemanden nach seiner Arbeit (Forts.)
	veja também "Como fazer uma pergunta pessoal sem ofender", página 36
Onde você trabalha?	Wo arbeiten Sie/wo arbeitest du?/Wo sind Sie/bist du beschäftigt?
Onde fica isso?	Wo ist/liegt das?
É uma companhia grande/pequena?	Ist es eine große/kleine Firma?
Como você começou a trabalhar lá?	Wie sind Sie/bist du zu der Arbeit gekommen?
Você está gostando?	(Wie) gefällt es Ihnen/dir?
Trabalha muito?	Arbeiten Sie/arbeitest du viel?/Haben Sie/hast du viel zu tun?
Está ganhando bem?	Verdienen Sie/verdienst du gut?
Quanto tempo você tem lá?	Wie lange arbeiten Sie/arbeitest du schon da?/Wie lange sind Sie/bist du schon da?
Faz quanto tempo que você está fazendo isto?	Wie lange machen Sie/machst du das/diese Arbeit schon ?
Sempre foi...?	Waren Sie/warst du schon immer...?
Precisa (viajar muito)?	Müssen Sie/musst du viel reisen/ unterwegs sein?

Descrevendo o estado da sua empresa | Sie beschreiben die Lage/Situation Ihrer Firma/Ihres Geschäfts

Bom	Gut
	veja também "Dando boas notícias", página 90
As coisas vão muito bem.	Die Lage ist sehr gut/Die Dinge entwickeln sich (wirklich) gut.
A companhia está deslanchando.	Das Geschäft/die Firma nimmt jetzt einen richtigen Aufschwung.
Tivemos um ano muito bom (no ano passado).	Wir hatten (letztes Jahr) ein sehr gutes Jahr.
Este ano tem sido muito bom.	Dieses Jahr war bis jetzt ausgezeichnet./ Die Geschäfte sind dieses Jahr ausgezeichnet gelaufen.
As vendas estão se aquecendo.	Der Absatz beginnt anzusteigen/steigt langsam aber stetig.

Bom (cont.)	Gut (Forts.)
	veja também "Dando boas notícias", página 90
Percebemos um crescimento constante.	Es ist ein ständiges Wachstum zu verzeichnen/zu beobachten.
Estamos melhores do que esperávamos.	Es geht besser, als wir erwartet hatten.
Estamos muito satisfeitos.	Wir sind sehr/außerordentlich zufrieden.

Ruim	Schlecht
	veja também "Dando más notícias", página 91
As coisas não vão muito bem.	Die Lage ist nicht eben gut.
Não tão bem como esperávamos.	Nicht so gut, wie wir gehofft/erwartet hatten.
As coisas estão um pouco devagar agora.	Im Augenblick geht es ein wenig langsam voran.
Os negócios estão um pouco devagar.	Die Geschäfte stagnieren.
As vendas estão abaixo do esperado.	Der Absatz bleibt (weit) hinter unseren Erwartungen zurück.
Tem sido um ano bem difícil.	Es war bis jetzt ein ziemlich schwieriges Jahr.
Na verdade, um pouco decepcionante.	Eigentlich etwas enttäuschend.
Bem, as coisas devem melhorar.	Nun ja, es wird schon wieder aufwärts gehen.

Destacando pontos positivos de sua empresa/companhia	Sie heben positive Aspekte Ihrer Firma hervor
Lideramos o mercado de...	Wir sind Marktführer in...
No ano passado fomos votados...	Letztes Jahr wurden wir zum... gewählt.
Somos (a provedora de internet) número um no Brasil	Wir sind Brasiliens (Internet Provider) Nummer eins.
Somos o número um em (satisfação do cliente).	Wir sind die Nummer eins in (Zufriedenheit der Kunden)
Temos o melhor ____ em termos de...	Wir haben den besten ____ .../die beste ____ .../das beste ____ ... in Sachen...
Fomos o primeiro no Brasil em...	Wir waren die ersten in Brasilien, die...
Desde 1997,...	Seit 1997...
Ninguém mais no Brasil tem...	Kein anderer in Brasilien hat...
Somos os ____ exclusivos de ____ no Brasil.	Wir sind die alleinigen ____ für ____ in Brasilien.

Destacando pontos positivos de sua empresa/companhia (cont.)	Sie heben positive Aspekte Ihrer Firma hervor (Forts.)
Somos o maior...	Wir sind der/die/das größte ...
Temos a maior rede de...	Wir haben das größte ____ -Netz.
O nome ____ é conhecido e respeitado em todo o Brasil como o ____ em ____.	Unser Name ist bekannt und anerkannt in ganz Brasilien als der ____ in ____.

Como dizer um endereço de e-mail em alemão	Wie man eine E-mail-Adresse auf Deutsch angibt
É *ricardo*	Also/die Adresse ist: *ricardo*...
... uma palavra só	... in einem Wort/ein Wort
... tudo minúscula	... alles klein (geschrieben)
... tudo maiúscula	... alles groß (geschrieben)
arroba...	at...
... *commerce* ponto com	... *commerce* Punkt com
... *commerce* barra *department* ponto com	... *commerce* Schrägstrich *department* Punkt com
... *commerce* underscore *department* ponto com	... *commerce* unterstrichen *department* Punkt com
... *commerce* traço *department* ponto com	... *commerce* Strich *department* Punkt com
... ponto br	... Punkt br

Primeiro contato	Erste Kontakte
Oi, eu sou...	Hallo/guten Tag, mein Name ist...
Trabalho na ____ do Brasil.	Ich arbeite/bin bei ____ in Brasilien.
Peguei seu nome de...	Ich habe Ihren Namen von...
Você me foi indicado pelo...	Sie wurden mir genannt/empfohlen von...
Estou entrando em contato porque...	Ich rufe an, weil... *veja também "Ao telefone", página 154*
Estou lhe escrevendo porque...	Der Grund meines Schreibens ist...
Eu trabalho na...	Ich arbeite bei/für... *veja também "Falando do seu trabalho", página 147*

Procurando um contato	Kontaktaufnahme
	veja também "Ao telefone", página 154, e "Coisas que se falam quando as pessoas se encontram", página 33
Oi, aqui é... da...	Hallo/guten Tag, hier ist... von (der Firma)...
	veja também "Descrevendo o estado da sua empresa", página 149
Talvez você não se lembre de mim...	Ich weiß nicht, ob Sie sich an mich erinnern...
A gente chegou a se conhecer...	Wir kennen uns/wir haben uns einmal getroffen, ...
A gente se conheceu em/na...	Wir haben uns in.../bei.../auf... kennen gelernt.
Sou eu que...	Ich bin derjenige/diejenige, der/die...
Você me foi recomendado pelo (Sérgio).	(Sergio) hat Sie mir empfohlen.
O (Sérgio) me recomendou a você.	(Sergio) hat mir Ihren Namen genannt.

Agendando um horário	Verabredungen

Propondo um horário ou lugar	Vorschläge für Zeit oder Ort
Que dia é bom para você?	Welcher Tag passt Ihnen?
Posso marcar para (sexta-feira)?	Kann ich Sie für Freitag vormerken?
Que tal (a sexta-feira)?	Wie wäre es mit (Freitag)?
E (a segunda-feira)?	Und (Montag)?
Que tal um almoço?	Was meinen Sie zu/wie wäre es mit einem Mittagessen?
Por que não nos encontramos (no lobby)?	Wir könnten uns im Foyer treffen.
Umas (8:00)?	Sagen wir (acht Uhr)?
Se por algum motivo não der, é só me ligar (no celular).	Sollten Sie aus irgendeinem Grund verhindert sein, rufen Sie doch eben (auf mein Handy) an.

Dizendo que não pode	Sie sagen, dass Sie nicht können
	veja também "Desculpas", página 81
Acho que está um pouco apertado. Que tal...?	Ich glaube, das wird ein bisschen eng/knapp. Wie wäre es denn mit...?
Não posso/Não dá	(Das) tut mir Leid, ich kann nicht/das geht nicht.
Eu tenho que...	Ich muss...

Dizendo que não pode (cont.)	Sie sagen, dass Sie nicht können (Forts.)
	veja também "Desculpas", página 81
Eu tenho ____ na (sexta-feira).	Ich habe (Freitag) ____.
Eu estou lotado (esta semana).	Ich bin (diese Woche) ausgebucht.
Tenho mil coisas para fazer.	Ich habe alle Hände voll zu tun.
Tenho que checar minha agenda.	Ich muss in meinen Terminkalender sehen/schauen.
Posso ligar para você?	Kann ich Sie anrufen?

Aceitando	Sie sagen zu
Está ótimo.	In Ordnung./Abgemacht!
Ótimo/Perfeito, até lá então.	Wunderbar, also bis dann.

Cancelando	Sie sagen ab
	veja também "Desculpas", página 81
Escuta, eu vou precisar cancelar nosso encontro na (sexta-feira).	Entschuldigen Sie, aber leider muss ich unsere Verabredung am (Freitag) absagen.
Surgiu um imprevisto.	Mir ist etwas dazwischen gekommen.
Desculpe-me.	Es tut mir (wirklich) Leid.
Não tive como escapar.	Ich konnte es nicht verhindern.
Espero que você entenda.	Ich hoffe, Sie verstehen/Sie haben Verständnis.
Vamos marcar para (semana que vem)?	Vielleicht verschieben wir es auf (nächste Woche)?

Marcando um horário / Terminabsprachen

A telefonista/recepcionista	Telefonzentrale/Empfang (Rezeption)
	veja também "Ao telefone", página 154
O senhor gostaria de marcar um horário?	Möchten Sie einen Termin abmachen?
(Esta semana) está muito corrida.	Wir haben (diese Woche) sehr viel zu tun.
Sinto muito mas (a quarta-feira) já está cheia.	Tut mir Leid, aber (Mittwoch) ist nichts mehr frei.
Pode ser na (quinta-feira)?	Würde es Ihnen am (Donnerstag) passen?

A telefonista/recepcionista (cont.)	Telefonzentrale/Empfang (Rezeption) (Forts.)
	veja também "Ao telefone", nesta página
Que tal (na sexta-feira)?	Wie wäre es mit (Freitag)?
(Sexta-feira) fica melhor para você?	Passt Ihnen (Fraitag) besser?
Se houver algum cancelamento eu entro em contato.	Falls irgend jemand absagt, (so) trete ich mit Ihnen in Verbindung.
Posso fazer um encaixe para (hoje à tarde).	Ich hönnte Sie (heute Nachmittag) einschieben/dazwischen schieben.
Qual horário seria melhor para o senhor: a parte da manhã ou a parte da tarde?	Wann passt es Ihnen besser: morgens oder nachmittags?
Tudo bem às (10:00)?	Passt es Ihnen um (zehn Uhr)?
Então posso marcar para as (10:00)?	Kann ich Sie dann für (zehn Uhr) vormerken?
Então fica para (sexta-feira) às (10:00).	Dann also (Freitag) um (zehn Uhr).
Mais alguma coisa?	Kann ich sonst noch etwas für Sie tun?
Então até (sexta-feira).	Also dann, bis (Freitag).

Quem marca um horário	Sie möchten einen Termin ausmachen
Oi, gostaria de marcar um horário (com...).	Hallo/guten Tag, ich hätte gern einen Termin (bei...)
Você tem algum horário na (sexta-feira) às (10:00)?	Wäre es möglich am (Freitag) um (zehn)?
(Quinta) é um dia ruim.	(Donnerstag) passt mir gar nicht gut/ganz schlecht.
Será que teria um encaixe para hoje?	Könnten Sie mich eventuell heute einschieben/dazwischen schieben?

Ao telefone — Am Telefon

Atendendo — Sie nehmen ab

Obs.: Normalmente, na Alemanha, a pessoa que atende dirá o seu próprio nome quando está na sua casa; em uma firma, diz-se o nome da firma e depois, por exemplo, "Frau X am Apparat". No entanto, de uns tempos para cá, muitas pessoas falam apenas "Hallo?", por medo de receberem um "trote".

Atendendo (cont.)	Sie nehmen ab (Forts.)
Pois não?	Ja bitte?
Quem está falando?/Quem desejaria?	Wer ist dort, bitte? Wer ist bitte am Apparat?
Sobre o que seria?/A respeito do que seria?	Darf ich fragen, worum es sich handelt?/worum es geht?
É ele/ela.	Ich bin es selbst./Am Apparat.
O senhor aguarda?	Können Sie bitte einen kleinen Moment warten?
Por favor, aguarde só um minuto.	Einen Augenblick, bitte.
Estou transferindo.	Ich stelle Sie durch.

Problemas e explicações	Probleme und Erklärungen
O Senhor Oliveira não se encontra.	Herr Oliveira ist im Moment/gerade nicht da.
Posso lhe ajudar em alguma coisa?	Kann ich Ihnen irgendwie behilflich sein?
Gostaria de deixar um recado?	Möchten Sie eine Nachricht hinterlassen?/Kann ich etwas ausrichten?
A pessoa com quem você deve falar não se encontra.	Leider ist die zuständige Person nicht im Haus.
A pessoa com quem você precisa falar só volta (amanhã).	Die zuständige Person kommt leider erst (morgen) zurück.
Infelizmente não posso lhe informar.	Leider kann ich Ihnen darüber keine Auskunft geben.
Vou transferi-lo para alguém que possa ajudá-lo.	Ich werde Sie an jemanden weiterleiten, der Ihnen in dieser Sache behilflich sein kann.
Não estou conseguindo achar o seu (formulário/pedido) neste momento. Me deixe seu telefone que eu ligo para o senhor assim que puder.	Ich kann Ihr (Formular/Gesuch) im Moment leider nicht finden. Bitte geben Sie mir Ihre Nummer; ich rufe Sie dann so bald wie möglich an.
Vou transferi-lo para (atendimento ao cliente). Só um instante, por favor.	Ich stelle Sie zum (Kundendienst) durch. Einen Moment, bitte.
Vou tentar localizar a pessoa que poderia ajudar o senhor nesse assunto.	Ich werde versuchen, die Person ausfindig zu machen, die Ihnen in dieser Angelegenheit weiterhelfen kann.
O senhor aguarda?	Bleiben Sie bitte am Apparat.
Desculpe-me. O sistema caiu/Estou sem sistema.	Entschuldigen Sie bitte, aber der Computer ist abgestürzt...

Problemas e explicações (cont.)	Probleme und Erklärungen (Forts.)
Se você me deixar seu telefone, eu retorno assim que o sistema voltar/estiver no ar.	Wenn Sie Ihre Nummer hinterlassen, rufe ich Sie zurück, sobald das System wieder funktioniert.
Deixe-me seu telefone que eu encaminho (alguém do Marketing) para entrar em contato assim que possível.	Geben Sie mir bitte Ihre Nummer; ich werde (einen Kollegen von der Marketing-Abteilung) bitten, sich so bald wie möglich mit Ihnen in Verbindung zu setzen.

A fala da pessoa que está ligando	Was der Anrufer sagt
	veja também "Coisas que se falam qundo as pessoas se encontram", página 33
Por gentileza, o/a senhor/a Oliveira.	Bitte, ich hätte gern Herrn/Frau Oliveira gesprochen./Könnte ich bitte mit Herrn/Frau O. sprechen?
Recebi um recado para ligar para...	Ich habe eine Nachricht bekommen, dass ich... anrufen soll.
Aqui é ____ da (Comunicações TGV) do Brasil.	Hier ist ____ von (Comunicações TGV) in Brasilien.
Ele está aguardando minha ligação.	Er erwartet meinen Anruf.
Ramal (226), por gentileza.	(Geben Sie mir) Apparat(226), bitte.
Por favor, (Contabilidade).	(Die Buchhaltung), bitte.
Estou ligando a respeito de (seu novo programa de contabilidade).	Ich rufe an wegen (Ihrer neuen Buchhaltung-Software).
Com quem eu falo, mesmo?	Wie war doch gleich Ihr Name?
Com quem eu falei?	Und wie war Ihr Name?
Você tem alguns minutos?	Haben Sie ein paar Minuten Zeit für mich?
Você está podendo falar?	Können Sie sprechen? Oder rufe ich zu einer ungelegenen Zeit an?

Terminando	Sie beenden ein Gespräch
Obrigado.	Danke sehr/danke/danke vielmals/vielen Dank.
Um bom dia para você.	Einen schönen Tag noch!

Indo direto ao assunto	**Sie kommen zum Thema**
Bom, enfim...	Also,...
Então, vamos direto ao assunto?	Also gut, kommen wir zum Thema.
Vamos ao que interessa?	Kommen wir zum Wesentlichen!
O motivo de nos reunirmos aqui hoje é...	Der Grund dafür, dass ich Sie hergebeten habe, ist folgender:...
Tenho uma proposta para você.	Ich möchte Ihnen ein Angebot/einen Vorschlag unterbreiten.
Tenho uma proposta de negócio para você.	Ich möchte Ihnen ein Geschäft vorschlagen.
O que você acharia de...?	Was würde Sie zu... sagen?

Atualização	**Updates/Sie setzen jemanden ins Bild**

Pondo uma pessoa em dia	**Sie informieren jemanden über die jüngsten Ereignisse**
Bom, o que está acontecendo com ____ é o seguinte...	Also, was mit ____ vor sich geht, ist folgendes...
Só para você saber o que está acontecendo...	Nur damit Sie auf dem Laufenden sind...
A posição atual sobre ____ é o seguinte...	Der augenblickliche Stand der Ereignisse hinsichtlich ____ ist folgender:
Quero atualizar você(s) sobre...	Ich möchte Sie mit den neuesten Informationen über... versorgen.
É o que sabemos até agora.	Das ist alles, was uns bis jetzt bekannt ist/was wir bis jetzt wissen.
Infelizmente é tudo o que sabemos no momento.	Leider ist dies alles, was wir bis jetzt wissen.
Assim que eu/nós souber(mos) de qualquer coisa eu/nós te falo(amos).	Sobald ich weiteres erfahre, gebe ich Ihnen Bescheid./Sobald wir weiteres erfahren, geben wir Ihnen Bescheid.

Pedindo uma atualização	**Sie bitten um Informationen über die jüngsten Ereignisse**
Você pode me dar uma posição sobre...?	Könnten Sie mich über den neuesten Stand der Ereignisse informieren?
E aí? Qual é a posição (sobre...)?	Nun? Wie steht es um...?

Pedindo uma atualização (cont.)	Sie bitten um Informationen über die jüngsten Ereignisse (Forts.)
Você pode me dar a situação do...?	Können Sie mir sagen, wie die Lage des.../der... ist?/wie es um den.../die.../das... steht?
Você ouviu alguma coisa sobre...?	Haben Sie irgendetwas über... gehört?
O que está havendo com...?	Was ist eigentlich mit... los?

Falando do andamento de um projeto	Sie sprechen über den Verlauf eines Projekts
Está em andamento.	Es ist in Bearbeitung/es läuft.
Está se sucedendo/progredindo bem.	Es macht gute Fortschritte.
Está começando a deslanchar.	Es kommt so langsam in Schwung.
Estou/Estamos progredindo.	Ich mache/wir machen Fortschritte./Ich komme/wir kommen gut voran.
Estou/Estamos adiantados.	Wir sind der Planung voraus/wir sind weiter als geplant.
Estou/Estamos um pouco atrasados.	Wir hinken der Planung ein wenig hinterher.
Está meio caminho andado.	Die Hälfte haben wir schon geschafft.
Vai acabar a qualquer momento.	Wir sind jeden Augenblick fertig.
Acho que não vai demorar.	Ich glaube, es dauert nicht mehr lange.
Estamos quase chegando lá.	Wir haben es fast geschafft.
Só faltam alguns detalhes finais e já acabo/acabamos.	Nur noch ein paar Einzelheiten/Kleinigkeiten, und ich bin/wir sind fertig.
Estou/Estamos na reta final agora.	Wir sind (sozusagen) auf der Zielgeraden/in der Endphase.
Estou/Estamos trabalhando nisso ainda.	Ich arbeite/wir arbeiten noch daran.
Está chegando lá.	Bald ist es geschafft.
Está demorando um pouco mais do que esperávamos.	Es dauert ein wenig länger, als ich erwartet hatte/als wir erwartet hatten.
Pode demorar (mais um pouco).	Es kann noch etwas dauern.
Já andamos bastante.	Den größten Teil haben wir hinter uns.
Ainda tenho/temos muito o que fazer.	Ich habe/wir haben noch viel vor uns.
Estamos atingindo nossas metas.	Wir sind dabei, unserem Ziel näher zu kommen.
Acho que vamos conseguir fechar abaixo do orçamento.	Ich glaube, wir werden beim Abschluss unter dem Kostenvoranschlag bleiben.

Falando de problemas | Sie sprechen über Probleme

veja também "Pedindo desculpas", página 120

Minimizando a importância de um problema | Sie spielen ein Problem herunter

Tá bom, não tem problema.	Na ja, kein Problem/ist nicht so schlimm!
Tudo bem, não faz mal.	In Ordnung, macht nichts.
Bem, não é nada que não esteja ao nosso alcance.	OK, es ist nichts, womit wir nicht fertig werden könnten.
Podemos encarar isso.	Wir können damit umgehen.
É apenas um contratempo.	Es ist nur ein kleiner Rückschlag.
Essas coisas acontecem.	So (et)was kommt vor.

Ressaltando a importância de um problema | Sie heben den Ernst eines Problems hervor

Isso é sério/complicado.	Das ist ernst/kompliziert.
Temos que fazer alguma coisa.	Wir müssen irgendetwas unternehmen.
Isso exige nossa atenção imediata.	Das erfordert unsere ganze Aufmerksamkeit.
Isso é assunto sério.	Das ist eine äußerst ernste Angelegenheit.
Não podemos tratar disso de maneira delicada.	Wir können/sollten dieses Problem nicht auf die leichte Schulter nehmen.

Decisões de negócios | Geschäftliche Entscheidungen/Beschlüsse

Resolvendo entrar em negócios | Sie beschließen, ein Geschäft zu machen

Pensei/Pensamos nisso, e...	Ich habe/wir haben darüber nachgedacht, und...
Decidi/Decidimos ir adiante.	Ich habe/wir haben beschlossen, weiter zu machen.
Gostei/Gostamos da proposta/contrato/ideia.	Ihr Angebot/Ihr Vertrag/Ihre Idee sagt mir/uns zu.
Parece interessante/legal.	Er/sie/es sieht interessant/gut aus.

Resolvendo entrar em negócios (cont.)	Sie beschließen, ein Geschäft zu machen (Forts.)
Ainda temos que falar sobre detalhes...	Wir müssen uns noch über einige Einzelheiten unterhalten...
Precisamos ainda discutir os termos...	Wir müssen noch über die Bedingungen/die Klauseln sprechen...
Precisamos ainda resolver algumas coisas, mas...	Wir müssen noch einige Punkte ausarbeiten, aber...
Acredito que seja uma coisa boa.	Ich glaube, das wird gut laufen.
Estamos contentes de poder fazer um negócio com vocês.	Es freut uns sehr, mit Ihnen ins Geschäft zu kommen.

Resolvendo não entrar em negócios	Sie beschließen, nicht ins Geschäft zu kommen
Pensei/Pensamos bem e...	Ich habe/wir haben gründlich darüber nachgedacht, und...
Achei/Achamos que agora não é o momento certo.	Ich meine/wir meinen, dass der Zeitpunkt nicht der günstigste ist.
Tenho/Temos alguns receios.	Ich habe/wir haben einige Bedenken.
Preciso/Precisamos pensar mais a respeito.	Ich muss/wir müssen noch einmal darüber nachdenken.
Ainda tenho/temos algumas questões/receios/dúvidas.	Ich habe/wir haben noch einige Fragen/Bedenken/Zweifel.
Gostaria/Gostaríamos de ver mais valores.	Ich würde gern/wir würden gern noch ein paar Zahlen sehen.
Isso não é nada relacionado com você, apenas...	Das hat nichts mit Ihrer Firma zu tun, nur...
Quem sabe mais para a frente...	Vielleicht später/zu einem späteren Zeitpunkt...
No momento teremos que dizer "não", infelizmente.	In diesem Moment müssen wir leider Nein sagen.
Mas agradecemos sua atenção e esperamos poder fazer algo no futuro.	Aber wir danken für Ihre Aufmerksamkeit und hoffen, dass wir späterhin einmal zusammen kommen können.

Pesquisando preços	**Sie überprüfen Preise**
	veja também "Ao telefone", página 154
Estou pesquisando preços de...	Ich mache eine Erhebung über Preise von...
Gostaria de saber o preço e disponibilidade do seu...	Ich hätte gerne Informationen über Preis und Verfügbarkeit/Lieferbarkeit Ihres.../Ihrer...
Você pode me dar uma previsão de tempo (sobre isto)?	Können Sie mir eine ungefähre Frist nennen?
Quanto você(s) cobra(m) para...?	Wie viel berechnen Sie für...?
Quanto você(s) cobraria(m) para...?	Wie viel würden Sie für... berechnen?
Você poderia me dar uma ideia aproximada?	Könnten Sie mir annähernd den Wert/Preis nennen?
Tem uma taxa a mais para...?	Kommt eine Gebühr für...dazu?
Tá, e isso inclui...?	Gut, und ist da ... inbegriffen?
Você tem isso em estoque?	Haben Sie das auf Lager?
Em quanto tempo vocês podem entregar?	Wie schnell können Sie (das) liefern?
Quais são as condições de pagamento?	Wie sind die Zahlungsbedingungen?
Dá para parcelar isso?	Kann man das in Raten zahlen?
Vocês fazem em quantas vezes?	In wie vielen Raten kann man das abzahlen?
Tá ótimo. Só estou checando preços.	Vielen Dank. Ich sehe mich nur mal nach den Preisen um.
Caso nos interesse, devo falar com você ou...?	Falls wir uns entscheiden , soll ich dann wieder auf Sie zukommen oder...?
Tá, e com quem eu falei?	Gut, und wie war noch mal Ihr Name?

Falando de dinheiro	**Sie sprechen über Geld**

Solicitando valores	**Sie bitten um Zahlen**
De quanto estamos falando aqui?	Über welchen Betrag sprechen wir hier?
Em termos de (dólares), estamos falando de quanto?	Wie viel wäre das in Dollar?
Você poderia me dar um valor aproximado?	Könnten Sie mir einen annähernden Wert Betrag nennen?
Você tem um valor exato?	Haben Sie einen genauen Wert/die genaue Summe?
Como você chegou a esse valor?	Wie sind Sie zu dieser Zahl/auf diese Zahl gekommen?

Solicitando valores (cont.)	Sie bitten um Zahlen (Forts.)
Isso inclui...?	Schließt das... ein?
Isso leva em conta...?	Ist da... (mit) inbegriffen?
Você concordaria que...?	Wären Sie (damit) einverstanden, dass...?

Dando números	Sie geben Zahlen an
	veja também "Supondo", página 130
Por cima, uns...	So über den Daumen gepeilt, rund...
Na faixa de.../Por volta de...	Irgendwo in der Höhe von/um...
Em dólares, mais ou menos...	In Dollar ungefähr...
Estamos falando de (pelo menos)...	Wir sprechen von mindestens...
____, para ser preciso.	____, um ganz genau zu sein.
Este valor é baseado em...	Diese Zahl basiert auf...
Este valor não inclui...	Dieser Preis schließt nicht... ein.

Comprando e vendendo / Kaufen und Verkaufen

Comprando	Kaufen
	veja também "Falando de dinheiro", página 161
Como poderia comparar seu ____ com ____ em termos de ____?	Wie würde ein Vergleich Ihres ____ /Ihrer ____ mit ____ hinsichtlich ____ ausfallen?
Na sua opinião, quais são as principais vantagens do seu ____?	Welches sind Ihrer Meinung nach die Hauptvorteile Ihres ____/Ihrer ____?
Você(s) seria(m) flexíveis para...?	Kann man mit Ihnen über... reden?
Qual é a pegadinha?	Was ist/Wo ist der Haken?
Podemos contar com você(s) para...?	Können wir bei... auf Sie zählen?
Em quanto tempo você(s) poderia(m)...?	Wie schnell könnten Sie...?
Que termos vocês oferecem?	Welche Bedingungen bieten Sie?
Que garantia vocês nos dão de que...?	Welche Garantie können Sie uns bieten, dass...?
Você(s) poderia(m) garantir...?	Könnten Sie (uns/mir) garantieren, dass...?
Você(s) poderia(m)...?	Wäre es Ihnen möglich,... zu...?
Se quiséssemos ____, seria possível...?	Wenn wir es wünschten, wäre es möglich, ____ zu...?

Vendendo	**Verkaufen**
	veja também "Falando de dinheiro", página 161
O que você acha de...?	Was meinen Sie zu...?
O que impede você?	Was hindert Sie?/Was hält Sie zurück?
Eu lhe dou um ____ de brinde.	Sie bekommen einen.../eine.../ein... als Zugabe.
Se você ____, eu ____.	Wenn Sie ____, (dann) werde ich...
É o melhor ____ que poderia ____.	Es ist der /die /das beste, das (jemals)... könnte.
Você está perdendo um ótimo negócio.	Sie verpassen ein ausgezeichnetes Geschäft.
O momento é agora.	Jetzt ist der richtige Moment/Augenblick.
Se esperar, não posso garantir...	Wenn Sie nicht zugreifen, kann ich nicht garantieren,...
É uma oportunidade única.	Es ist eine einmalige Gelegenheit.
Se eu fosse você, eu...	Wenn ich Sie wäre, würde ich...
Já mencionei...?	Habe ich schon... erwähnt?
Sou flexível.	Ich bin flexibel/ich lasse mit mir reden.
Estaria disposto a...	Ich wäre bereit,... zu...
Que tal você me fazer uma proposta?	Wie wäre es, wenn Sie mir ein Angebot machen würden?
Não posso oferecer menos do que (50.000 Euros)	Ich kann nicht unter (50.000 Euro) gehen.
Isto está fora de questão.	Das kommt nicht in Frage.
Parece razoável.	Das scheint vernünftig/das ist machbar.
É uma promoção por tempo limitado.	Es ist ein zeitlich beschränktes Angebot.
Eu não quero pressionar nem nada disso.	Ich will Sie nicht drängen oder so (ähnlich).
Dê uma pensada e aí você me dá um alô.	Denken Sie mal drüber nach und rufen Sie mich dann an.
O que você acha?/O que lhe parece?	Nun, was meinen Sie?
Por que você não tira uns dias para pensar um pouco sobre o assunto?	Warum nehmen Sie sich nicht ein paar Tage Zeit und denken darüber nach?
Não tem pressa.	Es ist nicht eilig.
Tome todo o tempo que precisar.	Bitte lassen Sie sich Zeit.

Negociando uma ideia	Sie verhandeln über eine Idee
Vendendo a ideia	**Sie verkaufen die Idee**
	veja também "Incentivando", página 121
Eu realmente acho que esta ideia é ótima.	Ich finde diese Idee wirklich großartig.
Eu sinceramente acho que pode dar certo.	Ich glaube wirklich, das kann gut gehen/das kann klappen.
Faz todo o sentido do mundo.	Es ist wirklich sinnvoll/es macht wirklich Sinn.
Pense bem!	Überlegen Sie es sich gut!/Überleg es dir gut!
Estou muito entusiasmado com isso.	Ich bin wirklich begeistert davon.
Compreendendo uma idéia	**Sie versichern sich, dass Sie die Idee verstehen**
Deixe-me só ver se eu entendi...	Lassen Sie mich nur sehen, ob ich Sie verstanden habe...
Então, o que você estaria propondo é...	Also, was Sie vorschlagen, ist...
Certo, então você está dizendo que...	Richtig, Sie sagen also, dass...
E como você (faria)...?	Und wie würden Sie...?
E quanto a...?	Und was ist mit...?
Certo, acho que estou entendendo seu raciocínio.	OK, ich glaube, ich verstehe Ihren Gedankengang.
"Comprando" uma ideia	**Sie "kaufen" eine Idee**
Interessante!	Interessant!
Me interessei sobre isso.	Ich interessiere mich dafür.
Acho que teve uma sacada.	Ich glaube, Sie haben ins Schwarze getroffen!
Eu gosto./Gostei.	Das gefällt mir/sagt mir zu.
Eu acho que daria certo.	Ich meine, das könnte klappen/Erfolg haben.
Isso é brilhante!	Das ist brillant!

Expressando reservas sobre uma ideia	Sie drücken aus, dass eine Idee Ihnen nicht zusagt
Não sei...	Ich weiß nicht so recht...
Bom, para ser sincero, eu...	Also, um ganz offen/ehrlich zu sein, ich...
Eu acho uma ideia legal, só que...	Ich finde die Idee in Ordnung, nur dass...
Talvez se você fizesse algumas mudanças.	Vielleicht wenn man ein paar Kleinigkeiten ändern würde...

Respondendo a um pedido	Sie antworten auf eine Bitte

Concedendo	Sie geben der Bitte statt
Claro.	Natürlich.
Pode deixar.	Ist in Ordnung.
Já vou fazer.	Ich mache /tue es sofort.
Estará pronto para você para (amanhã).	Ich mache es Ihnen bis (morgen) fertig.
É rapidinho.	Es geht ganz schnell.
Sem problemas.	Das ist kein Problem.

Aceitando com reservas	Ein Ja mit Vorbehalten
Bom, isso depende...	Nun, das kommt darauf an...
Tudo bem, contanto que...	In Ordnung, solange...
Tudo bem, assim que...	Gut, sobald...
Tá, e o que eu ganho com isso?	OK, und was habe ich davon?
A troco de quê?	Wofür?/Was soll das?/Wozu soll das gut sein?

"Talvez"	"Vielleicht"
Vou dar um jeito./Vou ver o que dá para fazer.	Ich werde mich bemühen/ich will sehen, was ich tun kann.
Não posso garantir nada, mas...	Ich garantiere für nichts, aber...
Vou fazer o possível.	Ich will/werde mein Möglichstes tun.

Recusando	Sie schlagen eine Bitte ab
Infelizmente (agora mesmo) não dá.	Leider geht es (im Moment) nicht.
Estou (meio) ocupado agora mesmo.	Ich bin im Augenblick sehr beschäftigt.
Você se importa se eu fizer mais tarde?	Würde es Ihnen etwas ausmachen, wenn ich es später machte?
É para quando?	Für wann brauchen Sie es?
Estou muito ocupado esses dias.	Ich habe in dieser Woche keinen freien Termin.
Bem que eu queria lhe ajudar.	Ich wünschte, ich könnte Ihnen helfen.

Lidando com atrasos	Aufschub und Verzögerung
Tem como adiantar isso?	Besteht irgendeine Möglichkeit, das schneller zu machen/bekommen?
Tem previsão de...?	Können Sie mir ungefähr sagen, wie lange das noch dauert?
Eu/nós gostaríamos de ter isso antes, se for possível.	Ich hätte/wir hätten es gern früher, wenn möglich.
Se você(s) puder(em) de alguma forma (mandar antes), eu ficaria muito agradecido.	Wenn es möglich wäre, ihn/sie/es (früher zu schicken), wäre ich sehr dankbar.
Se você(s) puder(em) enviar isso (hoje), seria ótimo.	Wenn Sie ihn /sie/es (heute) schicken könnten, das wäre wunderbar.
Acho que vou precisar disso antes (que isso).	Ich glaube, ich brauche das vor diesem Termin/früher.
Não gostaria de estar (vendo) isso em outro lugar.	Es wäre mir gar nicht recht, deswegen woanders hinzugehen.

Pedindo desculpas	Sie bitten um Entschuldigung
Nós pedimos imensas desculpas.	Es tut uns unsäglich Leid.
Isso não vai se repetir novamente.	Das soll/wird nicht wieder vorkommen.
A causa do problema já foi processada.	Wir sind dem Problem auf den Grund gegangen/wir sind der Ursache des Problems nachgegangen.
Queremos continuar sendo seu...	Wir möchten auch in Zukunft weiterhin Ihr... sein.

Descrevendo o estado da economia	Sie sprechen über die wirtschaftliche Lage
Bom	**Gut**
A economia está crescendo rápido.	Die Wirtschaft boomt.
A economia está forte agora.	Die Wirtschaft steht auf festen Beinen.
O futuro desta economia é promissor.	Diese Wirtschaft hat eine viel versprechende Zukunft.
Acredito que a economia esteja em ótima fase.	Meiner Meinung nach befindet sich die Wirtschaft in einer sehr guten Phase.
É uma economia em crescimento.	Die Wirtschaft ist in einer Wachstumsphase.
Ruim	**Schlecht**
A economia está instável no momento.	Die Stabilität der Wirtschaft lässt zu wünschen übrig.
Ninguém pode dizer para onde vai esta economia.	Niemand weiß, wohin die Entwicklung geht.
A economia está começando a cair.	Ich habe den Eindruck, das Wirtschaftswachstum ist zurückgegangen.
Estou vendo sinais de ____ na economia.	Ich bemerke Anzeichen dafür, dass die Wirtschaft ____.
Há risco de um colapso.	Es besteht das Risiko eines Zusammenbruchs.

Descrevendo o mercado	Sie sprechen über die Marktlage
Bom	**Gut**
O mercado está propício para (este tipo de serviço).	Die Marktlage ist günstig für (diese Art Dienstleistung).
É um mercado em expansão.	Der Markt weitet sich aus.
Acredito que exista um mercado em potencial ali.	Ich glaube, da gibt es eine Marktlücke.
Nossos estudos demográficos indicam...	Unsere demographischen Studien/Analysen zeigen, dass...
Temos que agir na hora certa.	Man muss nur zur richtigen Zeit handeln.

Bom (cont.)	Gut (Forts.)
Acredito que agora seja a hora.	Ich glaube, jetzt ist der richtige Zeitpunkt.
O mercado está perfeito.	Die Marktlage ist perfekt.
É você quem cria um mercado.	Den Markt muss man sich schaffen.
Isto agrada ao mercado de ____.	Das ist gut für den ____-Markt.

Ruim	Schlecht
Precisamos estudar mais o mercado.	Wir müssen mehr und gründlichere Marktanalysen vornehmen.
O mercado está saturado.	Der Markt ist gesättigt.
Acho que este mercado vai despencar.	Ich fürchte, der Markt bricht zusammen.
Todos estão no vermelho	Alle schreiben rote Zahlen.

4

Alemão para palestras e reuniões

Deutsch für Vorträge und Versammlungen/Sitzungen

Apresentando um palestrante	Sie stellen einen Redner vor
Olá para todos.	Einen schönen guten Tag/guten Abend alle miteinander.
Eu sou (Edna Silvia) da (RSA Enterprises).	Ich bin (Edna Silvia)von (der Firma)(RSA Enterprises).
Tenho o prazer de apresentar...	Ich habe die Ehre, Ihnen(Herrn X./ Frau Y) vorzustellen.
Temos a honra de ter aqui conosco hoje...	Heute dürfen wir als unseren Gast... begrüßen.
Um homem/mulher que dispensa apresentações.	Ich denke, ich brauche weiter nichts zur Person zu sagen, da wir ihn/sie alle gut kennen.
Um dos mais respeitados ____ do (Brasil).	Er/sie ist einer/eine der angesehensten ____ Brasiliens.
Ele/Ela veio lá de (Salvador) para nos falar de...	Er/sie hat den weiten Weg von (Salvador) (hierher) nicht gescheut, um zu uns über... zu sprechen.
... falará conosco sobre...	... wird zu uns über... sprechen.

Apresentando um palestrante (cont.)	Sie stellen einen Redner vor (Forts.)
Como vocês sabem, ele/ela...	Wie Sie wissen/wie Ihnen bekannt ist, ... er/sie... *veja também "Falando do seu trabalho", página 147, e "Seu currículo", página 141*
Bom, acho que já falei demais...	Nun, ich denke, ich habe genug geredet...
Bom, não vou mais me estender...	Ich will Ihre Geduld nicht weiter auf die Probe stellen...
É para mim um grande prazer trazer...	Es ist mir ein Vergnügen ... begrüßen zu dürfen.
Vamos dar(-lhe) as boas-vindas.	Heißen wir ihn/sie herzlich willkommen!

Agradecendo um palestrante ao terminar	Sie danken dem Vortragenden am Ende seiner Ausführungen
Nós esperamos que tenham gostado da apresentação de hoje...	Wir hoffen, der heutige Vortrag hat Ihren Beifall gefunden...
Nós esperamos que tenham aproveitado a apresentação de hoje...	Wir hoffen, Sie haben einiges von dem heutigen Vortrag mitgenommen.
... ao menos eu sim.	... ich für meinen Fall ganz sicher.
Agradeço/emos mais uma vez por terem vindo.	Ich danke/wir danken Ihnen nochmals für Ihre Anwesenheit/Ihr Kommen.
Vamos dar mais uma salva de palmas a (Michael Wender).	Und ich bitte nochmals um Applaus für (Michael Wender).

Apresentando-se para o público	Sie begrüßen die Zuhörer/das Publikum
Boa- (tarde) para todos.	Ihnen allen einen guten (Tag).
Em nome de...	Im Namen von...
Eu gostaria de agradecer-lhes	Ich möchte Ihnen herzlich/vielmals danken.
Agradeço a presença de todos.	Ich danke (dafür), dass Sie (alle) gekommen sind.
Gostaria de me apresentar, eu sou...	Ich möchte mich kurz vorstellen: ich bin...
Deixe-me falar só um pouquinho sobre mim...	Ein paar Worte zu meiner Person: *veja também "A biografia", página 43*
É um prazer estar com vocês...	Ich freue mich, hier zu sein...
Bem, acho que podemos começar.	Gut, ich glaube, wir können anfangen/beginnen.

Apresentando-se para o público (cont.)	Sie begrüßen die Zuhörer/das Publikum (Forts.)
Bem, vamos começar.	Gut, fangen wir an!
Meu nome é...	Mein Name ist...
Vejo muitas caras conhecidas na plateia hoje...	Ich sehe hier im Publikum viele vertraute Gesichter.
Para quem não me conhece, sou...	Denen, die mich noch nicht kennen, möchte ich sagen:
Como vocês sabem...	Wie Sie wissen...
Sou responsável por.../Sou encarregado de...	Ich bin verantwortlich für/ich bin Beauftragter für... *veja também "Falando do seu trabalho", página 147*
Hoje gostaria de.../O que eu gostaria de fazer (agora de manhã) é...	Heute (Morgen) würde ich gern...
e assim espero...	und ich hoffe, ...
Fiquem à vontade para fazer qualquer pergunta durante a apresentação.	Zögern Sie nicht, während des Vortrags Fragen an mich zu richten.
Vou deixar um tempinho no final para perguntas, se alguém as tiver.	Am Ende meiner Ausführungen können Sie Fragen an mich richten, wenn Sie möchten.
Eu pediria a vocês que deixassem para fazer perguntas somente ao final da apresentação. Obrigado.	Ich möchte Sie bitten, Fragen für den Schluss der Veranstaltung aufzusparen. Vielen Dank für Ihr Verständnis.

Expondo o objetivo de sua apresentação	Sie stellen den Inhalt Ihres Vortrags vor
(Bom-dia) a todos.	Ihnen allen einen guten (Morgen).
Agradeço a presença (de todos).	Ich danke Ihnen (allen) für Ihr Kommen. *veja também "Apresentando-se para o público", página 170*
Hoje irei...	Heute werde ich...
... falar-lhes sobre...	... zu Ihnen über... sprechen
... lhes mostrar como...	... Ihnen zeigen, wie man...
... revisar...	... noch einmal durchgehen.
... apresentar os resultados de...	... die Ergebnisse des/der... vorlegen.
Vou, então, começar...	Ich beginne also damit...
... pondo vocês a par de...	... Sie ins Bild zu setzen über...
... dando uma visão geral de...	... Ihnen eine Übersicht zu geben über...
... atualizando vocês sobre...	... Sie über die jüngsten Entwicklungen in... zu informieren.

Expondo o objetivo de sua apresentação (cont.)	Sie stellen den Inhalt Ihres Vortrags vor (Forts.)
... para depois...	Und zum Schluss werde ich...
... apontar o que eu vejo como...	... herausheben, was ich als ... betrachte.
... tirar algumas conclusões com base em...	... einige Schlussfolgerungen ziehen auf Grund von...
... fazer algumas recomendações sobre...	... einige Empfehlungen geben hinsichtlich...
... discutir mais detalhadamente sobre...	... mehr ins Einzelne gehend... erörtern.
... compartilhar minhas conclusões com vocês.	... meine Schlussfolgerungen mit Ihnen teilen.

Criando empatia com o público	Sie bauen Empathie mit dem Publikum auf

Esta é uma boa técnica para dar a impressão ao público de que você faz parte dele e de que você compreende sua situação, seja ela qual for. Há uma identificação com o público, que então presta mais atenção.

Não é (ruim) quando...?	Ist es nicht (schlimm/schlecht), wenn...?
Quantos aqui...?	Wie viele von Ihnen...?
Levantem as mãos se...	Bitte heben Sie die Hand, wenn...
O que realmente me incomoda é...	Was mich wirklich stört/ärgert, ist...
Bom, não sei com vocês, mas...	Nun, ich weiß nicht, wie es Ihnen geht, aber...
Se vocês são como eu...	Wenn Sie so sind wie ich...
Essa situação nós já conhecemos, não é?	Das/diese Situation kennen wir alle, nicht wahr?
Tenho certeza de que conhecem...	Ich bin sicher, dass Sie alle... kennen.
Vocês já ouviram isso?	Kommt Ihnen das bekannt vor?
Bem, alguns dizem...	Nun, es gibt Leute, die sagen...
Ora, eu sei o que estão pensando.	Ah, ich weiß, was Sie denken!
Mas, sabem,...	Aber wissen Sie...
E nós sabemos o que isso significa.	Und wir wissen, was das bedeutet.
Estou errado?	Habe ich Recht?

Citando fontes durante sua apresentação	Sie zitieren Quellen während Ihres Vortrags
As pesquisas mostram...	Aus Untersuchungen geht hervor...
De acordo com as últimas pesquisas/ últimos estudos...	Nach den neuesten Untersuchungsergebnissen...
Um estudo conduzido em (1996) pela (universidade de Heidelberg) revelou que...	Eine von der (Heidelberger Universität) (1996) durchgeführte Untersuchung ergab, dass...
Em seu livro (*A Cara da Medicina moderna)* (Kanter) diz que...	(Kanter) sagt/schreibt in seinem/ihrem Buch ("Das Gesicht der modernen Medizin") dass...
Um dia desses, li em algum lugar que...	Ich habe neulich irgendwo gelesen, dass...
Acredito que tenha sido (Lincoln) a dizer que...	Ich glaube, es war (Lincoln), der gesagt hat: ...

veja também "Provérbios e citações", página 138

Direcionando a palestra	Sie setzen Signale während des Vortrags
Bem, então...	Also gut, dann...
Prosseguindo...	Ich gehe zum nächsten Punkt über/ich komme zum nächsten Punkt.
Expandindo...	Ich führe... etwas näher aus.
Indo para a questão do...	Ich komme jetzt zu der Frage des/der...
Gostaria de recapitular então, os pontos principais...	Ich wiederhole noch einmal die wichtigsten Punkte...
Vamos voltar à questão de...	Kehren wir zurück zu der Frage des.../der...
Desviando um pouco do assunto...	Erlauben Sie mir, kurz vom Thema abzuschweifen...
Gostaria de ir agora para...	Ich wende mich nun dem.../der... zu.
Voltando a...	Ich komme noch einmal auf... zurück.
Antes de prosseguir, gostaria de expandir mais sobre o assunto.	Bevor wir fortfahren, möchte ich ein wenig ausführlicher auf das Thema/den Punkt eingehen.
Para enriquecer o assunto...	Um es besser herauszuarbeiten...
Para quem aqui não conhece...	Für die unter Ihnen, die nicht so mit... vertraut sind...
Gostaria de prosseguir para...	Ich würde gern zu... übergehen.
Infelizmente nosso tempo está curto...	Ich fürchte, die Zeit wird knapp...
Infelizmente meu tempo se acabou.	Leider ist die Zeit abgelaufen.

Direcionando a palestra (cont.)	Sie setzen Signale während des Vortrags (Forts.)
Gostaria de concluir dizendo...	Ich möchte schließen mit den Worten.../ zum Schluss möchte ich nur noch sagen...
Vou então concluir recapitulando sobre os pontos principais.	Lassen Sie mich schließen, indem ich die Hauptpunkte noch einmal zusammenfasse.
Só para concluir então, gostaria de repetir...	Ich möchte abschließen, wenn Sie es mir gestatten, indem ich wiederhole:...

Acrescentando e destacando	Sie fügen hinzu und heben hervor
Fora que...	Abgesehen davon, dass...
Acima de tudo,...	Darüber hinaus...
Em particular...	Besonders...
Além disso,...	Außerdem...
O que é muito importante é que...	Was besonders wichtig ist, ist dass...
Gostaria de enfatizar...	Ich möchte ausdrücklich betonen...
Nunca é demais ressaltar que...	Es kann nicht genug hervorgehoben werden, dass...
A questão principal é.../O "x" da questão é...	Der Kernpunkt ist...
Mas vai além disso.	Aber es geht noch darüber hinaus.
É também uma questão de...	Es ist auch eine Frage des.../der...
O ponto principal é...	Die Hauptsache ist...
O importante é...	Das Wichtigste ist...
Não se preocupe se...	Machen Sie sich keine Gedanken, wenn...

Usando visuais	Sie benutzen visuelle Hilfsmittel
Deem uma olhada nesse (gráfico).	Sehen Sie doch einmal dieses (Schaubild) an.
Como podem ver...	Wie Sie sehen können...
Vocês podem ver bem aí no fundo?	Können Sie das von dort hinten gut erkennen?
Eu sei que está meio difícil para ler...	Ich weiß, dass es ein bisschen schwer zu lesen ist...

Usando visuais (cont.)	Sie benutzen visuelle Hilfsmittel (Forts.)
Quero voltar a atenção de vocês para...	Ich möchte Ihre Aufmerksamkeit auf... lenken.
Deem uma olhada para...	Schauen Sie einmal... an.
Prestem muita atenção no...	Beachten Sie besonders...
Vocês irão notar...	Sie werden bemerken...
Vocês irão notar na folha distribuída...	Sie werden auf den Kopien, die Sie erhalten haben, sehen...
Gostaria de enfatizar um ponto muito importante...	Ich möchte Sie auf einen besonders wichtigen Punkt hinweisen.
Se olharem atentamente, irão notar...	Wenn Sie es aufmerksam betrachten, sehen Sie...
Não importa como você olhe,...	Gleich wie Sie es betrachten/sehen, ...
O que isso nos mostra então?	Also, was können wir daraus entnehmen?
O que podemos concluir com isso?	Welche Schlüsse können wir daraus ziehen?
O que isso nos diz é que...	Was wir daraus entnehmen können, ist...

Causa, efeito e sentido	Ursache, Wirkung und Zweck
... (o que) causou um aumento significativo em...	... (was) zu einem bedeutenden Anwachsen des.../der... geführt hat.
Houve uma queda (brusca) (da produção).	Es ist ein (jähes) Absinken (der Produktion) zu verzeichnen.
... aumentou (drasticamente)	... ist (drastisch) angestiegen.
Vimos um aumento/uma queda (leve/estável/repentino/enorme) em...	Wir bemerkten ein (leichtes / beständiges/plötzliches/enormes) Anwachsen bei...; wir bemerkten einen (leichten /beständigen/plötzlichen/ enormen) Rückgang bei...
Graças a...	Dank des…/der…
... explica...	... erklärt…
... causou...	... verursachte...
Devido a...	Auf Grund von...
... resultou em...	... führte zu...
... são consequências de...	... sind Folgen von...
... se remete a...	... ist zurückzuführen auf…
... é atribuível à...	... ist ... zuzuschreiben.

Quando o público parece confuso	Die Zuhörer scheinen verwirrt
Até aqui, tudo bem?	Ist so weit alles in Ordnung?
Alguma pergunta por enquanto?	Haben Sie eine Frage zu dem, was bis jetzt vorgetragen wurde?
Confundi vocês?	Habe ich mich nicht klar ausgedrückt?
É melhor explicar isso novamente...	Es ist besser, wenn ich das noch einmal erkläre.
Basicamente, então, o que estou dizendo é que...	Im Grunde genommen ist, was ich sagen will, folgendes...
Perdão, em outras palavras...	Entschuldigen Sie, mit anderen Worten.../ lassen Sie es mich anders ausdrücken:...
Preciso mencionar só uma coisa...	Ich möchte nur eins erwähnen:...

Terminando	Sie beenden Ihren Vortrag
Bem, encerrando então...	Also, abschließend möchte ich sagen:
Gostaria só de dizer...	Ich möchte nur sagen,...
No geral...	Alles in allem...
O principal é que...	Die Hauptsache ist...
Foi um prazer...	Es war mir ein Vergnügen,...
... estar aqui com vocês hoje...	... heute hier bei Ihnen zu sein...
... ter tido a oportunidade de...	... die Gelegenheit zu haben,... zu...
Acredito que consegui...	Ich hoffe, ich konnte...
Muito obrigado.	Ich danke Ihnen vielmals.
Gostaria de abrir espaço agora para perguntas.	Jetzt stehe ich zu Ihrer vollen Verfügung, wenn Sie noch Fragen haben..
	veja também "Lidando com perguntas", a seguir
Estarei por aqui...	Ich bin für Sie da...
... se quiserem conversar mais comigo	... wenn Sie sich noch ein wenig mit mir unterhalten möchten.
... se quiserem me perguntar algo mais	... wenn Sie mir noch weitere Fragen stellen möchten.
Prometo que não mordo.	Ich beiße nicht, das verspreche ich!

Lidando com perguntas	Sie reagieren auf Fragen der Teilnehmer
Perdão, poderia me dizer isso novamente?	Entschuldigung, könnten Sie das bitte wiederholen?
Perdão, não entendi. Poderia repetir?	Entschuldigen Sie, ich habe das nicht verstanden. Könnten Sie das bitte noch einmal sagen?

Lidando com perguntas (cont.)	Sie reagieren auf Fragen der Teilnehmer (Forts.)
Desculpe-me, não entendi.	Entschuldigung, ich habe das nicht mitbekommen.
Desculpe-me, não deu para ouvir.	Tut mir Leid, ich habe das nicht gehört.
Desculpe-me, pode falar um pouquinho mais alto?	Entschuldigung, könnten Sie bitte etwas lauter sprechen?
Desculpe-me, não ficou bem claro o que disse.	Entschuldigen Sie, mir ist nicht ganz klar, was Sie meinen.
... poderia explicar isso um pouco mais.	... könnten Sie das vielleicht eingehender erklären?
Poderia discorrer sobre o assunto?	Könnten Sie das ein wenig ausführen?
Perdão, o que quer dizer com ____ exatamente?	Entschuldigung, was genau meinen Sie mit ____?
Acho que não percebi a ligação.	Ich fürchte, ich sehe da keine Verbindung.
Desculpe-me, mas não estou acompanhando.	Tut mir Leid, aber ich bin da nicht ganz mitgekommen/ich kann Ihnen da nicht ganz folgen.
Certo, então o que está dizendo é que...	Aha, Sie meinen also,...
Faz sentido.	Das macht Sinn.
Boa pergunta.	Das ist eine gute Frage.
Bem, como disse,...	Nun, wie ich schon sagte,...
Bem, como mencionei anteriormente...	Nun, wie ich früher/vorher schon erwähnte...
Que bom que tenha me perguntado.	Gut, dass Sie das fragen.
Você tocou num ponto muito interessante...	Da haben Sie einen interessanten Punkt angesprochen...
Receio que seja uma pergunta muito difícil de se responder.	Ich fürchte, diese Frage ist sehr schwer zu beantworten.
Essa pergunta parece ser uma daquelas para a qual ninguém acha resposta.	Mir scheint, auf diese Frage wird niemand so leicht eine Antwort finden.
Não tenho esses valores comigo, mas assim, de cabeça...	Ich habe diese Zahlen nicht bei mir, aber so, aus dem Gedächtnis...
Mais alguma pergunta?	Hat jemand noch eine Frage?
O cavalheiro/senhora de (camisa azul).	Der Herr im (blauen Hemd)/die Dame mit der (blauen Bluse).
Acho que (ele/ela) estava na frente.	Ich glaube, (er/sie) war zuerst dran.

Lidando com perguntas (cont.)	Sie reagieren auf Fragen der Teilnehmer (Forts.)
Acho que há uma pergunta vindo do fundo...	Ich glaube, da ganz hinten war eine Frage...
Bem, se não há mais perguntas, talvez devamos parar por aqui.	Gut, wenn keiner mehr eine Frage hat, sollten wir vielleicht hier aufhören.

Fazendo perguntas depois de uma palestra	Sie stellen Fragen nach einem Vortrag
Voltando ao que disse sobre...	Ich komme noch mal zurück auf das, was Sie über... gesagt haben.
Tenho uma pergunta sobre...	Ich habe eine Frage zu...
Tenho um comentário sobre...	Ich möchte etwas zu... bemerken.
Você falou sobre (reorganizar)...	Sie haben über (Reorganisation) gesprochen...
Poderia falar um pouco mais sobre isso?	Könnten Sie noch ein bisschen mehr darüber/dazu sagen?
Quando você falou sobre (projeção de venda), você mencionou...	Als Sie über (Umsatzprojektion) sprachen, erwähnten Sie...
Poderia especificar sua opinião sobre isso?	Könnten Sie Ihre Meinung dazu genauer darlegen?
Em outras palavras,...	Mit anderen Worten/anders ausgedrückt/anders gesagt...
Quando você falou sobre...	Als Sie über... sprachen,
... você mencionou o valor de (10.000 Euros).	... erwähnten Sie die Summe von (10.000 Euro).
Poderia nos dizer como chegou a esse valor?	Könnten Sie uns sagen, wie Sie zu dieser Zahl gekommen sind?
... você falou alguma coisa sobre...	... Sie haben irgendetwas gesagt von...
Não sei se concordo (com)...	Ich bin nicht so sicher, ob ich mit... einverstanden bin.
Se eu entendi bem...	Wenn ich (Sie) richtig verstanden habe,...
Ainda não ficou bem claro...	Mir ist noch nicht ganz klar,...
Você tem mais folhas/apostilas?	Haben sie noch mehr Kopien/Handouts/Mappen?

Uma reunião formal	Ein formelles Treffen
Vamos começar?	Gut, fangen wir an?
Posso começar a ler a ata da última reunião?	Kann ich mit dem Vorlesen des Protokolls der letzten Sitzung anfangen/beginnen?
Todos já viram a ata?	Haben alle das Protokoll zur Kenntnis genommen?
Todos já receberam uma cópia da pauta?	Haben alle eine Kopie der Tagesordnung erhalten?
O primeiro item da pauta é...	Der erste Punkt (auf) der Tagesordnung ist...
Gostaria de acrescentar um item à pauta.	Ich würde gern einen Punkt zu der Tagesordnung hinzufügen.
Será que podemos riscar o item (5) da agenda?	Könnten wir den Punkt (5) von der Tagesordnung streichen?
O motivo da reunião de hoje é...	Der Grund für unsere heutige Sitzung ist…
Gostaria de dar a palavra a...	Ich erteile... das Wort.
(Sr. Smith), o senhor gostaria de dizer algo a respeito disso?	(Herr Smith), möchten Sie etwas dazu sagen?
Com licença, gostaria de fazer um comentário sobre...	Mit Ihrer Erlaubnis würde ich gern eine Bemerkung zu/einen Kommentar zu... machen.
Bem, acho que estamos nos desviando um pouco.	Ich habe den Eindruck, wir schweifen ein wenig vom Thema ab.
Vamos voltar para a questão.	Kommen wir zurück zum Thema.
A questão em discussão aqui é...	Was hier zur Debatte steht, ist…
Por favor, um de cada vez.	Bitte, nicht alle gleichzeitig./einer nach dem anderen.
Poderiamos prosseguir para o item (7) da pauta?	Können wir zu Punkt (7) der Tagesordnung übergehen?
Pulando então para o item (10)...	Wir überspringen (2 Punkte) und kommen zu Punkt (10)...
Se não houver objeções, sugiro que deixemos esse assunto para a próxima reunião.	Wenn niemand etwas (dagegen) einzuwenden hat, würde ich vorschlagen, dass wir dieses Thema für die nächste Sitzung lassen.
Com a permissão da presidência/mesa, eu proponho que...	Sofern der Vorsitzende es gestattet, beantrage ich, dass...
Eu apoio.	Ich unterstütze den Antrag.
Alguém apoia?	Unterstützt jemand den Antrag?

Uma reunião formal (cont.)	Ein formelles Treffen (Forts.)
Chegamos a um consenso?	Sind wir zu einem Konsens gekommen?/Sind alle einverstanden?
Alguma objeção?	Hat jemand einen Einwand?
Talvez precisemos de uma votação oficial aqui.	Vielleicht sollten wir eine ordentliche Abstimmung vornehmen.
Levante a mão quem apoia.	Bitte, wer den Antrag unterstützt, hebe die Hand.
Vamos pôr em votação.	Lassen Sie uns darüber abstimmen.
Quem é a favor?	Wer ist dafür?
Quem é contra?	Wer ist dagegen?
Alguém se abstém?	Stimmenthaltungen?/Enthält sich jemand der Stimme?
A moção foi aprovada por unanimidade.	Der Antrag wurde einstimmig angenommen.
A moção foi rejeitada por (8) votos a (7).	Der Antrag wurde mit (8) zu (7) Stimmen abgelehnt.
Parece que temos um consenso.	Es sieht (so) aus, als hätten wir einen Konsens.
Muito bem, então estamos de acordo?	Also dann, sind alle einverstanden?
Há algum outro assunto?	Gibt es noch irgend etwas zu besprechen?
Muito bem, então. Com isso, encerramos nossa reunião hoje. Obrigado.	Also gut, damit beenden wir unsere heutige Sitzung. Vielen Dank.

Apresentando um argumento	Sie führen Argumente an
Gostaria de dizer uma coisa sobre...	Ich würde gerne etwas zu.../über... sagen.
Posso apenas dizer umas coisinhas sobre...?	Dürfte ich nur etwas zu... bemerken?
Em primeiro lugar...	An allererster Stelle/erstens...
Em segundo/terceiro lugar...	Zweitens/drittens...
Outra coisa que eu gostaria de mencionar é...	Dazu möchte ich noch erwähnen, dass...
Um bom exemplo é...	Ein gutes Beispiel ist...
Estou percebendo (que você quer expandir), mas (acho arriscado).	Ich sehe, dass Sie (ausführlicher darauf eingehen wollen), aber (ich glaube, das ist riskant)
No geral...	Alles in allem...
Pessoalmente, eu acho que...	Ich persönlich bin der Auffassung, dass...
Bom, enfim, basicamente é isso aí.	Also, das ist es im Grunde genommen.

Propostas em uma reunião / Vorschläge auf einer Sitzung

Propondo	Sie machen einen Vorschlag
Recomendo (urgentemente) que...	Ich empfehle dringend,... zu...
Eu proponho...	Ich schlage vor,...
Posso fazer uma sugestão? Acho que...	Wenn ich einen Vorschlag machen darf, so würde ich sagen,...
Não seria melhor...	Wäre es nicht besser,... zu...?/Wäre es nicht besser, wenn wir... würden?

Reagindo a uma proposta	Sie reagieren auf einen Vorschlag
Não vejo objeção alguma.	Ich sehe nichts, was dagegen spräche.
Em princípio eu gosto, mas ainda preciso...	Im Prinzip bin ich einverstanden, aber ich muss noch...
Não, não acredito que isso seja uma boa ideia.	Nein, ich finde diesen Vorschlag/diese Idee nicht gut.
	veja também "Vendendo a idéia", página 164
Tenho minhas reservas sobre esta proposta.	Ich habe meine Vorbehalte bezüglich dieses Vorschlags.
Em geral eu concordo com essa proposta, mas acho que há aí alguns problemas.	Im Großen und Ganzen stimme ich dem Vorschlag zu, aber ich glaube, da gibt es noch einige Probleme (zu lösen).

Interrompendo / Sie unterbrechen

Esperar a vez para falar é uma prática bastante valorizada na cultura alemã. Em uma reunião, vemos a importância disto mais do que em qualquer outro lugar.

Posso só dizer uma coisa?	Dürfte ich dazu etwas sagen?
Me desculpe interromper, mas...	Entschuldigen Sie, dass ich unterbreche, aber...
Gostaria de dizer uma coisa sobre...	Ich würde gern etwas zu... sagen.
Antes de você continuar, deixe-me só dizer que...	Bevor Sie fortfahren, lassen Sie mich nur sagen/einwerfen,...
Como eu estava dizendo...	Wie ich (schon) sagte/bemerkte...
Deixe-me só terminar aqui.	Lassen Sie mich dies(en Punkt) nur schnell zu Ende führen/bringen.
Eu vou voltar a esse ponto.	Ich komme noch auf diesen Punkt/darauf zurück.
Rapidinho...	Nur ganz kurz...

5

Alemão para turismo e hotelaria

Deutsch für Reisen und Tourismus

Sobrevivência	So kommen Sie zurecht
Você fala (português)?	Sprechen Sie (Portugiesisch)?
Por favor, onde fica o banheiro?	Bitte, können Sie mir sagen, wo die Toiletten sind?
Bom- (Boa-) dia/tarde/noite.	Guten Morgen/Tag/Abend.
Oi./Olá.	Hallo!
Tchau.	Auf Wiedersehen/tschüß/tschau.
Vocês aceitam cartões de crédito?	Nehmen Sie Kreditkarten (an)?/Kann ich mit Kreditkarte bezahlen?
Onde eu posso...?	Wo kann ich...?
Por favor, eu...	Entschuldigen Sie/bitte, ich...
Eu preciso...	Ich brauche...
Quanto é?	Wie viel kostet/macht das?
Me desculpe, não entendi.	Entschuldigen Sie, ich verstehe (Sie/das) nicht.
Você pode escrever isso para mim, por favor?	Können Sie mir das bitte aufschreiben?

Sobrevivência (cont.)	So kommen Sie zurecht (Forts.)
Só um segundo, por favor.	Nur eine Sekunde, bitte.
Obrigado.	Danke (vielmals/sehr)./Vielen Dank.
De nada.	Bitte/keine Ursache.
Eu não falo inglês.	Ich spreche nicht Englisch.
Eu sou do Brasil./Eu sou brasileiro.	Ich bin aus Brasilien./Ich bin Brasilianer(in).
Você tem caneta?	Haben Sie einen Kuli?/Könnte ich mal Ihren Kuli haben?
Preciso de um médico.	Ich brauche einen Arzt.

Falando sobre uma viagem / Sie sprechen über eine Reise

Antes – O viajante	Vorher – der Reisende
Vou para a (Califórnia) (no mês que vem).	Ich fahre (nächsten Monat) nach (Kalifornien).
Não vejo a hora.	Ich kann es gar nicht erwarten.
Estou muito ansioso.	Ich freue mich sehr darauf.
Estou muito animado.	Ich bin richtig aufgeregt.
Faz muito tempo que quero ir para lá.	Ich wollte schon lange mal dorthin fahren.
Sempre foi um sonho poder ir para lá.	Es war immer mein Traum, dorthin zu fahren.
Sempre ouvi coisas boas sobre lá.	Ich habe immer viel Gutes über... gehört.
Não vejo a hora de ir ao/ver o...	Ich kann es nicht erwarten, nach... zu ... fahren/... zu sehen.
Eu parto/saio no dia (15).	Ich fahre/fliege am (fünfzehnten).
Vou ficar em/com...	Ich bleibe in.../bei...
Vou ficar (2 semanas) lá.	Ich bleibe (zwei Wochen) da.
Só vou passar as férias lá.	Ich will nur die Ferien dort verbringen.
Vou estudar lá.	Ich werde dort studieren.
Vou lá a trabalho.	Ich werde dort arbeiten./Ich habe dort beruflich zu tun.
É uma viagem de negócios.	Es ist eine Geschäftsreise.
É uma mistura de trabalho e lazer.	Es ist eine kombinierte Geschäfts – und Vergnügungsreise.
O que você quer que eu traga?	Was soll ich Ihnen/dir mitbringen?

Antes – Conversando com o viajante	Vorher – Sie sprechen mit dem Reisenden
Para onde vai?	Wohin geht's?/Wohin fahren/fliegen Sie/fliegst du?
Ah, é muito bom lá.	Oh, da ist es sehr schön.
Ah, sempre quis ir para lá.	Oh, das wollte ich auch schon immer (mal) kennen lernen.
Dizem que é legal.	Es soll dort wirklich schön sein.
Deve estar muito ansioso!	Sie sind/du bist bestimmt aufgeregt/ gespannt.
É a primeira vez que vai para lá?	Ist es das erste Mal?/Fahren Sie/fährst du zum ersten Mal dorthin?
Você vai a passeio/a trabalho?	Machen Sie/machst du dort Urlaub, oder ist es eine Geschäftsreise?
Onde você vai ficar?	Wo wohnen Sie /wohnst du dort?
Por qual companhia você vai?	Mit welcher Linie fliegen Sie/fliegst du?
Você vai sozinho?	Reisen Sie/reist du allein?
Com quem você vai viajar?	Mit wem reisen Sie/reist du ?
Você vai ficar lá quanto tempo?	Wie lange bleiben Sie/bleibst du dort?
Você vai se divertir.	Sie werden/du wirst bestimmt viel Spaß haben/Sie werden/du wirst es bestimmt genießen.
Você vai adorar!	Sie werden/du wirst begeistert sein!
Você escolheu a melhor época para ir lá.	Sie haben sich/du hast dir den besten Zeitpunkt für die Reise ausgesucht.
Prepare-se para o calor/frio.	Stellen Sie sich/stell dich auf heißes/kaltes Wetter ein.
Tire muitas fotos.	Denken Sie/denk dran, viel zu fotografieren!
Quero ver as fotos quando você voltar.	Ich möchte die Fotos sehen, wenn Sie wieder zurück sind/wenn du wieder hier bist.
Não deixe de ir a...	Sie müssen/du musst auf jeden Fall nach... fahren. *veja também "Dando um conselho", página 122*
Me traga um...	Bringen Sie/bring mir einen.../eine.../ein...mit.

Durante – O viajante	Während der Reise – Der Reisende
Estou me divertindo bastante.	Ich habe sehr viel Spaß/ich genieße es sehr.
É exatamente como eu imaginei.	Es ist genau so, wie ich es mir vorgestellt hatte.
É ainda melhor do que imaginei.	Es ist noch schöner, als ich gedacht hatte.
Estou gostando muito do...	... gefällt mir außerordentlich (gut).
Mal posso esperar para contar aos meus (amigos/familiares) sobre...	Ich kann es kaum erwarten, meinen (Freunden)/meiner (Familie) von/über.... zu erzählen/berichten.
Estou um pouco decepcionado (com...)	Ich bin ein bisschen enttäuscht (von...)
O ____ não é bem como imaginei que seria.	Der.../die.../das... ist nicht so, wie ich es mir vorgestellt hatte.
É a (primeira) vez que venho aqui.	Dies ist das (erste) Mal, dass ich hier bin.

Durante – Conversando com o viajante	Während der Reise – Sie sprechen mit dem Reisenden
E, então, está se divertindo?	Nun, haben Sie/hast du Spaß?/Genießen Sie/genießt du es?/Ist es schön?
O que está achando daqui/daí?	Wie gefällt es Ihnen/dir hier/dort?
É a primeira vez que vem?	Sind Sie/bist du zum ersten Mal hier?
Já foi à...?	Sind Sie/bist du schon in... gewesen?

Depois – As perguntas	Nach der Reise – Fragen
Como foi a viagem?	Wie war die Reise?
Foi tudo bem com o voo?	Hatten Sie/hattest du einen guten Flug?
Teve algum problema na alfândega?	Gab es irgendwelche Probleme beim/mit dem Zoll?
Com quem foi?	Mit wem sind Sie/bist du gereist/gefahren/geflogen?
Gostou da viagem?	War die Reise schön?
Tirou fotos?	Haben Sie/hast du Fotos gemacht?
E, então, como foi?	Nun/Na, wie war's?
Você ficou lá quanto tempo mesmo?	Wie lange waren Sie/warst du dort?
O hotel foi bom?	War das Hotel gut?
Onde você ficou?	Wo haben Sie/hast du gewohnt?
Foi o que esperava?	Haben sich Ihre/deine Erwartungen erfüllt?
Como estava o tempo?	Wie war das Wetter?

Depois – As perguntas (cont.)	Nach der Reise – Fragen (Forts.)
A comida era boa?	War das Essen gut?/Haben Sie/Hast du gut gegessen?
E as pessoas, como eram?	Und wie waren die Leute?
O que tem para fazer lá?	Was kann man dort unternehmen?
E a vida noturna?	Und wie ist es mit dem Nachtleben?
E as mulheres/homens?	Und die Frauen/Männer?
Ouvi falar que as (praias) são lindas.	Ich habe gehört, dass es dort wunderbare Strände gibt.
Quero ver as fotos depois.	Ich möchte nachher/später die Fotos sehen.
Você deve ter um monte de histórias para contar.	Sie haben/du hast bestimmt eine Menge (Geschichten) zu erzählen.
Você recomenda então?	Also können Sie/kannst du es empfehlen?

Depois – As respostas	Nach der Reise – Antworten
Estava ótimo.	Es war großartig./wunderbar/herrlich.
Foi uma das melhores/piores viagens da minha vida.	Es war eine der schönsten/schlechtesten Reisen in meinem ganzen Leben./meines Lebens.
Fomos para todos os lugares.	Wir sind überall hin gefahren.
Infelizmente não deu para...	Leider konnten wir nicht...
O ____ estava fechado.	Der.../die.../das... war geschlossen.
Fiquei surpreso com...	Eine große Überraschung war...
Não era nada o que eu imaginei.	Es war ganz anders, als ich erwartet hatte/als ich es mir vorgestellt hatte.
Foi tudo que eu imaginei.	Es war genau so, wie ich gedacht hatte.
O (tempo) estava (péssimo/bom/ótimo).	Das (Wetter) war (furchtbar/gut/wunderbar).
Estava muito quente lá.	Es war dort schrecklich heiß.
Fez sol o tempo todo.	Es war die ganze Zeit (über) sonnig.
Choveu muito.	Es hat sehr viel geregnet.
As pessoas foram/eram...	Die Leute dort waren...
	veja "Descrevendo as pessoas", página 47
Estava tudo muito barato/caro!	Alles war sehr billig/preiswert/teuer!
Eu trouxe um/alguns ____ para você.	Ich habe Ihnen/dir einen.../eine.../ein...;/ein paar... mitgebracht.

Depois – As respostas (cont.)	Nach der Reise – Antworten (Forts.)
Eu procurei em todas partes um/ alguns ____, mas não achei.	Ich habe überall nach einem.../ einer.../einem... gesucht, aber ich habe leider keinen.../keine.../kein... gefunden.
Você teria adorado/odiado lá.	Sie wären/du wärst begeistert gewesen!/Sie hätten/du hättest es schrecklich gefunden!
Não vejo a hora de voltar.	Ich kann es nicht erwarten, wieder hinzufahren.
Jamais voltaria.	Ich würde da nie wieder hinfahren.

Voando / Flugreisen

Reservando um voo – Passageiro	Die Buchung – Der Passagier
Oi, você tem algum voo para o Rio de Janeiro, partindo no dia 30 de abril, com volta para o dia 5 de maio?	Guten Tag. Haben Sie einen Flug am dreißigsten April nach Rio de Janeiro, mit Rückflug am fünften Mai?
E saindo dia 29?	Und mit Hinflug am neunundzwanzigsten?
Qual companhia aérea?	Welche Fluggesellschaft ist das?
Tem alguma coisa partindo (à noite)?	Haben Sie einen Flug, der (abends) geht?
Quanto é a passagem?	Wieviel kostet der Flug?
Você tem algo mais em conta?	Haben Sie etwas Preiswerteres/etwas Günstigeres?
Tudo bem, vou fazer minha reserva para este voo.	Gut, dann buche ich diesen Flug/dann reservieren Sie mir bitte diesen Flug.

Reservando um voo – Agente	Die Buchung – Der Reiseagent
Qual é a data de saída?	Ihr Abreisetag?/Wann möchten Sie abreisen?
Saindo de?	Wo möchten Sie einsteigen?
Saindo de (Köln) mesmo?	Fliegen Sie direkt von (Köln)?
E a data de chegada?	Wann möchten Sie wieder zurück sein?
Está viajando sozinho?	Fliegen Sie allein?
Me desculpe, mas não tenho nada para esses dias.	Es tut mir leid, (mein Herr/meine Dame). An diesen Tagen sind alle Flüge ausgebucht.

Reservando um voo – Agente (cont.)	Die Buchung – Der Reiseagent (Forts.)
Você teria uma flexibilidade de dias?	Könnten Sie eventuell kurz vor oder nach diesen Daten fliegen?
Talvez possa conseguir um lugar num voo que sai dia 29.	Ich könnte Sie vielleicht in einem Flug am neunundzwanzigsten unterbringen.
Vou checar o sistema.	Ich will noch mal im System nachschauen/in den Computer schauen.
Só um momento, por favor.	Nur einen Moment, bitte.
Você tem preferência de horário?	Ziehen Sie eine bestimmte Uhrzeit vor?
Você prefere de manhã, tarde ou noite?	Möchten Sie lieber morgens, nachmittags oder abends (fliegen)?
Sim, eu tenho um voo às 9 horas saindo de (Köln) no dia 30 de abril e retornando no dia 5 de maio.	Ja, hier habe ich einen Flug am dreißigsten April um neun Uhr von (Köln), und den Rückflug am fünften Mai.
Você quer que eu reserve este para você?	Soll ich das für Sie reservieren?
Muito bem, estou confirmando você no voo 123 pela ABC Airlines, saindo de (Köln) às 9 horas com escala em (São Paulo) e chegada ao Rio de Janeiro prevista para as 7 horas da manhã seguinte.	In Ordnung, ich bestätige also Ihren Flug, Flugnummer 123 mit ABC Airlines, um neun Uhr ab (Köln) mit Zwischenlandung in (São Paulo) und Ankunft in Rio de Janeiro am Tag darauf um 7 Uhr.
Seu retorno é para dia 5 de maio, saindo do Rio de Janeiro às 14 horas num voo direto para (Köln) com chegada prevista para as 23:30 do mesmo dia.	Ihr Rückflug ist am fünften Mai, Abflug von Rio de Janeiro um vierzehn Uhr, Direktflug nach (Köln), Ankunft um dreiundzwanzig Uhr dreißig am selben Tag.
Está tudo correto?	Ist das richtig/korrekt?
O sr. vai pagar com cartão?	Zahlen Sie mit Kreditkarte?
Certo, qual é o número do cartão? E a data de validade?	Wie ist die Kartennummer bitte? Bis wann ist die Karte gültig?
Vou lhe dar o número de sua reserva. É...	Ich gebe Ihnen die Buchungsnummer...
Muito bem, posso segurar sua reserva por até 10 dias.	Gut, diese Reservierung gilt für zehn Tage.
Se houver qualquer cancelamento, é só ligar.	Wenn Sie zurücktreten wollen, rufen Sie uns bitte kurz an.
Obrigado (por voar ABC Airlines).	Wir danken, dass Sie (ABC Airlines) gewählt haben.

Check-in no aeroporto – O agente	Einchecken auf dem Flughafen. Der Angestellte
Olá.	Guten Tag.
Passagem e passaporte, por favor.	Ihren Flugschein und den Pass, bitte.
Sinto muito, mas o voo está lotado.	Es tut mir Leid, aber der Flug ist ausgebucht.
Seu nome não consta reservado para este voo.	Ihr Name steht nicht auf der Passagierliste.
Será que a reserva está com um nome diferente?	Läuft die Reservierung vielleicht auf einen anderen Namen?
Posso colocá-lo em espera.	Ich kann Sie auf die Warteliste setzen.
Qual é seu destino final?	Wohin fliegen Sie?
Quantas malas está levando?	Wie viele Gepäckstücke haben Sie?
Pode colocar sua(s) mala(s) na balança, por favor?	Würden Sie bitte Ihren Koffer/Ihre Koffer auf die Waage stellen?
Infelizmente passou do limite.	Leider ist das zulässige Höchstgewicht überschritten.
Será computado como excesso.	Sie müssen Übergewicht bezahlen.
Quantos passageiros estão viajando com você?	Wie viele Personen reisen mit Ihnen?
Algum desconhecido lhe pediu que levasse alguma coisa?	Hat irgendein Unbekannter Sie gebeten, etwas für ihn (auf diesem Flug) mitzunehmen?
Você está em controle dos seus itens de viagem desde o momento em que fez as malas?	Haben Sie Ihre Gepäckstücke immer unter Augen gehabt, seitdem Sie sie gepackt haben?
Foi você mesmo quem fez as malas?	Haben Sie Ihre Koffer selbst/persönlich gepackt?
Fumante ou não fumante?	Raucher oder Nichtraucher?
O sr. prefere janela ou corredor?	Möchten Sie am Fenster oder am Gang sitzen?
Muito bem, está tudo certo.	Gut, es ist alles in Ordnung.
Aqui está seu cartão de embarque.	Hier ist Ihre Bordkarte.
Seu portão de embarque é o (22).	Ihr Ausgang ist die Nummer (22).
O embarque tem início às (8:30).	Wir beginnen mit dem Einsteigen um (acht Uhr dreißig).
É melhor andar logo.	Beeilen Sie sich/machen Sie schnell.
O embarque já começou.	Das Einsteigen hat schon begonnen.
Boa viagem.	Einen guten Flug!

Anunciando	Jemand wird ausgerufen
Passageiro Helmut Müller voando pela ABC Airlines. Helmut Müller. Por favor, comparecer ao balcão de passagens.	Achtung, Achtung. Der Passagier Helmut Müller von ABC Airlines, Helmut Müller. Bitte kommen Sie zum Flugkartenschalter der ABC Airlines.

Check-in no aeroporto – Passageiro	Einchecken auf dem Flughafen – Der Passagier
Olá.	Guten Tag.
Você ainda tem algum lugar na janela/ corredor?	Haben Sie noch einen Platz am Fenster/am Gang?
Tem alguma refeição a bordo?	Gibt es Mahlzeiten auf dem Flug ?
A que horas começa o embarque?	Wann beginnen Sie mit dem Einsteigen?
Tenho de fazer outro embarque em (München)?	Muss ich in (München) einen anderen Flug nehmen?
Minha bagagem teria que passar pelo check-in de novo?	Muss ich mein Gepäck neu aufgeben?/Können Sie mein Gepäck durchchecken?
Qual é o portão?	Welcher Ausgang ist es?
Onde fica o portão número (22)?	Wo ist der Ausgang Nummer (22)?

Durante o voo – Tripulação	Während des Fluges – Das Bordpersonal
Em nome da ABC Airlines, quero dar as boas-vindas a bordo do voo 123...	Wir heißen Sie im Namen der ABC Airlines an Bord des Fluges 123 Non-Stop nach São Paulo herzlich willkommen...
... voando direto para São Paulo.	
... voando para o Rio e São Paulo.	... nach Rio und São Paulo.
Gostaríamos de lembrá-los de que não é permitido fumar neste voo.	Wir erinnern Sie daran, dass dies ein Nichtraucher-Flug ist.
Estaremos decolando em instantes.	Wir sind in einigen Minuten zum Abflug bereit.
Obrigado por voar ABC Airlines.	Wir danken Ihnen, dass Sie mit ABC Airlines fliegen.
Verifiquem se suas mesinhas estão fechadas, seus cintos colocados e seus assentos voltados para a posição vertical.	Bitte klappen Sie Ihre Tische hoch, schnallen Sie sich an/schnallen Sie die Sicherheitsgurte an und stellen Sie die Lehnen Ihrer Sitze senkrecht.
Com licença, sr./sra. O seu cinto, por favor.	Entschuldigen Sie, Ihr Sicherheitsgurt.

Durante o voo – Tripulação (cont.)	Während des Fluges – Das Bordpersonal (Forts.)
Com licença, sr./sra., mas precisa voltar seu assento. Obrigado.	Entschuldigen Sie, bitte stellen Sie Ihre Lehne senkrecht. Vielen Dank.
Desculpe-me, mas não é permitido fumar.	Es tut mir Leid, aber hier darf nicht geraucht werden/hier ist Rauchen verboten/dies ist ein Nichtraucher-Flug.
Serão servidos jantar e café da manhã neste voo.	Wir servieren Ihnen auf diesem Flug ein Abendessen und ein Frühstück.
Nosso filme a bordo hoje é *Casablanca*.	In unserem Filmprogramm sehen Sie heute *Casablanca*.
Estaremos distribuindo fones de ouvido em alguns instantes.	In einigen Minuten werden wir Kopfhörer ausgeben.
Assim que apagarem os sinais "Apertem os cintos" vocês poderão se mover livremente, mas recomendamos que usem os cintos enquanto estiverem sentados até o final do voo.	Sobald die Anschnallzeichen erloschen sind, können Sie sich an Bord frei bewegen aber wir empfehlen, dass Sie bis zum Ende des Fluges angeschnallt bleiben, solange Sie sich auf Ihren Sitzen befinden.
A duração do voo é de aproximadamente 10 horas.	Die Flugdauer beträgt etwa zehn Stunden.
Se houver qualquer coisa que eu ou qualquer membro da tripulação possa fazer, é só nos chamar.	Wenn wir irgendetwas für Sie tun können, sagen Sie es uns bitte.
Note que o comandante acionou o sinal para manter os cintos apertados.	Bitte beachten Sie, dass die Anschnallzeichen aufleuchten.
Neste momento, todos precisam estar sentados. Obrigado.	Bitte verlassen Sie Ihre Sitze jetzt nicht. Danke.
O comandante indica que estamos nos aproximando de São Paulo. Pedimos que guardem todos os objetos no compartimento acima ou embaixo dos assentos à sua frente. Favor fechar suas mesinhas e voltar seus assentos para a posição vertical.	Wir fliegen jetzt São Paulo an. Wir bitten alle Passagiere, ihr Handgepäck in den Fächern über ihren Sitzen oder unter dem Vordersitz zu verstauen. Bitte klappen Sie Ihre Tische zurück und stellen Sie die Lehnen Ihrer Sitze wieder senkrecht.
Favor manter seus cintos apertados até a parada total do avião.	Bitte bleiben Sie angeschnallt, bis das Flugzeug zum Stillstand gekommen ist.
Por favor, sr., mantenha-se sentado até a parada total do avião. Obrigado.	Bitte, bleiben Sie sitzen, bis das Flugzeug zum Stillstand gekommen ist. Danke.

Durante o voo – Tripulação (cont.)	Während des Fluges – Das Bordpersonal (Forts.)
Tenham cuidado ao retirar seus pertences dos bagageiros, pois tendem a se espalhar durante a decolagem e o pouso.	Bitte seien Sie vorsichtig, wenn Sie Ihre Gepäckstücke aus den oberen Fächern herausnehmen, denn sie können sich bei Abflug und Landung leicht verschieben.
Bom-dia e bem-vindos a São Paulo, Brasil.	Guten Morgen und willkommen in São Paulo.
Se seu destino é São Paulo, desejamos uma boa estada, se vão prosseguir até o Rio de Janeiro, pediríamos a gentileza de permanecer no avião; partiremos em 30 minutos.	Wenn Ihr Reiseziel São Paulo ist, wünschen wir Ihnen einen angenehmen Aufenthalt. Wenn Sie weiter fliegen nach Rio de Janeiro, möchten wir Sie bitten, an Bord zu bleiben. Der Weiterflug geht in 30 Minuten.
Em nome da ABC Airlines, agradecemos a preferência por voar conosco e desejamos a todos um bom dia.	Im Namen der ABC Airlines danken wir Ihnen, dass Sie mit uns geflogen sind, und wünschen Ihnen noch einen schönen Tag.

Durante o voo – Passageiro	Während des Fluges – Der Passagier
Gostaria de me sentar junto com minha (família).	Ich würde gerne mit meiner (Familie) zusammen sitzen.
Com licença, mas acho que este é meu lugar.	Entschuldigen Sie, aber ich glaube, das ist mein Platz.
Eu poderia trocar de lugar?	Könnte ich den Platz wechseln?/Könnte ich einen anderen Platz haben?
Poderia me ver uma (água), por favor.	Bitte, könnte ich etwas Wasser haben?
Estes fones não estão funcionando.	Diese Kopfhörer funktionieren nicht.
Quanto tempo dura o voo?	Wie lange dauert der Flug?
Quanto tempo falta para chegar em (São Paulo)?	Wie lange dauert es noch, bis wir in (São Paulo) ankommen/sind/landen?
Qual a diferença do fuso horário de São Paulo para o da (Itália)?	Wie groß ist der Zeitunterschied zwischen São Paulo und (Italien)?
Qual é a hora local em (Roma)?	Wie ist die lokale Uhrzeit in (Rom)?/Wie spät ist es jetzt in (Rom)?

Alfândega – Perguntas	Beim Zoll – Fragen der Beamten
Qual é o motivo de sua estada em (Hamburg)?	Was ist der Grund für Ihren Aufenthalt in (Hamburg)?/Was führt Sie nach (Hamburg)?
Qual é o seu ramo de negócios?	In welchem Geschäftszweig sind Sie tätig?
Seu visto, por favor?	Dürfte ich bitte Ihr Visum sehen?
Quanto tempo pretende ficar?	Wie lange beabsichtigen Sie zu bleiben?
Onde vai ficar?	Wo sind Sie untergebracht?
Você sabe o endereço?	Wissen Sie die Adresse?

Alfândega – Respostas	Beim Zoll – Antworten des Reisenden
Estou aqui a passeio/a trabalho/para uma conferência/visitando um amigo.	Ich mache hier Ferien/ich bin auf einer Geschäftsreise/ich bin auf einer Vortragsreise/ich will einen Freund besuchen.
Vou ficar (uma semana).	Ich bleibe (eineWoche).
Vou ficar no Hilton.	Ich wohne im Hilton.
Vou ficar com (um amigo).	Ich wohne bei (einem Freund).

Problemas com bagagem / Probleme mit dem Gepäck

Registrando perda de bagagem	Sie melden den Verlust Ihres Gepäcks
Acredito que a companhia tenha perdido minha bagagem.	Ich fürchte, mein Gepäck ist verloren gegangen.
Vou ficar no...	Ich bin im (*nome do hotel*).
Vou ficar com...	Sie können mich bei... erreichen.
Quanto tempo isso leva geralmente?	Wie lange dauert das im Allgemeinen?
Eu vou precisar de roupas e outras coisas enquanto isso.	In dieser Zeit/in der Zwischenzeit brauche ich Kleidung und andere Sachen.
Quanto vou receber para comprar (o que preciso) agora?	Wie viel (Geld) bekomme ich für den Einkauf der Sachen, (die ich dringend brauche)?
Isso é um transtorno mesmo.	Das ist wirklich sehr unangenehm/ärgerlich/das kommt mir sehr ungelegen.
Quero falar com seu supervisor, por favor.	Ich würde gern mit Ihrem Vorgesetzten sprechen.

Perguntas sobre bagagem perdida	Fragen zu dem verloren gegangenen Gepäck
Certo. Em que voo estava?	Mit welchem Flug sind Sie gekommen?/Wie war Ihre Flugnummer?
Muito bem. Como era?	Gut. Können Sie mir Ihr Gepäck/Ihren Koffer/Ihre Tasche beschreiben?/Wie sieht Ihr Gepäck/Ihr Koffer/Ihre Tasche aus?
Está em algum hotel?	Sind Sie in einem Hotel (zu erreichen)?
O sr. tem algum telefone para contato?	Haben Sie eine Telefonnummer, unter der wir Sie erreichen können?
Nós pedimos mil desculpas...	Es tut uns wirklich außerordentlich Leid...
Faremos o que for preciso para recuperar sua (bagagem) o mais breve possível.	Wir werden unser Bestes tun, um Ihnen Ihr Gepäck so schnell wie möglich zuzustellen.
Só preciso que preencha este formulário aqui, por favor.	Bitte füllen Sie dieses Formular aus.
Assim que soubermos de alguma coisa, entraremos em contato.	Sobald wir Genaueres wissen, geben wir Ihnen Bescheid.
Entraremos em contato dentro das próximas (24) horas.	Sie hören innerhalb der nächsten 24 Stunden von uns.
Pedimos novamente desculpas pelo transtorno causado.	Wir bitten (im Namen der Fluggesellschaft) nochmals um Entschuldigung für diese Unannehmlichkeit.

Ligando do exterior	Sie rufen aus dem Ausland an
Estou tentando ligar para o Brasil.	Ich versuche in Brasilien anzurufen.
Quero fazer uma chamada a cobrar.	Ich möchte ein R-Gespräch führen (*pronuncia-se* “Er-Gespräch”).
Quero usar meu “calling card”.	Ich möchte meine Telefonkarte benutzen.
Telefonista, a linha caiu.	Hallo, ist dort das Amt? Wir wurden unterbrochen.

Hospedagem	Unterkunft/Logis
Hotel – O hóspede	**Hotel - Der Gast**
Você tem vaga para 1 pessoa/2 pessoas para o dia...?	Haben Sie für den... ein Einzelzimmer/Doppelzimmer frei?
Eu tenho uma reserva.	Ich habe eine Reservierung.
Em nome de (Silva).	Für (Silva)./Unter dem Namen (Silva).
Aqui está o comprovante.	Hier ist die (Buchungs) Bestätigung.
Para (2) noites.	Für zwei Nächte.
Quanto é a diária?	Wie viel kostet das pro Tag?/Wie hoch ist der Tagessatz?
Tem (TV a cabo) nos quartos?	Gibt es im Zimmer (Kabelfernsehen)?/Hat das Zimmer (Kabelfernsehen)?
Tem banheiro no quarto?	Hat das Zimmer ein eigenes Bad?
Com café da manhã?	Ist das Frühstück im Preis inbegriffen?
Tem alguma vista?	Hat es eine Aussicht?
Gostaria/Gostaríamos de uma vista para o mar, se possível.	Ich hätte gern/wir hätten gern ein Zimmer mit Blick/Aussicht aufs Meer, wenn möglich.
Preciso ser acordado às 7:30.	Ich möchte um halb acht geweckt werden.
A que horas é o check-out?	Um wie viel Uhr muss ich auschecken?
Posso deixar minha bagagem na recepção?	Kann ich mein Gepäck im Empfang/in der Rezeption abstellen?
Posso deixar meus objetos de valor no cofre?	Könnte ich meine Wertsachen im Tresor/im Safe verwahren/ wegschließen?
Você(s) pode(em) informar sobre as atrações locais?	Können Sie mir sagen, was ich mir hier (am Ort) ansehen und was ich sonst unternehmen kann?/Haben Sie einen Prospekt mit Informationen für Touristen?
Posso comprar ingressos aqui para...?	Kann ich hier Karten für... bekommen/ kaufen?
Onde fica o ____ mais próximo?	Wo ist der/die/das nächste ____ ?

veja também "Explicando o caminho", página 71

Tem algum recado para mim?	Haben Sie eine Nachricht für mich?/Hat jemand angerufen?/Hat jemand eine Nachricht für mich hinterlassen?

Hotel – O hóspede (cont.)	Hotel - Der Gast (Forts.)
A pia/o ralo do chuveiro está entupido.	Das Waschbecken/der Abfluss in der Dusche ist verstopft.
O vaso não está dando descarga.	Die Spülung in der Toilette funktioniert nicht.
Não tem água quente.	Es kommt kein heißes Wasser.
O aquecimento/ar-condicionado não está funcionando.	Die Heizung/die Klimaanlage funktioniert nicht.
Será que tem alguém para consertá-lo?	Können Sie bitte dafür sorgen, dass es repariert wird?/Würden Sie es bitte reparieren lassen?
Eu gostaria de trocar as toalhas no quarto (22), por favor.	Bitte, lassen Sie frische Handtücher auf Zimmer (22) bringen.
Gostaria de trocar de quarto, por favor.	Ich hätte gern ein anderes Zimmer.
Gostaria de ficar mais um dia, por favor.	Ich möchte gern einen Tag länger bleiben.
Gostaria de fechar a conta, por favor.	Bitte, machen Sie meine Rechnung fertig.
Você poderia fazer uma conta separada para o telefone, por favor?	Könnten Sie mir bitte für meine Telefongespräche eine Extra-Rechnung ausstellen?
Aqui é do quarto 22. Vocês poderiam mandar alguém vir buscar a bagagem, por favor?	Hier Zimmer (22) Können Sie mir bitte jemanden schicken, um das Gepäck hinunter zu bringen?

Hotel – Na recepção	Hotel – Am Empfang/An der Rezeption
Para quantas noites?	Für wie viele Nächte?
Quantos hóspedes?	Wie viele Personen?
Para que dias?	Für wann?
Infelizmente não temos vaga nesses dias.	Leider sind wir an diesen Tagen ausgebucht.
Sim, nós temos vaga nesses dias.	Ja, an diesen Tagen haben wir etwas frei.
Você tem reserva?	Haben Sie eine Reservierung?
Qual é o nome, por favor?	Wie ist der Name bitte?
A saída é ao (meio-dia).	Sie müssen das Zimmer bis 12 Uhr verlassen.
Só preciso que você preencha isto, por favor.	Bitte füllen Sie das hier aus.
Certo, e preciso que assine aqui, por favor.	In Ordnung, und dann unterschreiben Sie hier, bitte.

Hotel – Na recepção (cont.)	Hotel – Am Empfang/An der Rezeption (Forts.)
Você tem algum documento, por favor?	Haben Sie einen Personalausweis oder Ihren Pass, bitte?
Aqui está sua chave.	Hier ist Ihr Schlüssel.
Tenha uma boa estada.	Ich wünsche Ihnen einen angenehmen Aufenthalt.
Pegando o elevador, é o (terceiro) andar.	Nehmen Sie den Lift/Aufzug/Fahrstuhl. Dritter Stock.
Gostaria de uma ajuda com as malas?	Möchten Sie, dass wir Ihnen das Gepäck aufs Zimmer bringen?
Para obter uma linha, tecle (9).	Wenn Sie nach außerhalb telefonieren wollen, drücken Sie die (9).
Tecle (0) para falar com a recepção.	Drücken Sie die (Null), wenn Sie mit dem Empfang/mit der Rezeption sprechen wollen.
O sr. está fechando a conta hoje?	Verlassen Sie das Hotel heute?
Consumiu alguma coisa do frigobar?	Hatten Sie etwas aus dem Kühlschrank?
Posso lhe chamar um táxi?	Soll ich Ihnen ein Taxi bestellen?
Esperamos que tenha(m) aproveitado a sua estada.	Wir hoffen, Sie hatten einen angenehmen Aufenthalt.
Volte(m) sempre.	Bitte beehren Sie uns wieder.

Você está hospedado com uma família	Sie sind bei einer Familie zu Gast
A que horas posso tomar banho?	Zu welcher Zeit kann ich duschen?
Tudo bem se eu...?	Ist es Ihnen/euch recht, wenn ich...?
Você(s) se importa(m) se eu usar o telefone para uma ligação local?	Dürfte ich vielleicht von Ihrem/eurem Telefon aus ein Ortsgespräch führen?
Posso usar seu telefone?	Darf ich Ihr/euer Telefon benutzen?
Vou fazer uma ligação interurbana, mas vou usar um provedor barato.	Ich muss ein Ferngespräch führen, aber ich wähle mich in einen billigen Anbieter ein.
Dormi muito bem, obrigado.	Ich habe sehr gut geschlafen, danke.
Achei que deveria falar: a água quente não está funcionando.	Ich muss Ihnen/euch etwas sagen: der Heißwasserhahn funktioniert nicht/es kommt kein heißes Wasser.
Queria só avisar que não volto para o jantar (hoje à noite).	Ich wollte nur Bescheid sagen, dass ich (heute) zum Abendessen nicht hier bin.

Compras	Einkäufe
O cliente	**Der Kunde/die Kundin**
Só estou olhando, obrigado.	Ich sehe/schaue mich nur um, danke.
Vocês aceitam (American Express)?	Nehmen Sie (American Express)?
Vocês aceitam cheque de viagem?	Nehmen Sie Reiseschecks?
Vocês têm...?	Haben Sie...?
Estou procurando...	Ich suche...
Vi uma (jaqueta) na vitrine.	Ich habe eine (Jacke) im Schaufenster gesehen.
Está em promoção?	Ist sie (/die Jacke) im Angebot?
Posso mandar isso para o Brasil?	Kann ich das nach Brasilien schicken lassen?
É para presente.	Es soll ein Geschenk sein.
Vocês podem embrulhar isso para presente?	Können Sie das bitte als Geschenk einpacken?
Qual é o preço na promoção?	Wie viel kostet das im Angebot?
Você tem no tamanho P/M/G/GG?	Haben Sie das in S/M/L/XL/XXL?
Você tem num tamanho menor/maior?	Haben Sie das in kleiner/in größer?
Onde ficam os provadores?	Wo ist die Anprobe?/Wo kann ich das anprobieren?
Qual é o horário de vocês aqui?	Wann sind Ihre Geschäftszeiten?
A que horas fecham?	Wann/um wie viel Uhr schließen Sie?
Vocês abrem aos (finais de semana)?	Haben Sie am (Wochenende) geöffnet?
Quanto tempo leva?	Wie lange dauert das?
Vou ficar com este./Vou ficar com estes.	Ich nehme den/die/das hier./Ich nehme die/diese hier.
Por favor, onde é que eu pago?	Bitte, wo kann ich zahlen?/Wo ist die Kasse?
Vou comprar este aqui, por favor.	Ich möchte das hier, bitte.
Vocês fazem troca?	Tauschen Sie auch Waren um?/Kann ich das eventuell umtauschen?
Você me dá uma nota fiscal, por favor?	Ich hätte gern eine Rechnung.

O atendente	Der Verkäufer/die Verkäuferin
Eu já volto.	Ich bin sofort da./Ich bin sofort bei Ihnen.
Pois não?	Kann ich Ihnen behilflich sein?
Oi, posso ajudá-lo?	Guten Tag, kann ich Ihnen helfen?

O atendente (cont.)	Der Verkäufer/die Verkäuferin (Forts.)
Já foi atendido?	Werden Sie schon bedient?
Fique à vontade.	Schauen Sie sich gern um.
Está procurando algo em especial?	Suchen Sie etwas Bestimmtes?
Posso ajudá-lo a encontrar alguma coisa?	Kann ich Ihnen bei der Suche behilflich sein?
(As malhas) estão em promoção.	Wir haben (Jacken) im Angebot.
Não temos isto em estoque	Wir haben das nicht auf Lager.
Nós não trabalhamos com...	... führen wir leider nicht.
Vou verificar lá atrás.	Ich werde mal hinten nachschauen/ nachsehen.
Posso lhe mostrar...	Darf ich Ihnen vielleicht... zeigen?
Talvez queira algo (mais esportivo).	Vielleicht möchten Sie etwas (sportlicheres).
São de ótima qualidade.	Die Qualität ist ausgezeichnet.
Duram a vida toda.	Die(se) halten ewig.
Posso mandar entregar.	Ich kann Ihnen das schicken/bringen lassen.
É para presente?	Ist es ein Geschenk?
Você quer que eu embrulhe para presente?	Möchten Sie das als Geschenk verpackt haben?
Você pode pagar aqui.	Sie können hier bezahlen.
É só?/Vai levar mais alguma coisa?	Ist das alles?/Möchten Sie noch etwas anderes ansehen?
Me desculpe, mas seu cartão não passou.	Tut mir Leid, aber Ihre Karte wurde (vom System) nicht angenommen.
Você teria outro cartão?	Hätten Sie vielleicht eine andere Karte?
Quer que ponha em uma sacola?	Möchten sie eine Tragetasche/eine Tüte (dafür)?
Seu recibo.	Hier ist Ihr Kassenbon/Ihre Quittung.
Tenha um bom dia!	Einen schönen Tag noch (wünsche ich Ihnen)!

Falando sobre compras	Sie sprechen über Einkäufe
Está em promoção./Estava em promoção.	Es ist im Angebot./Es war im/ein Angebot. Es ist/war heruntergesetzt.
Foi uma pechincha.	Das war (wirklich) ein Schnäppchen!

Falando sobre compras (cont.)	Sie sprechen über Einkäufe (Forts.)
Estava com um preço tão bom que não pude resistir.	Der Preis war so günstig, dass ich nicht widerstehen konnte.
Fiz uma compra ótima.	Das war ein guter Kauf.
Fui roubada.	Man hat mich betrogen/über den Tisch gezogen.
Fui às compras.	Ich habe einen Einkaufsbummel gemacht.
Quase estourei meu limite.	Fast hätte ich mein Konto überzogen.

Comendo (e bebendo) fora	Sie gehen auswärts essen

No restaurante – O cliente	Im Restaurant – Der Gast
Quero fazer uma reserva para (2) pessoas para (as 8 horas hoje à noite) por favor.	Ich möchte gern einen Tisch reservieren lassen für (heute Abend um acht Uhr), für (2) Personen.
Uma mesa para (2), por favor.	Einen Tisch für (2) Personen, bitte.
Somos (2).	Wir sind zu zweit.
Tem espera?	Müssen wir warten?
Tem uma seção para fumantes?	Haben Sie eine Raucherecke?
Podemos nos sentar (próximos à janela)?	Können wir einen Tisch am Fenster haben?
Onde fica o toalete?	Wo ist die Toilette, bitte?
Vou pedir um/o...	Ich nehme einen.../eine.../ein.../Ich nehme den.../die.../das...
Vou pedir o mesmo que você.	Ich nehme dasselbe wie Sie/du.
Dois, por favor.	Zwei (davon), bitte.
Que sucos/cervejas vocês têm?	Welche Säfte/Biersorten haben Sie?
Poderia ver a carta de vinhos, por favor?	Könnte ich bitte die Weinkarte haben/sehen?
Você pode me trazer um garfo/colher/faca por favor?	Bitte bringen Sie mir eine Gabel/einen Löffel/ein Messer.
Você pode me trazer mais um garfo/colher/faca por favor?	Könnte ich noch eine Gabel/einen Löffel/ein Messer haben?
Você pode me/nos trazer mais (pão), por favor?	Könnten/Würden Sie mir/uns bitte noch etwas (Brot) bringen?
Você pode mandar esquentar meu prato, por favor?	Bitte, lassen Sie das etwas aufwärmen.
Não foi isso que eu pedi.	Das habe ich nicht bestellt.
Eu pedi o...	Ich habe den.../die.../das... bestellt.

No restaurante – O cliente (cont.)	Im Restaurant – Der Gast (Forts.)
Eu/nós pedi(mos) (2 águas).	Ich habe/wir haben (2 Wasser) bestellt.
Nossa! O seu está com uma cara ótima.	Donnerwetter! Ihr/dein Gericht sieht aber gut aus.
Eu deveria ter pedido isso.	Das hätte ich auch bestellen sollen.
Como está seu (filé)?	Wie ist Ihr/dein (Steak)?
Parece ótimo.	Es sieht köstlich aus.
Posso ver o cardápio de novo?	Könnte ich bitte die Speisekarte noch einmal haben?
Você tem (chucrute)?	Haben Sie (Sauerkraut)?
Estava uma delícia, obrigado.	Das hat sehr gut geschmeckt, danke.
Você me/nos traz a conta, por favor?	Würden Sie mir/uns bitte die Rechnung bringen?
Só a conta, por favor.	Nur die Rechnung bitte.

veja também "Discutindo a conta", página 75

Num restaurante – O/A atendente	Im Retaurant – Die Bedienung
Boa- (tarde). Mesa para (dois)?	Guten (Abend). Einen Tisch für (zwei), die Herrschaften?
Quantos são?	Wie viele Personen sind Sie?
Há uma espera de (30 min).	Sie müssen leider etwa (30 Minuten) warten, bis ein Tisch frei wird.
Você(s) têm uma reserva?	Haben Sie eine Reservierung?
Você gostaria de deixar seu nome?	Möchten Sie Ihren Namen hinterlassen?
Certo. Seu nome, por favor?	In Ordnung. Ihr Name, bitte?
Você(s) gostaria(m) de esperar no bar?	Möchten Sie vielleicht in der Bar/an der Theke warten?
Eu chamo quando houver uma mesa.	Ich sage Ihnen Bescheid, sobald ein Tisch frei wird.
Eu volto num instante.	Ich bin sofort wieder da.
Meu nome é (Sérgio) e estarei atendendo você(s) (esta noite).	Mein Name ist (Sergio) und ich bediene Sie (heute Abend).
Você(s) já deram uma olhada no especial do dia?	Haben Sie schon unser Tagesmenü gesehen?
Querem começar com alguma bebida?	Möchten Sie schon gleich etwas trinken?
Gostaria(m) de ver a carta de vinhos?	Möchten Sie die Weinkarte sehen?
Quere(m) fazer o pedido?	Möchten Sie bestellen?
Eu recomendo o...	Ich empfehle den.../die.../das...
Infelizmente estamos sem (gorgonzola) no momento.	Leider haben wir im Augenblick keinen (Gorgonzola).

Num restaurante – O/A atendente	Im Retaurant – Die Bedienung
Como quer seu (filé)?	Und wie wünschen Sie Ihr (Steak)?
Então, são...	Also, das sind...
Querem mais alguns minutinhos?	Möchten Sie noch ein bisschen warten (bis ich das Essen bringe)?
Tudo bem, eu já volto.	In Ordnung, ich komme sofort.
Fique(m) à vontade.	Bitte lassen Sie sich Zeit.
Perdão, esta é uma seção para não fumantes.	Es tut mir Leid, aber hier ist nur für Nichtraucher.
Está tudo bem?	Ist alles in Ordnung?
Posso tirar?	Kann/darf ich abräumen?
O sr. já terminou?	Sind Sie fertig?
Vou tirar isso do caminho.	Ich werde das hier aus dem Wege räumen.
Aceita(m) um café ou uma sobremesa?	Nehmen Sie einen Kaffee oder einen Nachtisch?
Desculpe-me, mas a máquina não está aceitando o cartão.	Es tut mir sehr Leid, aber Ihre Karte wurde vom System nicht angenommen.
O sr. teria outro cartão?	Hätten Sie vielleicht eine andere Karte?
Infelizmente não trabalhamos com este cartão.	Leider nehmen wir diese Karte nicht an.
Obrigado e uma boa (noite).	Vielen Dank und einen schönen (Abend) noch.

Na casa de alguém	Bei jemandem zu Haus
	veja também "Recebendo pessoas em casa", página 59
O cheiro está uma delícia.	Das duftet/riecht aber köstlich!
Está com uma cara ótima.	Das sieht wunderbar aus.
Nossa, que delícia!	Hmm, das ist/schmeckt köstlich.
Obrigado. Estou satisfeito.	Nein, vielen Dank. Ich bin satt.
Como você fez isso?	Wie macht man das?
Você me dá a receita?	Könnte ich das Rezept haben?
Estava uma delícia.	Das war köstlich.
Deixe-me ajudar você com a louça.	Ich helfe Ihnen/dir beim Abräumen.
Obrigado pelo jantar. Estava ótimo!	Vielen Dank für das Abendessen. Es hat fantastisch geschmeckt!
Bem que eu queria poder ficar mais tempo, mas...	Ich wünschte, ich könnte länger bleiben, aber...

veja também "Desculpas", página 81

Entretenimento — Unterhaltung

No cinema — Im Kino

(2) ingressos para (*Casablanca*).	(2) Karten für (*Casablanca*).
Para a sessão das (8).	Für die Vorstellung um (8).
Ainda tem para a sessão das (8)?	Haben Sie noch Karten für die (8)-Uhr-Vorstellung?
A que horas dá para entrar?	Um wie viel Uhr beginnt der Einlass?
Com licença, tem alguém sentado aqui?	Entschuldigen Sie bitte, sitzt hier schon jemand/ist der Platz schon besetzt?
Desculpe-me, mas tem uma pessoa sentado aqui.	Tut mir Leid, hier sitzt schon jemand/der Platz ist schon besetzt.

No teatro/na ópera — Im Theater/In der Oper

É possível comprar ingressos mais baratos no mesmo dia do espetáculo.

A que horas começa o espetáculo?	Um wie viel Uhr beginnt die Vorstellung?
Ainda tem ingressos para hoje à (noite)?	Haben Sie noch Karten für heute (Abend)?
Quero um lugar no ____, se possível.	Ich hätte gern einen Platz im ____, wenn möglich.
Não muito atrás, se possível.	Nicht zu weit hinten bitte, wenn möglich.
Tem algum lugar mais perto do palco?	Haben Sie irgend etwas näher an der Bühne?
Se tiver um lugar no meio, está ótimo.	Wenn Sie einen Platz irgendwo in der Mitte haben, wunderbar.
Desculpe-me, acho que este é meu lugar.	Entschuldigen Sie bitte, aber das ist mein Platz.
Na plateia.	Im Parkett.
No (primeiro) balcão.	Im (ersten) Rang.
No camarote.	In der Loge.

Eventos esportivos — Sportveranstaltungen

veja também "Esporte", página 64

(2) ingressos para (o jogo de quarta), por favor.	(2) Karten für (das Spiel am Mittwoch) bitte.
Posso ver a programação?	Kann ich das Programm sehen?

Eventos esportivos (cont.)	Sportveranstaltungen (Forts.)
	veja também "Esporte" página 64
Qual é a seção mais em conta?	Wo sind die billigsten Plätze?
Queria um lugar na arquibancada, por favor.	Ich möchte bitte einen Platz auf der Tribüne.
Não conheço os estádios alemães. Que seção você recomenda?	Ich kenne kein deutsches Stadion. Wo sitzt (und sieht) man am besten?
Seria bom um lugar perto do (campo/quadra).	Ich würde gern nicht zu weit vom Spielfeld sitzen.
A que horas começa o jogo?	Um wie viel Uhr fängt das Spiel an?

Táxis — Taxis/Taxen

Costuma-se dar gorjeta aos motoristas de táxi. Habitualmente 10% da corrida é suficiente. Quando chamar um táxi, normalmente a corrida não começa até o passageiro entrar.

O passageiro	Der Passagier
	veja também "Falando com passageiros no seu carro", página 73
Está livre?	Sind Sie frei?
A (Goethestraße), por favor.	(Zur) (Goethestraße), bitte.
Quanto ficaria até...?	Wie viel kostet es nach.../bis.../zum.../zur...
O ___ fica muito longe?	Ist es sehr weit zum ___/zur ___?
O endereço é...	Die Adresse ist...
O sr. pode me deixar aqui na esquina, por favor.	Sie können mich bitte an der Ecke absetzen.
Aqui está ótimo.	Hier ist es ausgezeichnet.
Me dê só (5 Euros)) de volta.	Geben Sie mir nur 5 Euro zurück.
Fique com o troco. Obrigado.	Der Rest ist für Sie. Vielen Dank.

Motorista	Der Taxichauffeur
	veja também "Falando com passageiros no seu carro", página 73
Precisa de um táxi?	Brauchen Sie ein Taxi/eine Taxe?
Eu pego isso para o senhor.	Warten Sie, ich nehme Ihnen das ab.
Deixe-me ajudá-lo com isso.	Lassen Sie nur, ich helfe Ihnen.
Você gostaria de colocar isso no porta-malas?	Soll das (Gepäck) in den Kofferraum?
Isso vai com você?	Möchten Sie das mit nach vorn nehmen?

Motorista (cont.)	Der Taxichauffeur (Forts.)
Gostaria de ir na frente/atrás?	Sitzen Sie lieber vorne/hinten?
Para onde?	Wohin soll es gehen?
Esta rua é transversal de qual?	Wie heißt die Straße, die diese kreuzt?
Até que altura da (Goethestraße) você vai?	Bis zu welcher Höhe auf der Goethestraße wollen Sie?
Fica perto do (estádio)?	Ist es in der Nähe des Stadions?
E, então, você é de onde?	Und woher kommen Sie?
É a primeira vez que vem?	Sind Sie zum ersten Mal hier?
Está a passeio/trabalho?	Sind Sie geschäftlich hier, oder machen Sie Urlaub?
Que número é?	Welche Nummer ist es?
Vou pegar as malas para você.	Warten Sie, ich nehme Ihr Gepäck aus dem Kofferraum.

Alugando um carro / Sie mieten ein Auto/einen Wagen

O cliente	Der Kunde
Gostaria de alugar um carro.	Ich möchte einen Wagen mieten.
Quanto é a diária?	Wie hoch ist der Tagessatz?
Quanto sai por semana?	Wie viel kostet das pro Woche?
Isso inclui quilometragem livre?	Schließt das eine unbeschränkte Kilometerzahl ein?
Gostaria de um carro (pequeno/tamanho médio/grande).	Ich möchte einen (kleinen /mittelgroßen /großen) Wagen.
O que o seguro cobre?	Welche Schäden deckt die Versicherung?
Gostaria de uma cobertura completa.	Ich möchte eine Vollkaskoversicherung.
Que acontece se o carro quebrar?	Was passiert, wenn ich eine Panne habe?
Meu cartão cobre o seguro.	Meine Kreditkarte deckt die Versicherung.

O atendente	Der Angestellte bei der Autovermietung
Muito bem. O que nós temos disponível é...	Gut, dann wollen wir mal sehen, was wir da haben. Also,...
Fica tudo em 25 Euros por dia, incluindo a quilometragem.	Das macht 25 Euro pro Tag, inklusive gefahrene Kilometer.

O atendente (cont.)	Der Angestellte bei der Autovermietung (Forts.)
Fica tudo em 25 Euros por dia mais 5 cents por quilômetro.	Das macht 25 Euro pro Tag plus 5 Cent der gefahrene Kilometer.
Por quantos dias você precisaria do carro?	(Für) wie viele Tage brauchen Sie den Wagen/das Auto?
Certo, eu preciso da carteira de motorista e um cartão de credito.	In Ordnung, ich brauche dann Ihren Führerschein und die Kreditkarte.
Muito bem, vence no dia (três) e pedimos para entregar o carro com tanque cheio.	Gut, Sie bringen den Wagen dann am (3) zurück, bitte vollgetankt.
Aqui estão as chaves.	Hier sind die Wagenschlüssel.
Está estacionado ali.	Dort drüben steht er.
Você precisa de mapa ou alguma coisa?	Brauchen Sie eine Straßenkarte/einen Stadtplan oder dergleichen?
Faça uma boa viagem!	Gute Fahrt!/Gute Reise!

No posto de gasolina — An der Tankstelle

Na Alemanha, quem coloca gasolina no tanque, faz a calibragem dos pneus, verifica o óleo etc. é o próprio cliente, já que praticamente não há frentistas. Se precisar de ajuda, pode dirigir-se sempre a alguém que esteja no escritório do posto. O cliente vai escolher a bomba de acordo com o tipo de gasolina que for apropriado para o seu carro (ou o seu bolso...). Depois de abastecer, o cliente pagará a sua conta dentro da loja de conveniência do posto, onde também fica o caixa, informando apenas o número da bomba em que abasteceu; o atendente saberá então de quanto foi a conta.

Vocês têm (mapas) para vender?	Haben Sie (Straßenkarten) zu verkaufen?
A bomba n. (5), por favor.	(Zapf-)Säule (5), bitte.
Onde posso calibrar os pneus?	Wo kann ich den Reifendruck prüfen?
Não estou conseguindo (completar o óleo) sozinho. Você pode me ajudar?	Ich schaffe es nicht allein (das Öl aufzufüllen). Können Sie mir bitte helfen?

veja também "Carros", página 215

Perguntando o caminho	Sie fragen nach dem Weg
Quanto falta para (Frankfurt), você sabe?	Wie weit ist es noch bis/nach (Frankfurt), bitte?
Estou/Estamos tentando ir a (Stuttgart).	Guten Tag. Entschuldigen Sie bitte. Wir wollen nach (Stuttgart).

Perguntando o caminho (cont.)	Sie fragen nach dem Weg (Forts.)
Você sabe se estou/estamos no caminho certo?	Können Sie uns sagen, ob wir auf dem richtigen Weg sind/ob wir hier richtig sind?
Você poderia me dizer como chegar a (Munique)?	Bitte können Sie mir sagen, wie ich nach (München) komme?
É/Está longe?	Ist es weit?
Você poderia me fazer um mapa?	Können Sie mir den Weg aufzeichnen?
Como é que eu volto para a estrada?	Wie komme ich auf die Autobahn zurück?
Tem algum ponto de referência?	Gibt es irgendeine Orientierungshilfe?
Tem placas?	Sind dort Verkehrsschilder/Hinweisschilder?
Acho que não vi a placa de direção para (Berlim).	Ich glaube, ich habe den Wegweiser nach Berlin übersehen/nicht gesehen.

Achados e Perdidos	Sie haben etwas verloren

Quem perdeu	Sie fragen nach
Deixei minha (máquina) aqui (esta tarde).	Ich habe (heute Nachmittag) (meine Kamera) hier liegen gelassen.
Acho que a deixei (no assento).	Ich glaube, ich habe sie (auf dem Sitz) gelassen.
Posso deixar meu telefone, caso a encontrem?	Kann ich meine Telefonnummer hier lassen für den Fall, dass Sie sie finden?

A pessoa que recebe o seu registro	Die Person, die Ihre Verlustanzeige entgegennimmt
Está bem, vou checar.	In Ordnung, ich werde nachsehen.
Quando foi que a perdeu?	Wann haben Sie die Kamera verloren?
Como ela é?	Wie sieht sie aus?
De que cor é?	Welche Farbe hat sie?
Que marca é?	Welche Marke ?
Quando esteve com ela pela última vez?	Können Sie sich erinnern, wann Sie sie zum letzten Mal gesehen haben?
Mais algum detalhe?	Können Sie uns noch weitere Hinweise geben?
Quer deixar algum telefone para contato?	Unter welcher Nummer können wir Sie erreichen?

6

Morando no exterior

Auslandsaufenhthalt

Cursos no exterior	Sie studieren im Ausland./Sie machen einen Kurs./Sie gehen zur Schule

O brasileiro vai encontrar em outros países algumas atitudes que poderão ser consideradas estranhas. Tem de se lembrar de que ainda existe muita ignorância quanto ao Brasil. Existem pessoas que acham que a capital brasileira é Buenos Aires, por exemplo. O melhor é rir e guardar como lembrança.

Com respeito ao vocabulário, é bom lembrar de que em alemão há palavras distintas para "aluno", "estudar" e "professor", conforme o grau de ensino: em um colégio, há o "Schüler" e a "Schülerin"; eles "lernen" com um "Lehrer" ou uma "Lehrerin". Em uma universidade, o "Student" e a "Studentin" "studieren" com um "Professor" ou um "Dozent", uma "Professorin" ou uma "Dozentin".

O aluno	Der Student/Die Studentin
Eu tenho uma pergunta sobre...	Ich habe eine Frage zu... *veja também "Fazendo perguntas depois de uma palestra", página 178*
Fiquei na dúvida sobre...	Mir ist... noch nicht klar/ich habe... noch nicht ganz verstanden.

O aluno (cont.)	Der Student/Die Studentin (Forts.)
Tem carteira para canhotos?	Haben Sie ein Pult für Linkshänder?
Não sei se estou na sala/classe certa.	Ich weiß nicht, ob ich in dem richtigen Raum/in der richtigen Klasse bin.
Acho que preciso mudar para um nível abaixo/acima.	Ich glaube, dieser Kurs ist zu leicht/zu schwer für mich. Könnte ich den Kurs wechseln?
Gosto muito das suas aulas.	Ich bin sehr gern bei Ihnen im Unterricht./Ihr Unterricht gefällt mir sehr gut.
Gostaria de conversar sobre mudar de turma.	Kann ich mit Ihnen sprechen? Ich möchte die Klasse wechseln.
Vai cair na prova?	Kommt das im Test/in der Prüfung vor?
Você pode escrever isso no quadro?	Könnten Sie das bitte anschreiben?
Desculpe, tem um reflexo no quadro.	Entschuldigen Sie, es blendet. Ich kann nichts auf der Tafel erkennen.
Espere! Não apague isso ainda, por favor!	Warten Sie bitte! Noch nicht abwischen/auswischen!
Posso ver suas anotações?	Kann ich Ihre/deine Notizen sehen?
Você tem as anotações de (sexta)?	Haben Sie/hast du die Notizen von (Freitag)?
Não vou estar aqui para a prova.	Ich bin an dem Tag, an dem wir den Test/die Klausur schreiben, nicht hier.
Posso pazer uma prova substitutiva?	Kann ich einen Ersatztest/eine Ersatzklausur machen/schreiben?
Tenho que faltar (amanhã).	Ich muss leider (morgen) fehlen/ich kann leider (morgen) nicht kommen.
Tudo bem se eu sair um pouco cedo hoje?	Kann ich heute ein bisschen früher weggehen?
Desculpe o atraso!	Entschuldigen Sie bitte meine Verspätung! *veja também "Desculpas", página 81*
Me empresta sua (caneta)?	Kann ich mal Ihren/deinen (Kuli) haben/ausleihen?
Em que página estamos?	Auf welcher Seite sind wir?
Desculpe-me. Não estava prestando atenção.	Entschuldigen Sie. Ich habe (gerade) nicht aufgepasst.
Tive alguns problemas com a lição.	Ich hatte Schwierigkeiten mit der Hausaufgabe.
Tenho uma pergunta sobre uma questão da prova.	Ich habe/hätte da eine Frage zu einer Aufgabe im Test./in der Klausur.
Podemos usar o dicionário na prova?	Können/Dürfen wir beim Test/bei der Klausur Wörterbücher benutzen?

O professor	Der Lehrer/Dozent/Professor
Vai ter prova na sexta-feira.	Wir schreiben Freitag einen Test/eine Klausur.
A prova tem peso ____ na nota final.	Die Klausur zählt für die Abschlussnote.
Silêncio na prova.	Sie dürfen während des Tests/der Klausur nicht sprechen.
Sem colar!	Nicht abschreiben!
Abram na página ____.	Bitte öffnen Sie das Buch auf Seite ____.
Pulem até a página ____.	Weiter zu Seite ____.
Vocês devem estar todos na página ____.	Sie sollten alle auf (der) Seite ____ sein.
Quem não tiver o livro divida com um colega.	Wenn Sie kein Buch haben, schauen Sie bitte bei Ihrem Nachbarn mit hinein.
Trabalhem em pares/grupos (de 3).	Bitte machen Sie Partnerarbeit/ Gruppenarbeit (zu dritt).
Juntem-se em pares.	Bitte suchen Sie sich einen Partner.
Por favor, tente chegar na hora.	Bitte seien Sie pünktlich.
Dá para enxergar?	Ist das (gut) zu sehen?
Tudo bem até agora?	Alles in Ordnung so weit?
Alguma dúvida?	Haben Sie Fragen/Zweifel?
Vamos fazer um intervalinho?	Machen wir eine kurze Pause?
Alguém tem alguma pergunta sobre a lição de casa?	Hat jemand eine Frage zu der Hausaufgabe?
Bom, para lição de casa, façam...	Die Hausaufgabe ist...
Gostaria de um minuto de silêncio, por favor.	Ich möchte nur ganz kurz um Ruhe bitten.
Gostaria de falar sobre o desempenho de você(s).	Ich möchte etwas zu Ihren Leistungen sagen.
Você(s) estão se saindo muito bem.	Sie kommen sehr gut mit/Ihre Leistungen sind sehr gut.
Há mais alguma pergunta?	Gibt es noch irgendwelche Fragen?
Alguém levantou a mão?	Hat jemand sich gemeldet?
Deem só uma olhada no quadro.	Bitte sehen/schauen Sie alle einmal an die (Wand-)Tafel.

Procurando apartamento — Auf Wohnungssuche

veja também "Comprando e vendendo", página 162

Ao contrário do que se pensa normalmente, o alemão nem sempre tem um padrão alto de moradia. Aliás, se o leitor é oriundo da classe média, pode esperar uma situação de moradia abaixo dos seus padrões normais. É muito comum ter que dividir um apartamento (sobretudo com o preço dos aluguéis nas grandes cidades) e não é nada comum ter empregada ou faixineira. Normalmente, o proprietário vai exigir como garantia uma "Mietkaution", que corresponde ao valor de um ou mais de um aluguel. Não existe "condomínio" *per se* na Alemanha. Existe um gasto mensal chamado "Nebenkosten", que é o conjunto de gás, luz e água. Também há um gasto extra (e considerável) com a calefação.

Outra informação útil é que, normalmente, o alemão não define um apartamento pelo número de quartos, mas sim contando os quartos mais a sala como "peças (habitáveis)". Por exemplo, "Eine Vierzimmerwohnung" (= um apartamento com 4 "peças") corresponde a um apartamento com 3 dormitórios.

Eu vi o anúncio no ____.	Ich habe Ihre Anzeige/Annonce in der/im ____ gesehen.
Estou ligando a respeito do (apartamento).	Ich rufe wegen der (Wohnung) an...
Ainda está disponível?	Ist sie noch frei?
Onde fica exatamente?	Wo liegt sie genau?
Você pode me falar um pouco sobre o apartamento/imóvel?	Könnten Sie mir ein paar Einzelheiten (über die Wohnung) geben?
Quanto está o aluguel?	Wie hoch ist die Miete?
Quanto seria o depósito?	Wie hoch ist die Kaution?
O aluguel inclui água e gás?	Sind die Nebenkosten inbegriffen?
Quantos dormitórios?	Wie viele Schlafzimmer hat die Wohnung?
Tem ____?	Hat die Wohnung einen ____/eine ____/ ein ____?
É mobiliado?	Ist sie möbliert?
Posso ver o apartamento?	Kann ich die Wohnung ansehen?
Tem alguma coisa que eu precise saber?	Gibt es irgendwelche Probleme, von denen ich wissen müsste?
O bairro é seguro?	Ist die Gegend sicher?
Fica perto de ____?	Ist es in der Nähe von ____?
A partir de quando eu poderia me mudar?	Wann könnte ich einziehen?

Usando serviços públicos	Sie sind auf einem (öffentlichen) Amt

O Brasil não inventou a burocracia. Ela também existe lá fora. As mesmas demoras que existem aqui você também pode esperar no exterior. O mesmo ocorre com os funcionários públicos, que muitas vezes têm os mesmos níveis de paciência que os daqui.

Você pode me informar onde posso saber sobre...?	Bitte, wo kann/könnte ich mich über... informieren?
Com quem eu falo para...?	Ich möchte... Mit wem muss ich da sprechen?
É aqui que preciso ir para...?	Ich möchte... Bin ich hier richtig?
Essa é a fila para (o guichê n. 4)..?	Ist dies die Schlange für (Schalter 4)?
Você está na fila para...?	Stehen Sie Schlange für...?
Você é o último?	Ist hier das Ende der Schlange?
Desculpe-me, eu estava na fila.	Entschuldigen Sie, ich stand schon in der Schlange.
Você pode segurar meu lugar? Eu já volto.	Könnten Sie mir den Platz halten? Ich bin gleich zurück.
Que demora!	Das dauert ja ewig!
Estou aqui para...	Ich brauche (*substantivo*).../Ich muss... (*verbo no infinitivo*).
Você pode anotar esta informação para mim?	Könnten Sie mir das bitte aufschreiben?
Não tem outro jeito?	Gibt es keine andere Möglichkeit/keinen anderen Weg?
Tem que haver um jeito mais fácil!	Es muss doch auch anders/leichter gehen!

No banco	Auf der Bank

O cliente	Der Kunde/die Kundin
Gostaria de trocar estes *traveller's checks.*	Ich möchte bitte diese Reiseschecks einlösen.
Queria trocar dólares.	Ich möchte gern Dollars wechseln.
Qual é a taxa cambial de hoje?	Wie ist der (Wechsel-)Kurs heute?
Gostaria de descontar um cheque.	Ich möchte einen Scheck einlösen.
Gostaria de fazer um depósito.	Ich möchte etwas deponieren/einzahlen.
Gostaria de fazer um saque.	Ich möchte etwas abheben.
Gostaria de enviar dinheiro para...	Ich möchte Geld überweisen an...
Gostaria de fazer uma transferência.	Ich möchte eine Überweisung machen.

O cliente (cont.)	Der Kunde/die Kundin (Forts.)
Preciso fazer uma ordem de pagamento.	Ich möchte eine Zahlungsanweisung erteilen.
Gostaria de abrir uma conta poupança/ corrente.	Ich möchte ein Sparkonto/ein Girokonto eröffnen.
Qual é o saldo mínimo?	Wie hoch ist der Mindestsaldo?
Qual é a taxa de juros?	Wie hoch sind die Zinsen/ist der Zinssatz?
Eu teria algum limite no cheque especial?	Bieten Sie einen Überziehungskredit/ Dispositionskredit?
Do que eu preciso para ter um cartão de crédito?	Was brauche ich, wenn ich eine Kreditkarte beantragen will?
Posso acessar minha conta pela internet?	Habe ich Zugriff auf mein Konto per Internet?
Como posso transferir dinheiro da minha conta no Brasil?	Wie kann ich Geld von meinem Konto in Brasilien auf mein deutsches Konto überweisen?

O bancário	Der Bankangestellte
Como você quer esse valor?	Wie möchten Sie das (ausgezahlt) haben?
Cheques fora da praça/estrangeiros levam (uma semana) para cair na conta.	Schecks von außerhalb/aus dem Ausland werden erst nach einer Woche gutgeschrieben.
Você tem uma conta nessa agência?	Haben Sie ein Konto bei uns/in unserer Filiale?
Qual o número da conta?	Wie ist Ihre Kontonummer?
Pode me emprestar seu RG, por favor?	Könnte ich bitte Ihren (Personal) Ausweis sehen?
Pode digitar a senha.	Bitte geben Sie Ihre PIN-Nummer ein.
Você é o titular da conta?	Sind Sie der Kontoinhaber?
A conta está em seu nome?	Ist/läuft das Konto auf Ihren Namen?
Preciso que você rubrique isto.	Bitte zeichnen Sie das ab.
Seu saldo está negativo.	Ihr Konto hat einen Debetsalso/Ihr Konto ist überzogen.
Um instante que eu vou checar com meu gerente.	Einen Moment bitte; ich spreche eben mit meinem Vorgesetzten.

Carros	Autos
	veja também "Dirigindo", página 73

Comprando	Sie kaufen ein Auto/einen Wagen
Olá, estou ligando a respeito do (Ford Escort).	Guten Tag, ich rufe wegen des (Ford Escort) an.
Me fale um pouco sobre o carro.	Können Sie mir ein paar Auskünfte über den Wagen geben?
Qual é a quilometragem?	Wie (hoch) ist der Kilometerstand?
Que ano é?	Das Baujahr?
Como está o carro?	Wie ist der Zustand des Wagens?
Já foi batido?	Hatte er schon einmal einen Unfall?
É com câmbio manual ou automático?	Hat er Handschaltung oder Automatik?
Que cor é?	Welche Farbe hat er?
Você é o único dono?	Sind Sie der erste Besitzer?/Ist der Wagen aus erster Hand?
É econômico?	Ist er sparsam?
Alguma coisa foi trocada?	Wurde schon irgendein Teil ausgewechselt?
Quanto você está pedindo por ele?	Wie viel möchten/wollen Sie dafür haben?
Quanto você falou que estava pedindo?	Wie viel sagten Sie noch, dass Sie haben wollen?
Você aceita cheque?	Nehmen Sie einen Scheck an?
Posso ver o carro?	Kann ich den Wagen ansehen?
Você se importa se eu levar no meu mecânico para dar uma checada?	Würde es Sie stören, wenn ich meinen Mechaniker mitbringe, um sich den Wagen einmal anzusehen?
Não posso pagar tudo isso agora.	So viel habe ich im Moment nicht (zur Verfügung/flüssig).
Estou disposto a pagar (5.000 Euros) por ele.	Ich wäre bereit, Ihnen (5.000 Euro) dafür zu zahlen.
	veja também "Comprando e vendendo", página 162

Consertando	Reparaturen
Está fazendo um barulho esquisito.	Er macht ein merkwürdiges/ seltsames/komisches Geräusch.
Não está pegando.	Er geht nicht an.
Ele fica morrendo.	Er geht immer aus.

Consertando (cont.)	Reparaturen (Forts.)
Acho que só precisa de uma regulagem.	Ich glaube, er muss nur neu eingestellt werden.
Os freios estão fazendo barulho.	Die Bremsen machen ein Geräusch/quietschen.
O pedal do freio está muito baixo.	Das Bremspedal ist sehr weit unten.
Acho que está fora de alinhamento.	Mir scheint, die Räder sind außer der Flucht/nicht richtig ausgerichtet.
Está esquentando.	Der Motor überhitzt.
Está vazando óleo/óleo de freio/óleo de câmbio/água/combustível.	Er verliert Öl/Bremsflüssigkeit/Getriebeöl/Kühlwasser/Benzin.
Começa a tremer em velocidade alta.	Bei hoher Geschwindigkeit fängt er an zu schütteln.
A marcha fica escapando.	Der Gang springt immer heraus.
Quando eu acelero, dá um solavanco.	Wenn ich beschleunige, macht er einen Satz.
Está com um cheiro esquisito.	Da ist so ein merkwürdiger/seltsamer/komischer Geruch.
A mudança de marcha está estranha.	Beim Schalten ist irgendetwas nicht in Ordnung.
O ____ precisa(m) de ____.	Der ____/die ____/das ____ braucht ____; die ____ brauchen ____.

No cabeleireiro/salão — Beim Friseur

Um aviso: assim como outros serviços, o cabeleireiro também é muito caro na Alemanha. Você pode evitar sustos maiores olhando, antes de entrar, a tabela de preços afixada na vitrine.

Mulher	Damen
Quero cortar.	Ich möchte die Haare schneiden lassen.
Quero manter o corte.	Ich möchte denselben Schnitt behalten.
Quero lavar.	Bitte eine Haarwäsche/bitte einmal waschen.
Quero uma permanente.	Ich möchte eine Dauerwelle.
Quero uma escova.	Bitte eine Fönwelle.
Quero fazer luzes.	Ich möchte Strähnchen.
Quero tingir.	Ich möchte die Haare färben lassen.

Mulher (cont.)	Damen (Forts.)
Quero a franja comprida/curta.	Ich habe meine Mähne/meinen Pony gern lang/kurz.
Quero fazer a mão/o pé.	Bitte einmal Maniküre/Handpflege; einmal Pediküre/Fußpflege.
Quero fazer as unhas.	Ich möchte die Nägel machen lassen.
Quero fazer uma depilação (nas pernas).	Bitte einmal (die Beine) epilieren.
Quero tirar as sobrancelhas.	Bitte einmal die Augenbrauen zupfen.
Quero uma maquiagem.	Ich möchte mich schminken lassen/bitte einmal Make-up.
Quero fazer uma limpeza de pele.	Bitte eine Gesichtsmaske und Hautpflege.

Homem	Herren
Quero cortar.	Ich hätte gern einen Haarschnitt/bitte einmal schneiden/ich möchte die Haare schneiden lassen.
Só quero uma aparada, por favor.	Nur ein bisschen kürzer/nur trimmen, bitte (*isto se refere* à *barba*).
Quero lavar.	Bitte eine Haarwäsche.
Quero deixar curto atrás.	Ich möchte es im Nacken kurz (haben).
Quero deixar as costeletas curtas/compridas.	Ich möchte die Koteletten kurz (halten)/lang (lassen).
Quero pentear para frente/para trás/para o lado.	Ich möchte es nach vorn/nach hinten/zur Seite kämmen.

7

Alemão para correspondência escrita

Deutsch für Schriftliche Kommunikation

Um anúncio para emprego	Eine Stellenanzeige
	veja Apêndice 1 para profissões e atividades profissionais
Somos um(a)...	Wir sind eine... (Firma)/ein... (Unternehmen)
	veja também "Destacando pontos positivos de sua empresa", página 150
Estamos procurando...	Wir suchen…
	veja também "Descrevendo as pessoas", página 47, e Apêndice 2
Com possibilidade de ascensão	Mit Aufstiegschancen/ Aufstiegsmöglichkeiten.
Temos vagas para o(s) seguinte(s) cargo(s):	Wir haben folgende Stellen zu besetzen:
O candidato ideal será/terá...	Der ideale Bewerber/Kandidat ist.../hat…
	veja também "Seu currículo", página 141, e "A entrevista de trabalho", página 143
Pré-requisitos:	Vorbedingungen/Voraussetzungen:
Deve ser fluente em/conhecer...	Er/sie muss fließend... sprechen/muss vertraut sein mit...
Deve ter experiência com...	Er/sie muss Erfahrung mit/in... haben.
____ desejável.	____ erwünscht.

Um anúncio para emprego (cont.)	Eine Stellenanzeige (Forts.)
	veja Apêndice 1 para nomes de cargos de trabalho
Favor encaminhar o currículo via fax ou e-mail para...	Bitte senden Sie Ihren Lebenslauf per Fax oder E-mail an...
Oferecemos salário compatível com o mercado.	Wir bieten ein marktgerechtes Gehalt.
Venha fazer parte de nossa equipe.	Werden Sie unser Mitarbeiter!

Mensagens breves	Kurze Mitteilungen
Recebi sua mensagem. Obrigado.	Habe Ihre Nachricht erhalten. Besten Dank.
Um aviso/recado sobre...	Ein Hinweis zu...
Um recadinho para dizer...	Eine Kurznachricht zu...
Só um recado para dizer...	Kurze Mitteilung...
Ocorreu-me o seguinte:	Mir ist folgendes eingefallen:...
Só para lhe avisar/comunicar...	Möchte Sie nur wissen lassen:...
Só para lembrá-lo (de que o prazo...)	Möchte Sie nur daran erinnern (dass die Frist...)
Só para checar que...	Nur um noch einmal nachzufassen/nachzuprüfen, dass...
Vou escrever mais depois.	Später mehr.
Está tudo bem?	Alles in Ordnung?
Vou lhe manter informado.	Ich werde Sie auf dem Laufenden halten.

Cartas profissionais / Geschäftsbriefe

Aberturas	Anreden und Briefanfänge
Caro sr./sra. Mustermann.	Sehr geehrter Herr/Sehr geehrte Frau/Sehr geehrtes Fräulein Mustermann,
A quem possa interessar:	Zur Vorlage bei:
Espero que esteja bem.	Ich hoffe, es geht Ihnen gut.
Espero que tudo esteja correndo bem.	Ich hoffe, dass bei Ihnen alles in Ordnung ist.
Obrigado pelo seu e-mail/carta.	Haben Sie (vielen) Dank für Ihre E-mail/für Ihren Brief.
Agradeço sua pronta resposta.	Ich danke Ihnen für Ihre prompte Antwort.

Aberturas (cont.)	Anreden und Briefanfänge (Forts.)
Muito obrigado pela resposta.	Vielen Dank für Ihre Antwort.
Foi bom/um prazer falar ao telefone com você.	Es war mir ein Vergnügen, mit Ihnen zu telefonieren.
Desculpe-me/nos pela demora em responder.	Wir bitten um Entschuldigung (dafür), dass wir uns erst jetzt melden.
Não pude dar atenção a seu ____ até agora/há pouco).	Leider habe ich mich erst (jetzt/vor kurzem) um Ihre(n) ____ kümmern können.

Dizendo o propósito	Bezüge (Sie beziehen sich auf Vorhergegangenes)
Em resposta às suas perguntas, ...	In Beantwortung Ihrer Fragen,...
Como discutimos...	Wie wir bereits besprochen haben,...
Como solicitou...	Ihrer Bitte entsprechend…
Recebemos...	Wir erhielten...
Estou escrevendo para avisar recebimento de...	Wir schreiben Ihnen, um den Erhalt von... zu bestätigen.
Estou escrevendo em resposta à... de (3 de outubro)...	Hiermit beantworten wir Ihr(en)... vom (dritten Oktober).
Participei, há algum tempo, de uma de suas (palestras)...	Vor einiger Zeit habe ich an einem Ihrer (Vorträge) teilgenommen.
Estou escrevendo para expressar/dar (agradecimento/desapontamento/ parabéns pelo...)	Ich schreibe Ihnen heute, um Ihnen meinen Dank auszusprechen für.../um meiner Enttäuschung über... Ausdruck zu geben./um Ihnen zu... zu gratulieren.

Coisas boas	Gutes
Agradecemos sinceramente seu...	Wir danken vielmals für Ihren.../ Ihre…/Ihr…
Fico contente com o convite...	Ich freue mich über die Einladung...
Tenho/Temos o prazer de informá-lo de que...	Wir freuen uns, Ihnen mitteilen zu können, dass...
É um imenso prazer anunciar...	Es freut uns sehr, dass wir Ihnen... ankündigen können.
Muito obrigado por...	Haben Sie vielen/besten Dank für...
Nossos sinceros agradecimentos...	Unseren aufrichtigen Dank…
Fiquei/Ficamos contentes de saber que...	Es freut uns zu hören, dass...

Coisas ruins	Schlechtes
Desculpe-me pelo atraso na resposta (mas...)	Bitte entschuldigen Sie vielmals die Verzögerung dieser Antwort, aber...
	veja também "Desculpas", página 81
Estava aguardando notícias suas (semana passada).	Ich hatte erwartet, (letzte Woche) von Ihnen zu hören.
Fiquei profundamente decepcionado com...	Ich bin zutiefst enttäuscht über...
Não recebemos pagamento pelo...	Die Zahlung für den.../die.../das.... ist noch nicht eingegangen.
Caso tenha efetuado pagamento, queira desconsiderar este aviso.	Sollte die Zahlung bereits erfolgt sein, so beachten Sie bitte diese Mahnung nicht.
Caso contrário, favor efetuar pagamento assim que lhe convier.	Wenn nicht, (so) bitten wir Sie um Zahlung, sobald es Ihnen möglich ist.
Lamento/Lamentamos que não poderei/poderemos...	Ich bedaure/wir bedauern, nicht... zu können.
Tive/Tivemos um pequeno problema com meu/nosso e-mail.	Ich hatte/wir hatten ein kleines Problem mit meiner/unserer E-mail.
Favor aceitar nossas desculpas pela entrega em atraso.	Wir bitten Sie höflichst, die Lieferverzögerung zu entschuldigen.
Lamento...	Ich bedaure...
Gostaríamos de nos desculpar novamente em nome de todos os funcionários...	Ich möchte/wir möchten nochmals im Namen der ganzen Belegschaft um Entschuldigung bitten.
... e esperamos poder atendê-lo melhor no futuro.	... und wir hoffen, Sie in Zukunft besser zu bedienen/zufrieden zu stellen.
... e esperamos poder estar na sua preferência para...	... und wir hoffen, dass Sie uns weiterhin Ihr Vertrauen schenken, wenn es um... geht.

Perguntas e pedidos	Fragen und Bitten
Qual é a melhor data?	Welches Datum passt Ihnen am besten?
Para qual endereço gostaria que eu enviasse ____?	An welche Adresse soll ich ____ senden?
Conte-me o que acha.	Lassen Sie mich Ihre Meinung wissen.
Diga-me o que for melhor.	Sagen Sie mir, was für Sie am besten ist.
Poderia me mandar as medidas?	Könnten Sie mir die Maße senden/ schicken?

Perguntas e pedidos (cont.)	Anfragen und Nachfragen (Forts.)
Poderia me mandar um folheto?	Könnten Sie mir ein Info/eine Broschüre schicken?
Poderia me mandar uma lista de preços?	Könnten Sie mir eine Preisliste schicken?
Poderia me mandar qualquer material informativo que tiver sobre...?	Könnten Sie mir Info-Material über... zukommen lassen?
Poderia me mandar novamente?	Bitte könnten Sie es mir noch einmal schicken?
Agradeceria se pudesse receber...	Ich wäre Ihnen sehr dankbar, wenn ich... bekommen könnte.
Estou interessado em seu...	Ich bin interessiert an Ihrem.../Ihrer.../Ihrem...
Tenho muito interesse em receber (informação) sobre...	Ich habe großes Interesse an Informationen über...
Favor me avisar/informar...	Bitte geben Sie mir Bescheid...
Favor enviar...	Bitte schicken/senden Sie...
Favor guardar esta informação para uma referência futura.	Bitte heben Sie diese Information für eine eventuelle spätere Referenz auf.
Favor nos providenciar seu (número de entrega).	Bitte teilen Sie uns (die Nummer des Lieferscheins) mit.

Referências a itens em uma carta	Sie beziehen sich auf Punkte in einem Brief
Como mencionado acima...	Wie oben (bereits) erwähnt...
Como mencionado em seu e-mail/carta...	Wie Sie in Ihrer E-mail/in Ihrem Brief erwähnen...
Enumerei abaixo...	Ich habe unten... aufgeführt.

Anexos e informações	Beilagen und Informationen
Estou/Estamos anexando...	Ich lege/Wir legen... bei.
Anexo está...	In der Beilage finden Sie...
Encontrará os itens solicitados em anexo.	Beiliegend finden Sie die gewünschten Informationen.
Suas informações sobre o hotel/voo são as seguintes:	Im Folgenden Ihre Informationen über das Hotel/den Flug.
Fizemos uma reserva no (Hilton)...	Wir haben für Sie im (Hilton) reserviert/gebucht.
Favor nos informar se isto está do seu acordo.	Bitte lassen Sie uns wissen, ob dies Ihren Wünschen entspricht.

Anexos e informações (cont.)	Beilagen und Informationen (Forts.)
Mandei uma solicitação para...	Ich habe ein Gesuch/eine Bitte an... gerichtet.
Anotei ____ e encaminharei esta informação a ____.	Ich habe ____ notiert und werde diese Information an ____ weiter leiten.
Estarei fora do escritório e sem contato até...	Ich werde nicht im Büro sein und bin bis ... nicht zu erreichen.

Encerrando	Briefschlüsse
Espero/amos...	Ich hoffe/wir hoffen,...
Vou tentar entrar em contato com você até...	Ich werde mich bis zum... mit Ihnen in Verbindung setzen.
Entrarei em contato (semana que vem).	(Nächste Woche) nehme ich Kontakt auf.
Agradeço sua paciência.	Vielen Dank für Ihre Geduld.
Agradeço antecipadamente.	Vielen Dank im Voraus.
Muito obrigado.	Vielen/besten Dank.
Estarei/Estaremos no aguardo por uma resposta.	In Erwartung Ihrer Antwort...
Aguardo/Aguardamos uma pronta resposta.	Ich sehe/wir sehen Ihrer baldigen Antwort entgegen.
Agradeceria uma resposta de que recebeu este e-mail.	Ich wäre Ihnen für die Bestätigung des Empfangs dieser E-mail sehr dankbar.
Favor responder assim que lhe for possível.	Wir bitten um baldmöglichste Antwort.
Favor responder a este e-mail assim que puder. Obrigado.	Bitte beantworten Sie diese E-mail, sobald Sie können. Vielen Dank.
Se tiver qualquer comentário, favor...	Wenn Sie irgendeine Bemerkung dazu haben, bitte...
Estou à disposição para quaisquer perguntas...	Für Fragen stehe ich jederzeit gern zur Verfügung.
Se houver algo que puder fazer, favor entrar em contato.	Falls ich irgendwie behilflich sein kann, lassen Sie es mich bitte wissen.
Pode(m) me encontrar no (3721-5565)...	Ich bin unter der Nummer (3721-5565) zu erreichen...
Espero/Esperamos notícias suas./Espero/Esperamos uma posição sua.	Ich hoffe/wir hoffen, bald von Ihnen zu hören.
Estou/Estamos aguardando vê-lo ver em...	Wir werden uns freuen, Sie in... begrüßen zu dürfen.
Obrigado pelo interesse.	Vielen Dank für Ihr Interesse.
Mande um abraço para...	Bitte grüßen Sie... von mir.

Encerrando (cont.)	**Briefschlüsse (Forts.)**
Mande um grande abraço para...	Bitte grüßen Sie... herzlich von mir.
Tudo de bom,	Alles Gute,
Atenciosamente,/Cordialmente,	Hochachtungsvoll/Mit freundlichen Grüßen/mit besten Grüßen, Ihr.../Ihre...
Felicidades,	Mit den besten Wünschen (für Ihr Wohlergehen)

Correspondências pessoais / Persönliche Briefe

Aberturas	**Anreden und Briefanfänge**
Caro/Querido Thomas	Lieber Thomas,
Olá, Michael!	Hallo, Michael!
Meu adorado Michael,	Mein geliebter Michael,
Meu querido Michael,	Mein lieber Michael,
Meu caro amigo,	Mein lieber Freund (*raro!)*
Que bom ter notícias suas.	Wie schön, wieder von dir zu hören!
Gostei de ter notícias suas.	Ich habe mich sehr gefreut, endlich wieder von dir zu hören.
Me desculpe por não escrever há tanto tempo...	Es tut mir Leid, dass ich so lange nicht geschrieben habe...
Como vai?	Wie geht es dir?
Como vão as coisas?	Wie geht's, wie steht's?/Alles in Ordnung?
Como está (Heidelberg)?	Was macht (Heidelberg)?
Quais são as novidades?	Was gibt es Neues?
Espero que esteja tudo bem.	Ich hoffe, dass alles in Ordnung ist.
Espero que esteja bem (em Berlim)	Ich hoffe, es geht dir gut in (Berlin).
Espero que tenha corrido tudo bem com seu ____.	Ich hoffe, mit deinem ___/deiner ___ ist alles gut gegangen/gelaufen.

Dizendo o propósito	**Sie legen Ihre Absicht dar**
Estou escrevendo para você saber que...	Ich schreibe dir, um dir zu sagen, dass...
Só queria dar um alô e saber como vai.	Ich wollte mich nur mal melden und sehen, wie es dir so geht.
Pensei em você (ontem) e então deu vontade de escrever.	Ich habe (gestern) an dich gedacht und da bekam ich plötzlich Lust, dir zu schreiben.

Coisas boas	Gutes
Obrigado pela agradável companhia em São Paulo.	Vielen Dank für die schöne Zeit in São Paulo.
Obrigado mesmo pelo...	Tausend Dank für den.../die.../das...
Por aqui vai tudo bem.	Hier ist alles in Ordnung.
Gostei de saber que...	Ich war froh/ich habe mich gefreut zu hören, dass...
Obrigado pelo carinho.	Ich danke dir von Herzen für so viel Zuwendung...

Coisas não tão boas	Nicht ganz so Gutes
As coisas estão um pouco (malucas) por aqui ultimamente.	Hier ist in letzter Zeit alles ein bisschen (verrückt).
Fiquei triste de saber que...	Was mit... passiert ist, hat mich sehr traurig gemacht.
É uma pena eu não poder estar aí para seu...	Es tut mir wirklich Leid, dass ich nicht zu deinem.../deiner... bei dir sein kann.

Dando e pedindo informações	Informationen geben/um Informationen bitten
Como vão as coisas com...?	Wie geht es denn mit...?
Você ainda...?	... du noch...?
Adivinha o que aconteceu comigo (semana passada)?	Rate mal, was mir (letzte Woche) passiert ist... *veja também "Contando histórias", página 97*
Adivinha quem eu encontrei (ontem)?	Rate mal, wen ich (gestern) getroffen habe...
Me mantenha atualizado quanto ao...	Halt mich auf dem Laufenden über...
Me avise por favor quando receber este e-mail/esta carta.	Bitte gib mir Bescheid, wenn du diese E-mail/diesen Brief bekommen hast/bekommst.

Encerrando	Briefschlüsse
Bom, .../Bem,...	Nun (denn), .../Also, (dann)...
Bom, preciso ir.	Ich muss jetzt gehen.
Não desapareça!	Lass mal wieder von dir hören!
Mantenha contato.	Lass uns in Kontakt bleiben.
Um grande abraço e a gente se fala.	Ganz liebe Grüße! Bis bald!

Encerrando (cont.)	Briefschlüsse (Forts.)
Foi bom ter notícias suas.	Wie gut, von dir zu hören!
(Inara) manda um beijo.	(Inara) lässt dich grüßen.
Me dê um alô qualquer hora.	Ruf mich doch mal an.
Se cuida e a gente se fala.	Mach's gut! Wir telefonieren mal.
Espero que esteja bem.	Ich hoffe, es geht dir gut.
Espero que esteja se divertindo.	Ich hoffe, du hast deinen Spaß.
Com muito carinho,	Alles Liebe!
Deus lhe abençõe,	Gott segne dich,
Tudo de bom,	Alles Gute,
Cuide-se bem,	Pass gut auf dich auf!
Saudades,	Ich vermisse dich/ich habe Sehnsucht nach dir!
Com amor,	In Liebe,...
Te adoro/amo,	Ich liebe dich/ich habe dich lieb,

8

Expressões comuns
Gebräuchliche Ausdrücke

a curto prazo **kurzfristig** (precisamos encontrar uma solução a curto prazo = wir müssen eine kurzfristige Lösung finden).

a favor de **zu jemandes Gunsten/zu Gunsten von** (a decisão vai a favor dele = die Entscheidung fällt zu seinen Gunsten aus).

a longo prazo **langfristig** (isso sai mais barato a longo prazo = langfristig (gesehen) stellt es sich billiger).

a maior parte **die meisten** (a maior parte das pessoas resolveu ir embora = die meisten (Leute) entschlossen sich wegzugehen).

à medida que **in dem Maße wie** (à medida que vai aprendendo = in dem Maße wie du lernst/Sie lernen).

a menos que **es sei denn, (dass)** (a menos que quiser = es sei denn, Sie wollen (es) nicht/es sei denn, dass Sie (es) nicht wollen).

a não ser que *ver* **a menos que**

a partir **de ab** (a partir de amanhã são mais caros = ab morgen sind sie teurer).

a sós **allein** (a gente quer estar a sós = wir möchten allein sein).

à toa **grundlos/ohne Grund**(ele está rindo à toa = er lacht grundlos).

a troco de **(als Gegenleistung) für** (receberam um prato de comida a troco de uma ajuda no jardim = (als Gegenleistung) für die Gartenarbeit bekamen sie etwas zu essen.)

abrir caminho **den Weg frei machen** (interditaram as ruas para abrir caminho para o presidente = die Straßen wurden gesperrt, um den Weg für den Präsidenten frei zu machen).

abrir mão de **aufgeben/verzichten auf** (ela teve que abrir mão da sua privacidade = sie musste auf ihr Privatleben verzichten).

abrir o apetite **den Appetit anregen** (este remédio abre o apetite = dieses Medikament regt den Appetit an).

acabar com **jemanden fertig machen** (ele [tanto brigou com ele que] acabou com ele = er machte ihn fertig).

acabar de **gerade etwas getan haben** (acabou de chegar = er ist gerade angekommen).

aconteça o que acontecer **was auch immer geschehe/wie auch immer** (aconteça o que acontecer você não vai perder seu dinheiro = was auch immer geschehe /wie auch immer – du wirst dein Geld nicht verlieren).

ainda bem **ein Glück, dass** (ainda bem que não choveu = ein Glück, dass es nicht geregnet hat).

ainda pior **noch schlechter/schlimmer** (a conferência do ano passado foi ainda pior = der Vortrag im letzten Jahr war noch schlechter).

ainda por cima **obendrein/darüber hinaus** (fiquei preso no trânsito e, ainda por cima, esqueci o relatório = ich blieb im Stau stecken und obendrein hatte ich auch noch den Bericht vergessen).

além de **außer** (algum outro problema, além desse? = gibt es außer diesem noch ein Problem?)

além disso **außerdem** (além disso, ele nem tem carro = außerdem hat er nicht einmal ein Auto).

alguma vez **jemals** (você já falou com ele alguma vez? = haben Sie jemals mit ihm gesprochen?)

aliás **übrigens** (aliás, foi você que me chamou ontem? = übrigens, hast du/haben Sie mich gestern angerufen?)

ao contrário de **im Gegensatz zu** (ao contrário do que as pessoas pensam, ele não é tão rico = im Gegensatz zu dem, was die Leute denken, ist er gar nicht so reich).

ao que parece **anscheinend** (ao que parece ele não tinha dinheiro = anscheinend hatte er kein Geld).

ao ritmo de **zum Rhythmus von/des.../der.../des....** (dançaram ao ritmo da música = sie tanzten zum Rhythmus der Musik).

aos cuidados de **per Adresse/zu Händen von** (mande isto aos cuidados de Silvio Gomes = schicken/adressieren Sie das zu Händen von = z.Hd.v. Silvio Gomes).

aos poucos **nach und nach/allmählich** (você vai aprendendo aos poucos = Sie lernen/du lernst das allmählich/nach und nach).

apesar **de trotz** (a gente saiu apesar da chuva = wir sind trotz des Regens weggegangen).

aprender a **lernen... zu** (aprendi a lidar com isso = ich habe gelernt damit umzugehen).

arregaçar as mangas **die Ärmel aufkrempeln** (é hora de arregaçar as mangas = es ist an der Zeit, die Ärmel aufzukrempeln).

às pressas **in (großer) Eile/in (großer) Hast/überstürzt** (foi feito às pressas = das wurde überstürzt/in großer Eile/Hast gemacht).

às vezes **manchmal/zuweilen** (às vezes eu me sinto muito sozinho = manchmal/zuweilen fühle ich mich sehr allein/einsam).

assim como **(so) wie** (eles jantam muito tarde assim como na Espanha = sie essen sehr spät zu Abend, (so) wie in Spanien).

assim que **sobald** (assim que chegar em casa, eu ligo para você = ich rufe dich an, sobald ich zu Hause bin/sobald ich nach Hause komme).

assim que puder **so bald wie möglich/sobald es geht** (me ligue assim que puder = ruf mich so bald wie möglich an/ruf mich an, sobald es geht).

até breve **bis bald!**

até certo ponto **bis zu einem gewissen Punkt/Grad** (eu concordo com você até certo ponto = bis zu einem gewissen Punkt stimme ich Ihnen/dir zu;/bin ich mit ihnen/dir einverstanden).

até já **bis gleich!**

até lá **bis dann!**

até mais **bis später!**

até mesmo **sogar** (*positiv*) **nicht einmal** (*negativ*) (até mesmo o professor disse isso = sogar der Lehrer hat das gesagt. Nem mesmo o professor não aceitou isso = nicht einmal der Lehrer hat das akzeptiert).

até parece **so sieht ...aus**! (até parece que você tem dinheiro = du willst Geld haben? So siehst du aus!)

até que enfim **endlich**!

através de **durch** (consegui o trabalho através de um amigo = Ich habe den Job/die Stelle durch einen Freund bekommen).

atualizar **etwas auf den neuesten Stand bringen** (atualizaram os arquivos = man hat die Archive auf den neuesten Stand gebracht).

bater a porta na cara de alguém **jemandem die Tür vor der Nase zuschlagen** (ela bateu a porta na minha cara = sie schlug mir die Tür vor der Nase zu).

bater com a cabeça **sich den Kopf (an)stoßen** (bati com a cabeça = ich habe mir den Kopf (an)gestoßen).

bater à porta **an die Tür klopfen/anklopfen** (estão batendo à porta = es klopft!).

bater o olho em alguém **ein Auge auf jemanden werfen** (ele bateu olho nela e quis conhecê-la = er hatte ein Auge auf sie geworfen und wollte sie kennen lernen).

bater palmas **(in die Hände) klatschen** (todos bateram palmas = alle klatschten (in die Hände).

bater um papo **plaudern/reden/sich unterhalten** (a gente foi a um café para bater um papo = wir sind in ein Café gegangen, um ein bisschen zu plaudern/zu reden/ um uns ein bisschen zu unterhalten).

bom feriado **einen schönen Feiertag!**

bom final de semana **(ein) schönes Wochenende!**

botar fogo em **Feuer legen/etwas in Brand setzen/stecken** (botaram fogo na escola = an die Schule wurde Feuer gelegt/die Schule wurde in Brand gesetzt/gesteckt).

botar lenha na fogueira **Öl ins Feuer gießen** (não fique botando lenha na fogueira = gieß kein Öl ins Feuer!)

brincadeira **das ist nur Spaß/ich mache nur Spaß** (não estou falando sério, é só brincadeira! = ich meine es nicht ernst, ich mache nur Spaß!)

cada vez mais **immer mehr** (está ficando cada vez mais caro viajar = reisen wird immer teurer.

caiu a ficha! **Der Groschen ist gefallen!**

cair fora **aussteigen/nicht mehr mitmachen** (vou cair fora = ich steige aus/mache nicht mehr mit).

calma! **Immer mit der Ruhe!**

Caso **falls** (caso você queira trocar mais tarde, não tem problema = falls Sie es später umtauschen möchten – das ist kein Problem).

cerca de **zirka/etwa/ungefähr** (havia cerca de 5.000 = es waren zirka/etwa/ungefähr 5000).

chega de **es reicht mit .../Jetzt reicht's mit ... genug mit ...** (chega de briga! = es reicht/jetzt reicht's/genug mit der Streiterei!)

chega! **Es reicht!/Jetzt reicht's!/Genug!/Basta!**

claro **natürlich** (claro que eu quero = natürlich möchte ich!)

coitado **der Arme/die Arme/du Armer/du Arme!** (coitado, ele não fez nada = der Arme - er hat doch nichts getan!)

com certeza **bestimmt** (eu vou com certeza = ich komme bestimmt).

com relação a **hinsichtlich/bezüglich/in Hinsicht auf/in Bezug auf/** (ela não falou nada com relação ao trabalho = sie hat nichts hinsichtlich ihrer Arbeit/in Hinsicht auf ihre Arbeit erwähnt/gesagt).

como assim? **Wieso? Wie meinen Sie/meinst du das?** (como assim ele não tem dinheiro? = Wieso? Wie meinen Sie/meinst du das: er hat kein Geld?)

como de costume **wie üblich** (como de costume ela foi ao trabalho cedo = wie üblich ist sie früh zur Arbeit gegangen).

como se **als ob** (ele falou comigo como se ele não me conhecesse = er redete mit mir, als ob er mich nicht kennen würde.)

conforme **wie** (tudo foi feito conforme o combinado = alles verlief wie abgemacht).

contanto que **wenn /vorausgesetzt ,dass...** (contanto que você vá também = wenn du auch gehst ...)

custe o que custar **koste es, was es wolle** (você tem que conseguir, custe o que custar = du musst es schaffen, koste es, was es wolle).

dá na mesma **das kommt/läuft auf dasselbe hinaus/das ist egal/das ist Jacke wie Hose** (na verdade dá na mesma quem ganhar = eigentlich ist es egal, wer gewinnt).

dá para quebrar o galho **(es ist nicht das Beste, aber) es reicht/genügt für den Moment**

dar pena **jemandem Leid tun/das Herz brechen** (dá pena ver isso = es bricht mir das Herz, wenn ich das sehe).

dar sono **müde/schläfrig machen** (esse remédio dá sono = dieses Medikament macht müde/schläfrig).

dar raiva **wütend machen** (dá raiva saber que ele não pagou = es macht mich wütend, dass er nicht bezahlt hat).

dá um tempo!/desconto! **Lass mich in Ruhe!**

dá vontade de **es bringt einen zum...** (dá vontade de chorar = es bringt einen zum Weinen).

daqui a pouco **bald** (vamos jantar daqui a pouco = wir essen bald).

dar bola **reagieren/Interesse zeigen** (ela estava dando em cima de mim, mas eu não dei bola para ela = sie hat mit mir geflirtet, aber ich habe überhaupt nicht reagiert/überhaupt kein Interesse gezeigt).

dar certo **gelingen/klappen** (não deu certo = es ist nicht gelungen/es hat nicht geklappt).

dar de cara com **jemanden zufällig treffen/jemandem über den Weg laufen** (ele deu de cara com o chefe = er hat seinen Chef zufällig getroffen/er ist seinem Chef über den Weg gelaufen).

dar duro **hart arbeiten/schuften** (eu dei duro nisso = ich habe hart daran gearbeitet/ich habe schwer geschuftet).

dar o bolo/cano **jemanden versetzen** (ela me deu o bolo no sábado passado = sie hat mich letzten Samstag versetzt).

dar o braço a torcer **zugeben/nachgeben** (eu tenho que dar o braço a torcer, você conseguiu = ich muss zugeben, du hast es geschafft. Agora ela não quer dar o braço a torcer = jetzt will sie nicht nachgeben).

dar o fora **verschwinden/abhauen** (dá o fora daqui! = verschwinden Sie/verschwinde!/Hauen Sie ab/hau ab!)

dar trabalho **(viel/eine Menge) Arbeit machen** (esse livro deu trabalho = dieses Buch hat eine Menge Arbeit gemacht).

dar um fora **jemanden wegschicken/jemandem den Stuhl vor die Tür setzen** (eu dei um fora nela = ich habe sie weggeschickt/ich habe ihr den Stuhl vor die Tür gesetzt).

dar um jeito (em) **etwas hinkriegen** (você vai ter que dar um jeito nisso = Sie müssen/du musst das jetzt irgendwie hinkriegen).

dar um tempo **eine Pause machen/für ene Weile unterbrechen** (acho melhor dar um tempo = ich glaube, es ist am besten, wir machen jetzt eine Pause).

dar confusão **ein großes Durcheinander/Chaos geben)** (quando mudaram o horário só deu confusão = als die Uhrzeit umgestellt wurde, gab es ein riesiges Durcheinander/Chaos).

dar uma folheada **durchblättern** (eu dei uma folheada e gostei = ich habe es durchgeblättert und es hat mir gefallen).

dar uma gargalhada **laut loslachen** (a gente deu uma gargalhada quando ele saiu da sala = wir haben laut losgelacht, als er aus dem Raum ging).

dar uma olhada **ansehen/anschauen** (você deu uma olhada no prédio? = haben Sie sich/hast du dir das Gebäude angesehen/angeschaut?)

dar uma saída **kurz weggehen** (ela deu uma saída mas já vai voltar = sie ist kurz weggegangen, aber sie ist gleich (wieder) zurück).

dar uma volta **spazieren gehen** (eu saí para dar uma volta a pé = ich bin spazieren gegangen); spazieren fahren (a gente deu uma volta no carro dela = wir sind mit ihrem Wagen spazieren gefahren).

dar-se conta de **merken/sich über etwas klar werden** (se deu conta de como ele é estúpido = er hat gemerkt, wie grob er ist/er ist sich darüber klar geworden, wie...)

dar-se mal **schlecht wegkommen** (ele se deu mal = er ist (dabei) schlecht weggekommen).

de braços abertos **mit offenen Armen** (nos receberam de braços abertos = sie haben uns mit offenen Armen empfangen).

estar de cabeça para baixo **auf dem Kopf stehen** (estava de cabeça para baixo = es stand auf dem Kopf).

de cabo a rabo **von Anfang bis Ende/von A bis Z** (li o livro de cabo a rabo = ich habe das Buch von Anfang bis Ende/von A bis Z gelesen/ich habe das Buch ganz durchgelesen).

de cima a baixo **von oben bis unten** (ela olhou de cima a baixo e não achou nada = sie schaute ...von oben bis unten durch und fand nichts).

de fato **wirklich/tatsächlich** (se de fato ele ligou, não deixou recado = wenn er wirklich/tatsächlich angerufen hat, so hat er jedenfalls keine Nachricht hinterlassen)

de forma que **so dass/damit** (fale com ele de forma que não se sinta tão sozinho = sprich mit ihm, so dass/damit er sich nicht so allein fühlt).

dar de graça **verschenken/gratis geben** (deram os celulares de graça = sie haben die Handys gratis gegeben/verschenkt).

de jeito nenhum! **Auf keinen Fall!**

de longe **bei weitem** (ela é de longe a melhor = sie ist bei weitem die Beste).

de mente aberta **ohne Vorbehalte** (eu fui lá de mente aberta = ich bin ohne Vorbehalte dorthin gegangen).

de modo que **so dass/daher/darum/deshalb/deswegen** (vou estudar, de modo que não vou ter tempo = ich werde studieren, so dass ich keine Zeit haben werde/daher werde ich keine Zeit haben).

de preferência **am besten** (estamos procurando uma secretária, de preferência brasileira = wir suchen eine Sekretärin, am besten eine Brasilianerin).

de qualquer jeito **sowieso** (posso trazer o livro para você, pois vou à biblioteca, de qualquer jeito = ich kann Ihnen/dir das Buch mitbringen, denn ich gehe sowieso in die Bibliothek).

de repente **plötzlich** (ele saiu de repente = er ist plötzlich weggegangen).

de repente **Wer weiß/vielleicht** (sei lá, de repente poderia ser interessante = wer weiß, vielleicht ist es eine gute Idee...)

de sobra **übrig** (tem uma moeda de sobra aí? = haben Sie/hast du eine Münze übrig?)

de todo tipo **alle Arten/alle möglichen...**
de um lado para o outro **von einer Seite zur anderen./hin und her**
de várias formas **auf ganz verschiedene Art und Weise.**
de vez em quando **manchmal/von Zeit zu Zeit** (eu converso com ela de vez em quando = manchmal spreche ich mit ihr).
deixar alguém na mão **jemanden im Stich lassen** (falou que ia me ajudar e me deixou na mão = er sagte, er würde mir helfen, aber dann hat er mich im Stich gelassen).
deixar as coisas claras **alles klar stellen** (ela deixou as coisas bem claras = sie hat alles klar gestellt).
deixar claro **etwas klar und deutlich sagen** (eu deixei claro que eu não quis comprar = ich habe klar und deutlich gesagt, dass ich an einem Kauf nicht interessiert war).
deixa para lá **Lassen Sie nur/lass nur/Schon gut!**
desde que **solange/vorausgesetzt (dass)** (você pode ir, desde que volte = du kannst gehen, solange du früh zurückkommst .../du kannst gehen, vorausgesetzt, du kommst früh zurück/dass du früh zurückkommst).
desde que **seit/seitdem** (desde que chegou ao Brasil, ele está morando em Fortaleza = seit(dem) er in Brasilien ist, wohnt er in Fortaleza).
do lado de alguém **auf jemandes Seite** (eu estou do lado dela = ich stehe auf ihrer Seite).
do mesmo jeito **trotzdem** (não tinha dinheiro para comprar, mas comprou do mesmo jeito usando o cartão = er konnte es sich nicht leisten, aber er kaufte es trotzdem, auf Kreditkarte).
duvido que **ich bezweifle, dass.** (duvido que ele esteja sendo sincero = ich bezweifle, dass er es ehrlich meint).
é a sua vez **Sie sind an der Reihe/dran!/Du bist an der Reihe/dran!**
e aí? **Na und? Was gibt's?**
e daí? **na und?**
é hora de **es ist Zeit zu...** (é hora de ir embora = es ist Zeit zu gehen).
é mesmo **das ist wahr/das stimmt** (é mesmo, ele fala alemão = das ist wahr, er spricht Deutsch).
é normal **das ist normal/das ist zu erwarten**
é o seguinte **es ist/geht um Folgendes:**
e olhe lá **wenn überhaupt** (acho que ela tem uns vinte anos, e olhe lá= ich denke, sie ist ungefähr zwanzig, wenn überhaupt).
é para já **wird sofort erledigt!**
é tarde demais **es ist zu spät** (é tarde demais para pedir desculpas = es ist zu spät für eine Entschuldigung).
é verdade **das ist wahr!/richtig!/stimmt!**
em breve **in Kürze** (em breve vamos ter mais coisas interessantes = in Kürze werden wir mehr interessante Angebote haben).
em cima da hora **in letzter Minute** (fizeram seus pedidos em cima da hora = sie haben ihre Bestellungen in letzter Minute abgegeben).
em geral **im Allgemeinen**

em jejum **auf nüchternen Magen** (é para tomar em jejum = Sie sollen das auf nüchternen Magen (ein)nehmen).

em lugar nenhum **nirgendwo/nirgends** (você não acha em lugar nenhum = das werden Sie nirgendwo bekommen/finden).

em outras palavras **mit anderen Worten...**

em perigo **in Gefahr** (os alpinistas estavam em perigo por causa das avalanches = die Bergsteiger waren wegen der Lawinen in Gefahr).

em primeiro lugar **erstens** (*em enumerações*).

an erster Stelle (ele está em primeiro lugar na lista de espera = er steht auf der Warteliste an erster Stelle).

em que sentido? **In welchem Sinne?/In welcher Beziehung?/wie meinen Sie/meinst du das?**

em seguida **gleich danach, gleich darauf** (meu pai me ligou e minha mãe me ligou em seguida = mein Vater rief mich an und gleich darauf meine Mutter).

em si **an sich** (ser ambicioso em si não é ruim contanto que não prejudique as outras pessoas = ehrgeizig sein ist an sich nichts Schlechtes, solange man anderen nicht schadet).

em termos de **in Sachen/in ...Hinsicht** (como ele vai em termos de dinheiro? = wie geht es ihm in Sachen Geld?/wie geht es ihm in finanzieller Hinsicht?

em todas as partes **überall** (a violência estava em todas partes = Gewalt war überall).

em torno **de etwa/rund/ungefähr** (em torno de cem pessoas apareceram = etwa hundert Leute sind gekommen).

em vão **umsonst,/vergeblich/vergebens** (fizeram tudo em vão, não melhorou nada = alle ihre Anstrengungen waren umsonst, nichts ist besser geworden).

em vez de **statt/an... Stelle/statt** (eu irei em vez dela = ich gehe statt ihrer/ich gehe an ihrer Stelle).

embora **obwohl/obgleich/obzwar/obschon** (embora estivesse chovendo, resolvemos ir ao parque = obwohl es regnete, beschlossen wir, in den Park zu gehen).

encarregar-se de **übernehmen** (eles se encarregaram do assunto = sie haben die Angelegenheit übernommen).

enfim **na ja** (ela não é do meu tipo, mas enfim... = sie ist nicht mein Typ, aber na ja...)

enquanto **während** (eu vou cortar as cebolas enquanto você prepara a carne = ich schneide die Zwiebeln, während du das Fleisch zubereitest) solange (vou te amar enquanto eu viver = ich werde dich lieben, solange ich lebe).

enquanto isso **inzwischen/in** der Zwischenzeit.

então tá **gut/in Ordnung**

entrar de mansinho/de fininho **sich (unbemerkt) einschleichen** (nós não tínhamos convites mas conseguimos entrar de mansinho = wir hatten keine Eintrittskarten, aber wir haben uns (unbemerkt) eingeschlichen).

entrar na dança **mitmachen/gute Miene zum bösen Spiel machen**

esperar que **hoffen, (dass),** (espero que seja assim mesmo = ich hoffe, es ist wirklich so/dass es wirklich so ist).

esse tipo de **diese Art** (não gosto desse tipo de piada = ich mag diese Art Witze nicht).
está brincando **das soll wohl ein Witz sein!?** (passar a noite na casa deles? está brincando = bei ihnen übernachten? Das soll wohl ein Witz sein!)
está vendo? **Sehen Sie wohl?/Siehst du wohl?** (está vendo como eles te adoram? = siehst du wohl, wie lieb sie dich haben?)
estar a fim de **Lust haben, ... zu** (eu não estou a fim de discutir = ich habe keine Lust zu diskutieren).
estar a par de **im Bilde sein über/Bescheid wissen über** (eu estou a par do namoro deles = ich bin über ihre Beziehung im Bilde).
estar atrasado **zu spät dran sein** (não posso falar agora, eu estou atrasado = ich kann jetzt leider nicht sprechen, denn ich bin schon zu spät dran).
estar cansado de **etwas satt haben/einer Sache müde sein** (estou cansado desse trabalho = ich habe diesen Job satt/ich bin dieser Arbeit müde. (*raro*!)
estar com calor **estou com calor = mir ist heiß**
estar com ciúmes de **eifersüchtig sein auf** (ele tem muito ciúme de sua mulher = er ist sehr eifersüchtig auf seine Frau).
estar com fome **hungrig sein/Hunger haben** (estou com muita fome = ich bin sehr hungrig/ich habe großen Hunger).
estar com frio **estou com frio = mir ist kalt** (você não está com frio? = ist dir nicht kalt?)
estar com inveja **de neidisch sein auf** (ela sempre tem inveja das outras pessoas = sie ist immer neidisch auf die anderen).
estar com medo **Angst haben,... zu...** (estou com medo de não conseguir = ich habe Angst, es nicht zu schaffen).
estar com sede **durstig sein/Durst haben** (estou com um pouco de sede = ich bin ein wenig/ein bisschen/etwas durstig/ich habe ein wenig/ein bisschen/etwas Durst).
estar em dúvida **sich nicht entscheiden können** (estou em dúvida entre fazer inglês ou espanhol = ich kann mich nicht entscheiden: soll ich Englisch oder Spanisch lernen?)
estar em greve **streiken/im Streik stehen/sich im Streik befinden** (os operários estão em greve = die Arbeiter streiken/befinden sich im Streik).
estar em pé **gelten** (a oferta ainda está em pé? = gilt das Angebot noch?)
estar enrolando alguém **jemanden hinhalten/vertrösten** (ele sempre diz que vem semana que vem – acho que está me enrolando = er vertröstet mich immer auf die nächste Woche – ich habe das Gefühl, er hält mich nur hin!)
estar ferrado **geliefert sein** (se ficarem sabendo, estamos todos ferrados = wenn sie das erfahren, sind wir geliefert).
estar fora de si **außer sich sein/von Sinnen sein** (acho que ele está fora de si = mir scheint, er ist außer sich/er ist von Sinnen).
estar morrendo de fome **vor Hunger sterben** (estou morrendo de fome! = ich sterbe vor Hunger!)

estar morrendo de saudades **vor Sehnsucht sterben** (não vejo a hora de ver você... estou morrendo de saudades = ich kann es nicht erwarten, dich wieder zu sehen – ich sterbe vor Sehnsucht (nach dir).

estar morrendo de sede **(beinahe) verdursten/vor Durst sterben** (fazia calor e eu estava morrendo de sede = es war so heiß, dass ich beinahe verdurstet wäre)

estar morrendo de vergonha **sich zu Tode schämen** (estava morrendo de vergonha = ich habe mich zu Tode geschämt).

está na hora de **es ist (an der) Zeit** (acho que está na hora de a gente voltar = ich glaube, es ist Zeit zurückzugehen/ich glaube, es ist Zeit, dass wir zurückgehen).

estar na moda **in Mode sein/modern sein** (eu não gosto, mas está na moda = ich mag es nicht, aber es ist modern).

estar por dentro **Bescheid wissen über** (ela está por dentro desse assunto = sie weiß darüber Bescheid).

estar por fora **nicht Bescheid wissen über/keine Ahnung haben von** (ele está por fora deste assunto = davon hat er keine Ahnung!/Darüber weiß er nicht Bescheid!)

estar sem sono **nicht müde sein**

estar sem tempo **keine Zeit haben** (sinto muito mas estou sem tempo agora mesmo = es tut mir Leid, aber ich habe wirklich keine Zeit).

esteja onde estiver **wo auch immer ich/er/sie sein mag/du sein magst** (esteja onde estiver, vou estar pensando em você = wo auch immer du sein magst, ich werde an dich denken).

estou brincando **ich mache nur Spaß/das ist nur Spaß/das ist nicht mein Ernst**

falar sério **es ernst meinen** (estou falando sério = ich meine es ernst).

faz parte **so ist das Leben!**

faz tempo que **es ist eine Weile her/es ist schon lange her**, dass.../seit... (faz tempo que a gente não se vê = es ist schon lange her, dass wir uns nicht gesehen haben/seit wir uns zum letzten Mal gesehen haben).

fazer a barba **sich rasieren** (esqueci de fazer a barba = ich habe vergessen, mich zu rasieren).

fazer a cama **das Bett machen** (eu sempre faço a cama antes de ir ao trabalho = ich mache mein Bett immer, bevor ich zur Arbeit gehe).

fazer a matrícula **sich immatrikulieren**

fazer alguém feliz **jemanden glücklich machen** (ela me fez muito feliz = sie hat mich sehr glücklich gemacht).

fazer amizade **Freundschaft schließen/Freunde finden** (demorei um tempo para fazer amizade = ich habe ein bisschen (Zeit) gebraucht, bis ich Freunde gefunden habe).

fazer as contas **es ausrechnen/durchrechnen** (eu fiz as contas e cheguei à conclusão de que vai ser mais barato dirigir = ich habe es ausgerechnet/durchgerechnet und bin zu dem Schluss gekommen, dass es billiger ist, mit dem Auto zu fahren).

fazer as malas **die Koffer packen** (ainda tenho que fazer as malas = ich muss noch die/meine Koffer packen).

fazer as pazes **Frieden schließen,/sich wieder vertragen** (fizeram as pazes depois da briga = sie haben sich nach dem Streit wieder vertragen).

fazer bagunça **Unordnung machen** (só fazem bagunça = sie machen nur Unordnung)

fazer barulho laut sein/Lärm machen/Geräusche machen (esse carro faz muito barulho = dieser Wagen ist furchtbar laut/macht viele Geräusche) (as crianças fazem muito barulho = die Kinder sind sehr laut, machen viel Lärm).

fazer bem **gut tun** (acho que essa conversa com meu pai me fez muito bem = ich glaube, das Gespräch mit meinem Vater hat mir gut getan) **das Richtige tun** (não se preocupe, você está fazendo bem = mach dir keine Sorgen, du tust das Richtige).

fazer comentários **Bemerkungen/Kommentare machen.**

fazer companhia **jemandem Gesellschaft leisten** (ela veio me fazer companhia em casa quando eu estava doente = als ich krank war, hat sie mir immer Gesellschaft geleistet).

fazer de conta que **so tun als ob** (ele faz de conta que é muito rico = er tut so, als ob er sehr reich wäre).

fazer faculdade **studieren**

ficar na **Schlange stehen** (tive que ficar na fila durante uma hora e meia = ich musste eineinhalb Stunden Schlange stehen).

fazer hora **warten/die Zeit totschlagen** (eu não tenho nada para fazer, estou aqui só fazendo hora = ich habe nichts zu tun, ich schlage nur die Zeit tot).

fazer hora extra **Überstunden machen** (cansei de fazer horas extras = ich habe genug davon, Überstunden zu machen).

fazer lembrar de uma coisa **jemanden an etwas erinnern** (isso me faz lembrar de uma comida que minha mãe fazia = das erinnert mich an ein Gericht, das meine Mutter immer kochte/machte).

fazer o máximo para **sein Bestes/das Äußerste tun** (fizeram o máximo para que eles se sentissem bem = sie taten ihr Bestes, um es ihnen so angenehm wie möglich zu machen).

fazer o quê? **Was kann man da (schon) machen?/Da ist nichts zu machen/wollen.**

fazer propaganda **Werbung machen/werben für** (fizeram muita propaganda na cidade toda = sie haben überall in der Stadt dafür Werbung gemacht/dafür geworben).

fazer questão de **auf etwas bestehen/auf etwas Wert legen** (eu fiz questão de ligar para ela todos os dias no horário do almoço = ich habe darauf bestanden, sie jeden Tag in der Mittagszeit anzurufen).(ele faz muita questão de ser pontual = er legt großen Wert auf Pünktlichkeit).

fazer regime eine Diät machen (preciso fazer regime = ich muss eine Diät machen)

fazer sentido **Sinn machen/haben/ergeben ; vernünftig sein/klingen** (o que ele falou fez muito sentido = was er gesagt hat, klingt sehr vernünftig).

fazer sucesso **ein Erfolg sein/Erfolg haben/erfolgreich sein** (este filme foi um grande sucesso = dieser Film war ein großer Erfolg)(ele tem muito sucesso como executivo = er ist ein erfogreicher Manager/er hat viel Erfolg als Manager).

fazer uma pergunta **eine Frage stellen** (quero fazer uma pergunta = ich möchte gern eine Frage stellen).

ficar à vontade **es sich gemütlich/bequem machen** (entre aí e fique à vontade = bitte kommen Sie herein und machen Sie es sich gemütlich/bequem).

ficar arrasado **erschüttert sein** (fiquei arrasado com a notícia = ich bin von dieser Nachricht zutiefst erschüttert).

ficar assustado **erschrecken** (fiquei assustado quando acabou a luz = ich erschrak/bin erschrocken, als das Licht ausging).

ficar atento **aufpassen** (você tem de ficar atento quando sai sozinho = Sie müssen/du musst aufpassen, wenn Sie alleine ausgehen/wenn du alleine ausgehst).

ficar bravo **böse werden** (eles não pagaram e ele ficou bravo = sie haben nicht bezahlt, und er wurde böse/er ist böse geworden).

ficar chateado **sich ärgern/ärgerlich/verärgert sein** (você ficou chateado? = hast du dich geärgert?/bist du ärgerlich/verärgert?)

ficar chocado **schockiert sein,/empört sein** (ela ficou chocada quando descobriu = sie war schockiert/empört, als sie es/davon erfuhr).

ficar claro **klar werden** (ficou claro que assim não dava para continuar = es/uns wurde klar, dass es so nicht weiter gehen konnte).

ficar com ciúmes **eifersüchtig werden** (ele a viu com o melhor amigo e ficou com muitos ciúmes = er sah sie mit seinem besten Freund und wurde schrecklich eifersüchtig).

ficar com medo de **Angst bekommen/kriegen; Angst haben vor** (não precisa ficar com medo do meu cachorro = Sie brauchen/du brauchst vor meinem Hund keine Angst zu haben) (... e aí fiquei com medo = und da habe ich Angst bekommen/gekriegt).

ficar com pena de alguém **Mitleid mit jemandem bekommen/haben** (fiquei com pena dele e dei um pouco de dinheiro = ich bekam/hatte Mitleid mit ihm und habe ihm etwas Geld gegeben).

ficar de olho **aufpassen** (fique de olho! = passen Sie auf!) ein Auge auf etwas geworfen haben (fiquei de olho nestes sapatos = ich habe ein Auge auf diese Schuhe geworfen...)

ficar de quatro **"auf allen Vieren"** (ele ficou de quatro por ela = er hat sich Hals über Kopf in sie verliebt/er liegt ihr zu Füßen).

ficar desapontado **enttäuscht sein von** (fiquei desapontado com ela = ich bin von ihr enttäuscht).

ficar dividido **innerlich zerrissen sein/mit sich uneins sein** (fiquei dividido porque gostava das duas = ich war innerlich zerrissen, denn ich mochte beide gern).

ficar doente **krank werden** (não fique doente! = werden Sie/werde (mir) nur nicht krank!)

ficar em casa **zu Hause bleiben** (com este tempo acho melhor ficar em casa = bei diesem Wetter bleibe ich lieber zu Hause).

ficar enjoado **eu fico enjoado/a = mir wird übel**

ficar feio **häßlich/nicht schön werden** (tentei enfeitar o bolo um pouco, mas ficou feio = ich wollte den Kuchen ein bisschen verzieren, aber er/es ist nicht schön geworden).

ficar feliz **glücklich sein/froh sein** (que bom... fiquei feliz = wie gut... ich bin froh/glücklich).

ficar feliz por alguém **sich für jemanden freuen** (fico feliz por vocês = ich freue mich für euch).

ficar fora **ausgeschlossen/nicht dabei sein** (os que não pagaram ficaram fora = wer nicht bezahlt hat, ist ausgeschlossen/nicht dabei).

ficar grávida **schwanger werden** (ficou grávida aos dezesseis anos = sie wurde mit 16 schwanger).

ficar juntos **zusammen bleiben** (eu quero que fiquemos juntos = ich möchte, dass wir zusammen bleiben).

ficar louco por **verrückt nach jemandem sein** (ele ficou louco por ela = er war verrückt nach ihr).

ficar magoado **bekümmert/verletzt sein** (eu não quero que você fique magoado = ich möchte nicht, dass du bekümmert bist;/ich möchte dich nicht verletzen).

ficar na dúvida **im Zweifel sein/nicht sicher sein** (eu acho que acertei, mas fiquei na dúvida = ich glaube, ich habe es richtig gemacht/beantwortet, aber ich bin nicht ganz sicher/ich bin (noch) im Zweifel).

ficar na sua **sich zurückhalten/für sich bleiben/sich nicht einmischen** (eu sou sossegado, só fico na minha = ich bin sehr ruhig, ich halte mich zurück und mische mich nicht ein).

ficar nervoso **nervös werden/aufgeregt sein/sich aufregen** (você ficou nervoso só por causa disso? = hast du dich über diese Kleinigkeit aufgeregt?); (eu sempre fico nervoso antes de entrar no palco = ich werde immer nervös/ich bin immer aufgeregt, bevor ich auf die Bühne gehe).

ficar preso **stecken bleiben** (fiquei preso/a no engarrafamento = ich bin im Stau stecken geblieben).

ficar quieto **still bleiben/sein** (fique quieto! Seien/bleiben Sie still!/Sei/bleib still!)

ficar rico **reich werden**

ficar sabendo **herausfinden/erfahren** (ich habe herausgefunden/erfahren, dass sie einen anderen Freund hat).

ficar sem graça **verlegen werden** (ele ficou muito sem graça quando viu a foto = er wurde ganz verlegen, als er das Foto sah).

ficar sentado **sitzen bleiben** (fique sentado, por favor! = bitte bleiben Sie/bleib sitzen!)

ficar sozinho **allein sein** (quero ficar sozinho um pouco = ich möchte ein Weilchen/ein wenig allein sein).

ficar triste **traurig werden** (no início estava bravo e depois ficou triste = zuerst war er ärgerlich, dann wurde er traurig).

ficar vermelho **rot werden** (para! vou ficar vermelha! = hör auf! Sonst werde ich rot).

fique com Deus **Gott segne Sie/dich!/Gott behüte Sie/dich!**

fora do lugar **nicht mehr an seinem Platz/durcheinander** (que aconteceu aqui? está tudo fora de lugar = was ist denn hier los? Hier ist ja nichts mehr an seinem Platz/alles durcheinander).

fora de ordem **durcheinander (geraten)/nicht in der richtigen Reihenfolge** (os arquivos estão fora de ordem = die Akten sind durcheinander geraten/nicht in der richtigen Reihenfolge).

fora do alcance **unerreichbar** (esta sua meta não está fora do alcance = dieses Ziel ist nicht unerreichbar).

fora isso **abgesehen davon** (fora isso não tem mais problemas? = abgesehen davon gibt es keine Probleme?)

forçar a barra **es zwingen (wollen)** (acho que ele deveria esperar um pouco; mas ele sempre quer forçar a barra = ich finde, er sollte ein bisschen warten; aber er will es immer zwingen).

frente a frente **von Angesicht zu Angesicht** (prefiro estar frente a frente com ela = ich ziehe es vor, ihr von Angesicht zu Angesicht gegenüber zu stehen).

futuramente **in Zukunft** (futuramente vamos ter menos problemas = in Zukunft werden wir weniger Probleme haben)

graças a Deus **Gott sei Dank!**

grande parte de **ein großer Teil des.../der.../des...** (grande parte da população não quer nem saber = ein großer Teil der Bevölkerung will nichts davon wissen).

haja o que houver (veja: *aconteça* o *que acontecer*).

idas e vindas **das Kommen und Gehen**

independentemente de **ohne Rücksicht auf/unbeschadet** (eu gosto dela independentemente da sua preferência política = ich mag sie, unbeschadet ihrer politischen Einstellung).

infelizmente **leider** (quase terminei... infelizmente o tempo acabou = ich bin fast fertig...leider ist die Zeit abgelaufen).

ir atrás de **jemandem/etwas nachgehen** (ela foi embora e eu não fui atrás dela = sie ist weggegangen und ich bin ihr nicht nachgegangen) (ainda não terminei este assunto, vou ter que ir atrás =ich bin damit noch nicht fertig, ich muss dieser Angelegenheit noch nachgehen).

ir embora **(weg)gehen** (eu vou ter que ir embora = ich muss leider (weg)gehen).

isso **genau! ja!** (você é o Paulo? >isso. = sind Sie/bist du Paulo? > Genau!/ja!)

isso mesmo **genau!**

isto é **das heißt,...**

já era **damit ist es aus und vorbei.**

já ouvi falar **ich habe (schon) davon gehört.**

já que **da ... schon** (já que está indo para a cozinha, você traz o vinho? = da du schon auf dem Wege in die Küche bist — kannst du den Wein mitbringen?)

já volto **ich bin gleich** (wieder) zurück.

jogar fora **wegwerfen** (vou jogar fora = ich werfe das weg).

juízo! Seien Sie/sei vernünftig!

jura? Wirklich ?/ehrlich?

juro por Deus ich schwöre (bei Gott/bei allem, was mir heilig ist).

lá fora dort draußen (lá fora não há tanta segurança = dort draußen ist es nicht so sicher).

levar a sério etwas ernst nehmen (ele está levando seus estudos muito a sério = er nimmt sein Studium sehr ernst).

levar na brincadeira etwas nicht ernst nehmen (eu ouvi o que ele falou, mas eu levei na brincadeira = ich habe gehört, was er gesagt hat, aber ich habe es nicht ernst genommen).

levar-se em consideração berücksichtigen (isso não se levou em consideração = das wurde nicht berücksichtigt).

lidar com umgehen mit (não sei lidar com stress = ich kann mit Stress nicht umgehen).

logo de cara gleich /sofort/geradewegs

logo depois gleich danach (jantamos e logo depois saimos para dançar = wir haben zu Abend gegessen; gleich danach sind wir tanzen gegangen).

longe disso! Weit gefehlt!

me diz uma coisa... sagen Sie/sag mir mal... (mas, me diz uma coisa, como é que ele ficou sabendo? = aber sagen Sie/sag mir mal: wie hat er das herausgefunden?)

me poupe verschonen Sie/verschon mich (damit)! Hören Sie/hör bloß auf (damit)!

menos mal gar nicht so übel!/umso besser!

mentira! Das stimmt nicht!/das ist gelogen!

mesmo assim trotzdem (mesmo assim, acho que a outra casa é mais bonita = trotzdem, ich finde das andere Haus (immer noch) schöner).

mexer com ärgern (não mexe com ela = ärgere sie nicht!) arbeiten mit (ele mexe com computadores = er arbeitet mit Computern) berühren (isto mexeu muito comigo = das hat mich sehr berührt).

mudar de ideia sich anders besinnen (eu ia estudar na Austrália mas depois mudei de ideia = eigentlich wollte ich in Australien studieren, aber dann habe ich mich anders besonnen).

na boa! kein Problem! (eu faria na boa = ich würde es tun – kein Problem!)

na época zu der Zeit/damals (agora é engraçado mas na época foi um desastre = heute kann man darüber lachen, aber damals war es eine Katastrophe!)

na faixa de so um die/in der Gehaltsklasse von (ela está ganhando na faixa de cinco mil por mês = sie verdient so um die 5000 im Monat ; sie ist in der Gehaltsklasse von 5000 monatlich).

na hora sofort/unverzüglich.

na ida auf dem Hinweg (na ida compramos o vinho =wir kaufen den Wein auf dem Hinweg).

na intimidade privat (na intimidade, ele não é nada como ele parece ser = privat ist er ganz anders, als er (so) wirkt).

na prática **in der Praxis** (é uma boa teoria, mas na prática não vai funcionar = das ist eine gute Theorie, aber in der Praxis funktioniert es nicht).

na verdade **in Wirklichkeit** (na verdade, ele não sabe usar o computador = in Wirklichkeit kann er nicht mit dem Computer umgehen).

na volta **auf dem Rückweg** (na volta do cinema, podemos passar no supermercado = auf dem Rückweg vom Kino können wir schnell in den Supermarkt gehen) wenn ich wieder zurück bin/wenn sie wieder zurück ist ,etc. (estou saindo de férias; na volta, te ligo = ich fahre jetzt in Urlaub; wenn ich wieder zurück bin, rufe ich dich an).

nada a ver! **das hat nichts damit zu tun!**

nada como **nichts ist besser als...** (nada como um banho quente = nichts ist besser als ein heißes Bad).

não adianta **es hat keinen Zweck** (não adianta falar com ele, vai recusar da mesma maneira = es hat keinen Zweck, mit ihm zu reden, er sagt doch Nein).

não aguentar **nicht ertragen/aushalten (können)** (não aguento este frio = ich kann diese Kälte nicht ertragen/ich ertrage diese Kälte nicht/ich kann diese Kälte nicht aushalten/ich halte diese Kälte nicht aus).

não contar **nicht zählen** (isto não conta = das zählt nicht!

não dar bola **so tun, als ob jemand gar nicht da wäre** (não dê bola para ele = tu (einfach) so, als ob er garnicht da wäre!)

não dar conta nicht genug sein/etwas nicht schaffen (quatro pessoas não vão dar conta = vier Leute sind nicht genug/vier Leute schaffen das nicht).

não é bem assim **es ist nicht ganz so/ich sehe das nicht so** (ele acha que é fácil, mas não é bem assim = er denkt, es sei leicht, aber ganz so ist es nicht/aber ich sehe das nicht so).

não estou nem aí! **das ist mir ganz/völlig egal** (ela não quer falar mais comigo, mas eu não estou nem aí = sie will nicht mehr mit mir reden, aber das ist mir völlig egal).

não faz mal! **das macht nichts!**

não faz nenhuma diferença **das macht (überhaupt) nichts aus.**

não foi nada **bitte sehr/gern geschehen/keine Ursache** (não tem por que me agradecer, não foi nada = gern geschehen, Sie brauchen sich nicht zu bedanken).

não há dúvida de que **es kann kein Zweifel darüber bestehen, dass .../es ist sonnenklar, dass...** (não há dúvida de que ele a ama = es kann kein Zweifel darüber bestehen, dass er sie liebt).

não há nada melhor que (veja: *nada como*)

não há nada pior que **nichts ist schlimmer als...** (não há nada pior que ter que pagar impostos = nichts ist schlimmer, als Steuern zahlen zu müssen).

não importa se... **es macht nichts, wenn...** (não importa se você não tem o dinheiro agora, você pode pagar semana que vem = es macht nichts, wenn Sie das Geld jetzt nicht haben; Sie können nächste Woche zahlen).

não ligar para **sich nichts daraus machen** (ela fuma, mas eu não ligo = sie raucht, aber ich mache mir nichts daraus).

não me leve a mal **bitte nehmen Sie/nimm es mir nicht übel!**

não parar de **nicht aufhören können zu...** (não paro de pensar nela = ich kann nicht aufhören, an sie zu denken).

não quero nem pensar **kein Gedanke (daran)!**

não se tocar **es nicht merken** (ela não gosta dele, mas ele não se toca = sie mag ihn nicht, aber er merkt es nicht).

não sei o que deu em mim **ich weiß nicht, was in mich gefahren ist./was über mich gekommen ist.**

não suportar **nicht ausstehen können** (não suporto música techno = ich kann Techno nicht ausstehen).

não tem jeito **da ist nichts zu machen/da ist nichts zu wollen** (este aparelho estragou, não tem mais jeito = dieser Apparat ist kaputt, da ist nichts zu wollen).

não tem nada a ver (veja: *nada* a *ver*)

não vai dar **das geht nicht/das wird nicht gehen**

não vejo a graça **was ist so komisch daran?**

não ver a hora **de es nicht erwarten können,...zu...** (não vejo a hora de vê-la de novo = ich kann es nicht erwarten, sie wieder zu sehen).

naquela época **zu der Zeit/damals** (naquela época não tinha computadores = zu der Zeit gab es keine Computer).

nem me fale! **seien Sie/sei bloß still (davon)!**

nem pensar! **Kein Gedanke!/daran ist garnicht zu denken!**

nem um pouco **überhaupt nicht** (ela não gostou nem um pouco do filme = der Film hat ihr überhaupt nicht gefallen).

nesse caso **in dem/diesem Fall** (O produto ainda não chegou? Bom, nesse caso espero até semana que vem. = Ist die Ware noch nicht da? Nun, in diesem Fall warte ich bis nächste Woche).

no ato **sofort/auf der Stelle** (você recebe o dinheiro no ato = Sie bekommen das Geld auf der Stelle).

no começo **am Anfang/zuerst** (no começo foi difícil = am Anfang war es schwer).

no entanto **jedoch/dagegen** (os ingleses, no entanto, têm costumes diferentes = die Engländer haben jedoch/dagegen andere Sitten).

no fim **am Ende** (no fim, tudo deu certo = am Ende wurde alles gut/klappte alles).

no fim das contas **letzten Endes/schließlich** (und endlich) (no fim das contas é melhor perdoar = letzten Endes ist es besser zu vergeben /verzeihen).

no fundo **im Grunde** (no fundo, isto não significa nada = im Grunde hat das nichts zu sagen).

no início (veja: *no começo*)

no meio de **mitten in** (estou no meio da mundança = ich stecke mitten im Umzug).

no pior dos casos **schlimmstenfalls**

no sentido que **in dem Sinne, dass...**

mais dia menos dia **früher oder später** (mais dia, menos dia, ela vai se arrepender = früher oder später wird sie es bereuen).

nossa! Donnerwetter!/du meine Güte!

nota-se que man merkt, dass... (nota-se que ele é brasileiro =man merkt, dass er Brasilianer ist).

nunca se sabe... man kann (es) nie wissen...

o dobro de das Doppelte wie/doppelt soviel wie (ela está ganhando o dobro do salário dele = sie verdient doppelt so viel wie er).

o grosso das Gröbste (o grosso já foi feito = das Gröbste ist schon getan).

o que conta é was zählt, ist... (o que conta é como você se sente = was zählt, ist, wie du dich fühlst).

o tempo todo die ganze Zeit/pausenlos (ele está reclamando o tempo todo = er beschwert sich pausenlos).

olha só schau mal/sieh mal/guck mal

ou seja mit anderen Worten/das heißt...

para falar a verdade um ehrlich zu sein, ...

para variar zur Abwechslung (ele foi ao bar, para variar = er ist zur Abwechslung in die Bar gegangen...)

parece que es sieht so aus, als.../es scheint, dass... (parece que ela não foi para casa = es sieht so aus, als sei sie nicht nach Haus gegangen/es scheint, dass sie nicht nach Haus gegangen ist).

passar fome hungern/Hunger leiden (nunca passei fome = ich habe nie Hunger gelitten).

passar pela cabeça de alguém jemandem durch den Kopf schießen (não fiz, mas passou pela minha cabeça = ich habe es nicht getan, aber es ist mir (schon) durch den Kopf geschossen).

pedir demissão kündigen (se não subirem meu salário, vou pedir demissão = wenn sie mein Gehalt nicht erhöhen, kündige ich).

pedir desculpas a alguém sich bei jemandem entschuldigen (eu quero lhe pedir desculpas = ich möchte mich bei Ihnen entschuldigen).

pedir emprestado sich etwas leihen (ele me pediu o CD emprestado e nunca devolveu = er hat sich die CD von mir geliehen und nie zurückgegeben).

pega leve! (immer) sachte! (pegue leve, você acabou de sair do hospital = immer sachte, Sie sind/du bist gerade (aus dem Krankenhaus) entlassen worden!)

pegar no pé de alguém einen Pik auf jemanden haben (agora não tenho mais chance de subir na firma – meu chefe pegou no meu pé = jetzt habe ich keine Karrierechancen mehr in der Firma – mein Chef hat einen Pik auf mich).

pelo amor de Deus! Um Gottes Willen!/um Himmels Willen! (apague essa luz pelo amor de Deus! = mach um Gottes Willen das Licht aus!)

pelo avesso mit der Innenseite nach außen (usava o casaco pelo avesso = er trug seinen Mantel mit der Innenseite nach außen).

pelo bem de für jemanden/jemandem zuliebe (eu fiz pelo bem dele = ich habe es für ihn/ihm zuliebe getan).

pelo contrário **im Gegenteil, ...** (ele não reclamou... pelo contrário, até gostou = er hat sich nicht beklagt, imGegenteil, er hat es sogar gut gefunden).

pelo fato de **auf Grund der Tatsache, dass.../auf Grund des.../der... /des...** (foram contratados pelo fato de eles serem experientes = sie wurden auf Grund der Tatsache, dass sie Erfahrung haben/auf Grund ihrer Erfahrung eingestellt).

pelo jeito **anscheinend/dem Anschein nach**

pelo menos **wenigstens** (não temos dinheiro, mas pelo menos temos comida = wir haben kein Geld, aber wenigstens haben wir etwas zu essen).

perder a conta **sich nicht (mehr) erinnern können, wie viel/wie viele/oft,** (perdi a conta de quantas vezes tentei falar com ele = ich kann mich nicht (mehr) erinnern, wie oft ich versucht habe, mit ihm zu sprechen).

perder o controle de **die Kontrolle über etwas verlieren** (ele perdeu há muito o controle de seus gastos = er hat schon längst die Kontrolle über seine Ausgaben verloren).

pisar na bola **zu viel wollen/es übertreiben** (eles pisaram na bola e perderam o contrato = sie haben zu viel gewollt/verlangt und den Auftrag nicht bekommen).

pode deixar **keine Sorge, ...** (pode deixar, vai estar pronto hoje à tarde = keine Sorge, es ist heute Nachmittag fertig).

pode ser **ja, gut/in Ordnung** (você quer mais uma cerveja? >pode ser = möchten Sie noch ein Bier? >ja, gut/in Ordnung).

pois é **na ja...**

pois não **aber ja/gern/natürlich** (pois não, ele vai ligar para o sr. assim que voltar = aber ja, er ruft Sie an,sobald er zurück ist) **kann ich Ihnen helfen?** (*em uma loja*)

por algum acaso **zufällig** (você viu minhas chaves por algum acaso? = hast du zufällig meine Schlüssel gesehen?)

por algum motivo **aus irgendeinem Grund** (por algum motivo, ele não quis fazer faculdade = aus irgendeinem Grund wollte er nicht studieren).

por causa de **wegen** (não saímos por causa da chuva = wir sind wegen des Regens nicht aus dem Haus gegangen).

por coincidência **zufällig** (por coincidência ele também era de Salvador = zufällig war er auch aus Salvador).

por conseguinte **folglich** (o voo foi atrasado e por conseguinte o concerto vai começar mais tarde = der Flug war verspätet, folglich beginnt das Konzert später).

por engano **aus Versehen/versehentlich** (por engano, peguei na direção errada = aus Versehen habe ich den Zug in die falsche Richtung genommen).

por enquanto **vorläufig** (por enquanto é só isso = vorläufig ist das alles).

por exemplo **zum Beispiel** (*abrev.*: z.B.)

por falar em **da wir gerade von... sprechen, ...** (por falar em comida, nós queremos jantar = da wir gerade vom Essen sprechen – wollen wir zu Abend essen?)

por isso **deswegen/deshalb/darum**

por mais que **soviel/sooft... auch** (por mais que ele tente, não vai conseguir = soviel/sooft er es auch versuchen mag, er wird es nicht schaffen).

por meio de **durch/mit** (eles se comunicam por meio de gestos = sie verständigen sich durch Gesten).

por mim **meinetwegen!/was mich betrifft./von mir aus...**

por nada **ach, (es ist) nichts Besonderes**

por outro lado **andererseits** (por outro lado, seria mais barato dirigir = andererseits wäre es billiger, mit dem Auto zu fahren).

por sinal **übrigens** (quem vai fazer a palestra é o professor X., por sinal um cirurgião muito famoso = den Vortrag hält Professor X., übrigens ein berühmter Chirurg).

por sua vez **seinerseits** (*masc*)/ihrerseits (*fem.* e *plur.*) (ela não sabe árabe, ele, por sua vez, até dá aula árabe = sie kann kein Wort Arabisch, er seinerseits unterrichtet es (sogar).

por trás de **hinter** (o que será que está por trás deste comportamento? = was steckt nur hinter diesem Verhalten/Benehmen?)

quando você quiser **wann (auch immer) Sie wollen/du willst.**

quantas vezes quiser **sooft Sie wollen/du willst** (pode tentar quantas vezes quiser = Sie können/du kannst es versuchen, sooft Sie wollen/du willst).

quanto antes **so bald wie möglich** (queremos terminar o quanto antes = wir möchten so bald wie möglich fertig werden/sein).

quanto antes melhor! **je früher, desto/umso besser!**

quanto mais **je mehr** (quanto mais tem, mais quer = je mehr er hat, je mehr er will (*prov.*)

quanto menos **je weniger** (quanto menos você trabalha, menos dinheiro tem = je weniger du arbeitest, umso weniger Geld hast du).

quanto você quiser **soviel Sie wollen/möchten; soviel du willst/möchtest.** (pode comer quanto você quiser = Sie können/du kannst essen, soviel Sie wollen/soviel du willst).

quantos você quiser **so viele wie Sie wollen/möchten; so viele wie du willst/möchtest** (nehmen sie/nimm so viele Blumen, wie Sie möchten/wie du möchtest).

que barato! **Toll!/schick/cool!**

que bom que **(wie) schön, dass/(wie) gut, dass...** (que bom que você veio = wie schön, dass du gekommen bist/dass Sie gekommen sind!)

que bom! **wunderbar! prima!**

que chato! (= 'tedioso') **wie langweilig!** (assistir ao horário político? Que chato! = Wahlpropaganda im Fernsehen? Wie langweilig!) (= desagradável) **so etwas Unangenehmes/Blödes!** (cada vez que entro nesse banco o sistema está fora do ar – que chato! = jedes Mal wenn ich in diese Bank gehe, sind die Computer abgestürzt; so etwas Unangenehmes/Blödes!)

que coisa! **wie kann so was nur angehen!**

que demora! **Das dauert aber lange!/dauert das lange!**

que emoção! **wie aufregend!**

que engraçado **wie komisch!/das ist aber komisch!**
que estranho **wie merkwürdig!/wie seltsam!/das ist aber merkwürdig/seltsam!**
que foi? **Was ist (denn) los?**
que gracinha! **Wie süß!/wie niedlich!**
que inveja! **Ich bin richtig neidisch.**
que legal! **toll!/super!**
que pena que... **(wie) schade, dass...** (que pena que vocês não podem vir = (wie) schade, dass ihr nicht kommen könnt!)
que sacanagem! **Wie gemein!/das ist aber (richtig) gemein!**
que saudades! **Ich habe solche Sehnsucht nach dir/nach euch!/ich vermisse dich/euch so!** (feijoada! que saudades! = feijoada! Das vermisse ich sehr!)
que sorte! **Was für ein Glück!**
que vergonha! **Wie peinlich!**
quebra meu galho! **hilf mir aus der Patsche!**
queimar o filme **das Ansehen/den Ruf ruinieren;/sein Gesicht verlieren** (não diga isto a ela que você vai queimar o seu filme = sagen Sie/sag das nicht zu ihr, sonst ruinieren Sie Ihr/ruinierst du dein Ansehen (bei ihr)/sonst verlierst du dein Gesicht).
em relação a **im Verhältnis zu/verglichen mit** (o clima no Brasil, em relação ao clima na Alemanha, é bem quente = das brasilianische Klima ist, verglichen mit dem deutschen, sehr warm).
a respeito de **was... (an)betrifft,/was... angeht/**(a respeito do dinheiro, eu só posso contribuir com a metade = was das Geld (an)betrifft/angeht, so kann ich nur die Hälfte beisteuern).
sai dessa! **spring ab!/setz dich ab!/steig aus!**
sair de mansinho/de fininho **sich verdrücken/sich wegschleichen/sich auf französisch verabschieden/empfehlen** (não gostamos da festa e saímos de mansinho = die Party hat uns nicht gefallen, da haben wir uns verdrückt/weggeschlichen/auf französisch verabschiedet/empfohlen).
sair voando **abhauen (*pop.*)/sich auf und davon machen** (ficou com medo e saiu voando = er erschrak und machte sich auf und davon/haute ab).
sair-se bem **gut abschneiden/Erfolg haben bei/seine Sache gut machen** (acho que ele se saiu muito bem (na prova) = ich glaube, er hat (bei der Prüfung) gut abgeschnitten/Erfolg gehabt/seine Sache gut gemacht).
salvo **abgesehen von** (salvo aquele problema, deu tudo certo = abgesehen von diesem Problem ist alles gut gegangen).
são seus olhos...! **das ist sehr/zu liebenswürdig (von Ihnen/dir...!)**
se Deus quiser **so Gott will** (vou conseguir, se Deus quiser = ich schaffe es, so Gott will!)
se por acaso **sollte... (zufällig)...** (se, por acaso, ele passar, ... = sollte er (zufällig) vorbeikommen, ...)

se preferir **wenn es Ihnen/dir lieber ist, ...** (se preferir, podemos continuar amanhã = wenn es Ihnen/dir lieber ist, machen wir morgen weiter).

se quiser **wenn Sie mögen/wenn du magst**

segundo **nach/gemäß/laut** (segundo a previsão do tempo, vai chover amanhã = nach/gemäß/laut der Wettervorhersage wird es morgen regnen).0

sei lá **was weiß ich/ich weiß nicht so recht**

seja quem for **egal wer es ist/sei es, wer wolle** (não deixe ninguém entrar seja quem for = lassen Sie niemanden (her)ein, egal, wer es ist/sei es, wer wolle).

sem comentários **kein Kommentar**

sem compromisso **unverbindlich** (pode experimentar sem compromisso = Sie können es unverbindlich probieren).

sem contar que **ganz zu schweigen von** (eles são chatos, sem contar que não têm senso de humor algum = sie sind langweilig, ganz zu schweigen davon, dass sie überhaupt keinen Sinn für Humor haben).

sem dúvida **ganz gewiss/bestimmt** (ele virá, sem dúvida = er kommt ganz gewiss/bestimmt).

sem exceção **ausnahmslos/ohne Ausnahme.**

sem problema **das ist kein Problem** (eu vou acabar este trabalho sem problema = ich schaffe diese Arbeit, das ist kein Problem).

sem-vergonha **unverschämt/frech/ein Flegel** (ele é um sem-vergonha = er ist unverschämt/frech/ein Flegel).

sempre que **immer wenn** (ela vai para a academia sempre que dá tempo = immer wenn sie Zeit hat, geht sie ins Fitness-Center).

sentir-se culpado **sich schuldig fühlen.**

ser mandado embora **gefeuert werden/gekündigt werden** (foi mandado embora = er wurde gefeuert/ihm wurde gekündigt).

ser visto como **gelten als/angesehen werden als/betrachtet werden als** (ele é visto como o maior jogador de futebol de todos os tempos = er gilt als der größte Fußballspieler aller Zeiten/er wird als ...angesehen/betrachtet).

será que **ob... wohl...?** (será que vai chover? = ob es wohl regnen wird?)

seria interessante **es wäre eine gute Idee, ... zu...** (acho que seria interessante olhar este assunto mais de perto = ich glaube, es wäre eine gute Idee, sich das einmal näher anzusehen).

serve... **genügt/.../tut's auch** (não tenho impressora, mas esta máquina de escrever também serve = ich habe keinen Drucker, aber diese Schreibmaschine tut's auch/genügt auch).

sinto muito **es tut mir sehr Leid/das tut mir sehr/wirklich Leid**

sob controle **unter Kontrolle**

sob medida **nach Maß** (ele manda fazer os ternos sob medida = er lässt seine Anzüge nach Maß machen).

sob suspeita de **im/unter dem Verdacht,...zu ...** (ele está sob suspeita de ser um espião = er steht im/unter dem Verdacht, ein Spion zu sein).

sou suspeito para falar... ich bin natürlich voreingenommen /parteiisch/befangen...
supostamente vermutlich (o *falante aceita* a *suposição como verdadeira*)/**angeblich** (o *falante duvida da veracidade*)
tá bom? OK?/in Ordnung? Ist es Ihnen/dir recht?
tá vendo? sehen Sie?/siehst du?
tal como so wie/wie zum Beispiel
tanto assim que so sehr, dass... (me irritou muito... tanto assim que nunca mais falei com ele = er hat mich wirklich geärgert – so sehr, dass ich nie wieder mit ihm gesprochen habe).
tanto faz das ist egal
ter certeza sicher sein (tem certeza? = sind Sie/bist du sicher?)
ter certeza de que sicher sein, dass (eu tenho certeza de que eu o vi no congresso = ich bin sicher, dass ich ihn auf dem Kongress gesehen habe).
ter ciúmes de alguém auf jemanden eifersüchtig sein (tenho ciúmes dele = ich bin auf ihn eifersüchtig).
ter confiança em alguém Vertrauen zu jemandem haben (eu não tenho muita confiança nela = ich habe kein großes Vertrauen zu ihr).
ter cuidado vorsichtig sein (é melhor você ter muito cuidado nesse bairro = Sie sollten/du solltest in dieser Gegend sehr vorsichtig sein).
ter em mente im Sinn haben (o que será que ele tem em mente? = was hat er wohl im Sinn?)
ter fama de im Ruf(e) stehen, ... zu... (São Paulo tem fama de ser um lugar perigoso = São Paulo steht im Ruf(e), sehr gefährlich zu sein).
ter graça witzig sein (não tem muita graça = das ist nicht sehr witzig).
ter juízo vernünftig sein
ter mania de die Angewohnheit haben, … zu… (ela tem mania de deixar as portas abertas = sie hat die Angewohnheit, die Türen offen zu lassen).
ter muito pique viel Schwung haben (ela tem muito pique para a idade que tem = sie hat für ihr Alter viel Schwung).
ter vergonha sich schämen (não tem vergonha? = schämen Sie sich/schämst du dich nicht?) **sich genieren** (tenho vergonha de falar em público = ich geniere mich, vor einem Publikum zu sprechen).
ter vontade de Lust haben, ...zu... (tenho vontade de sair = ich habe Lust auszugehen)
tim-tim por tim-tim in allen Einzelheiten/haargenau/Punkt für Punkt
tipo o quê? zum Beispiel?
tirar a roupa sich ausziehen
tirar algo da cabeça sich etwas aus dem Kopf schlagen (tire isto da cabeça! = schlagen Sie sich/schlag dir das aus dem Kopf!)
tirar férias Urlaub nehmen/Urlaub machen/in Urlaub gehen
tirar fotos Fotos machen/Aufnahmen machen
tirar o fôlego jemandem den Atem (be)nehmen/verschlagen (esse ritmo me tira o fôlego = dieser Rhythmus (be)nimmt mir den Atem)

tirar sarro de **sich über jemanden lustig machen**
todo o mundo **alle** (todo o mundo estava lá = alle waren da).
tomar a iniciativa **die Initiative ergreifen**
tomar a liberdade de **(es) sich erlauben, ... zu...** (eles tomaram a liberdade de mudar a data = sie haben es sich erlaubt, das Datum zu ändern).
tomar banho **ein Bad nehmen**
tomar conta de **aufpassen auf/betreuen** (ela toma conta de seus irmãos menores = sie passt auf ihre jüngeren Geschwister auf/sie betreut ihre...)
tomar cuidado **aufpassen/vorsichtig sein** (tome cuidado = passen Sie auf! Pass auf! Seien Sie vorsichtig! Sei vorsichtig!)
tomar parte em **teilnehmen an** (você vai tomar parte na reunião? = nehmen Sie an der Besprechung teil?)
tomar providências **Maßnahmen ergreifen/treffen** (o governo precisa tomar providências para o combate à inflação = die Regierung muss Maßnahmen zur Bekämpfung der Inflation ergreifen)
tomar sol **ein Sonnenbad nehmen/in der Sonne liegen**
tomar um drinque **etwas trinken** (vamos tomar um drinque = lassen Sie/lass uns etwas trinken).
tomar uma atitude **etwas unternehmen** (ainda não tomaram uma atitude = sie haben noch nichts unternommen).
tomar uma decisão **eine Entscheidung treffen** (eu tive que tomar uma decisão difícil = ich musste eine schwere Entscheidung treffen).
tomara! **hoffentlich!**
tomara que **hoffentlich** (tomara que tudo dê certo = hoffentlich klappt alles/geht alles gut/gelingt alles!)
tudo bem **na ja**
tudo o que você quiser **alles, was Sie wünschen/wollen ;/was auch immer Sie wünschen**
ultimamente **in der letzten Zeit**
um monte de **eine Menge/, ein Haufen/ein Stapel** (ein Stapel Bücher (livros), eine Menge Leute (pessoas), ein Haufen Spielzeug (brinquedos).
um pouco de **ein bisschen/ein wenig/etwas**
por várias vezes **zu wiederholten Malen,/wieder und wieder/verschiedentlich** (por várias vezes, eu disse a ele para chegar cedo = ich habe ihm verschiedentlich gesagt, er möchte bitte pünktlich kommen).
logo que **sobald** (logo que a casa estiver pronta, vamos mudar = sobald das Haus fertig ist, ziehen wir um).
uma vez que **wenn... erst einmal...** (uma vez que você toma uma decisão, fica mais fácil = wenn man sich erst einmal entschlossen hat, ist es leichter).
valer a pena **sich lohnen** (será que vale a pena esperar um pouco? = ob es sich lohnt, ein wenig zu warten?)
vamos lá! **also dann – los (geht's)!**
vamos nessa! **nichts wie ran!/nichts wie los!**

várias vezes **mehrere Male/mehrmals/des öfteren**
veja bem **sehen Sie mal/sieh mal**
veja só **sieh nur mal einer an!**
velho e bom **der/die/das gute alte...**
vem cá **sagen Sie mal,.../sag mal...**
você acha? **Meinen Sie/meinst du (wirklich)? Glauben Sie/glaubst du (wirklich)? Finden Sie/findest du?**
você que sabe das **müssen Sie/das musst du wissen;/das wissen Sie/das weißt du am besten.**
voltar atrás **umkehren** (agora não dá para voltar atrás = jetzt können wir nicht mehr umkehren)
vou te contar **ich kann Ihnen/dir sagen...!**

Apêndice 1 – Profissões e atividades profissionais

Anhang 1 – Berufe und Berufliche Aktivitäten

Administrador Verwalter/Geschäftsführer
Administrador de Empresas Betriebswirt
Administrador de Imóveis Immobilienverwalter
Administrador de Propriedade Agrícola Gutsverwalter
Administrador de Rede Datennetzverwalter
Advogado Rechtsanwalt/Anwalt
Advogado de Defesa Verteidiger
Agente de Turismo Reisekaufmann
Agricultor Bauer/Landwirt
Ajudante Gehilfe/Hilfskraft
Ajudante de Produção Produktionsassistent
Alfaiate (Herren-)Schneider
Analista Analytiker/Analyst
Analista Contábil Buchführungsanalytiker
Analista de Crédito Kreditanalyst
Analista de Custos Kostenanalyst/Kostenanalytiker
Analista de Investimentos Investmentanalytiker
Analista de Laboratório Laborant
Analista de Mercado Marktanalytiker
Analista de Orçamentos Budgetanalytiker
Analista de Recursos Humanos Personalwesen-Analytiker
Analista de Sistemas Júnior Systemanalytiker
Analista Fiscal Steueranalytiker
Apresentador (*noticiário* de *TV*) Nachrichtensprecher
Arquiteto Architekt
Artista Künstler
Assistente Helfer/Assistent
Assistente Administrativo Verwaltungsassistent

Assistente de Contabilidade Buchhaltungs-Hilfskraft
Assistente de Marketing Marketing-Assistent
Assistente de Pessoal Assistent Personalabteilung
Assistente de Vendas Verkaufsassistent/Vertriebsassistent
Assistente Social Sozialarbeiter/Sozialhelfer
Atleta Sportler
Ator Schauspieler
Auditor Bilanzprüfer
Auxiliar Gehilfe/Helfer/Hilfskraft/Beisitzer
Auxiliar Administrativo Verwaltungshilfskraft
Auxiliar de Laboratório Laborgehilfe
Auxiliar de Vendas Vetriebshilfskraft
Bancário Bankangestellter/Bankkaufmann
Bibliotecário Bibliothekar
Bombeiro Feuerwehrmann
Cabeleireiro Friseur
Câmera Kameramann
Cantor Sänger
Capataz Vorarbeiter/Aufseher
Caixa Kassierer
Carpinteiro Schreiner/Zimmermann
Comissária de Bordo Stewardess/Flugbegleiterin
Comissário de Bordo Flugbegleiter
Chefe Chef/Leiter
Chefe de Assistência Técnica Kundendienstleiter
Chefe de Compras Einkaufsleiter
Chefe de Contabilidade de Custos Leiter (der Abteilung) Kostenrechnung
Chefe de Contabilidade Fiscal Leiter Steuer-und Rechnungswesen
Chefe de Montagem Montageleiter
Chefe de Pessoal Personalchef
Chefe de Turno Schichtleiter
Chofer de Caminhão Lastwagenfahrer/LKW – Fahrer
Chofer de Táxi Taxifahrer/Taxichauffeur/Taxischofför
Cirurgião Chirurg
Clínico Geral praktischer Arzt
Comprador Técnico technischer Einkäufer
Construtor Bauunternehmer
Consultor Empresarial Unternehmensberater
Consultor Fiscal Helfer in Steuersachen/Steuerberater
Consultor Jurídico juristischer Berater/Rechtsberater
Consultor Técnico technischer Berater
Contador Buchhalter/Rechnungsführer
Controlador de Produção Kontrollbeauftragter
Controller Controller
Coordenador de Projetos Projektleiter
Corretor de Imóveis Immobilienmakler
Corretor de Seguros Versicherungskaufmann
Costureira Schneiderin
Costureiro Modeschöpfer (*alta costura*)
Cozinheiro Koch/Küchenchef
Criador de Gado Viehzüchter
Dançarino Tänzer
Dentista Zahnarzt
Desenhista Mecânico technischer Zeichner
Desenhista Projetista Projektzeichner
Diretor Direktor; Regisseur (*teatro*, *cinema*, *novela*)
Diretor Administrativo Verwaltungsleiter
Diretor Comercial kaufmännischer Leiter
Diretor de Marketing Leiter (der) Abteilung Marketing
Diretor de Recursos Humanos Leiter Personalwesen

Diretor de Sistemas de Informações Leiter Informationssysteme
Diretor Financeiro Leiter (der) Abteilung Finanzen
Diretor Fiscal Leiter (der) Abteilung Steuersachen
Economista Volkswirt
Editor Verleger
Eletricista Elektriker
Eletricista de Manutenção Wartungselektriker
Eletricista Instalador Elektroanlageninstallateur
Empresário Unternehmer
Encanador Installateur/Klempner
Enfermeira Krankenschwester
Enfermeiro Krankenpfleger
Enfermeiro Geriatra Altenpfleger
Engenheiro Agrônomo Diplomlandwirt
Engenheiro Civil Bauingenieur
Engenheiro Eletrotécnico Elektroingenieur
Engenheiro Mecânico Maschinenbauingenieur
Engenheiro de Minas Bergbauingenieur
Escritor Schriftsteller
Escriturário Bürohilfskraft
Escultor Bildhauer
Estofador Polsterer
Farmacêutico Apotheker
Fazendeiro Gutsbesitzer
Faxineira Putzfrau/Raumpflegerin
Fisioterapeuta Physiotherapeut
Frentista Tankwart
Fotógrafo Fotograf
Funcionário Angestellter
Funcionário Público Beamter
Garçonete Kellnerin
Garçon Kellner
Gerente Geschäftsführer/Betriebsleiter
Gerente Administrativo Verwaltungsleiter
Gerente Comercial kaufmännischer Leiter
Gerente Contábil Leiter Rechnungswesen
Gerente de Administração de Pessoal Leiter (der) Personalabteilung
Gerente de Agências Filialleiter
Gerente de Assistência Técnica Leiter (der) Abteilung Kundendienst
Gerente de Comércio Exterior Leiter (der) Abteilung Außenhandel
Gerente de Contabilidade de Custos Leiter Rechnungswesen
Gerente de Controle de Qualidade Leiter (der) Abteilung Qualitätskontrolle
Gerente de Crédito Leiter (der) Kreditabteilung
Gerente de Crédito e Cobrança Leiter Kredit und Kostenbeitreibung
Gerente de Desenvolvimento de Produtos Leiter (der Abteilung) Produktentwicklung
Gerente de Engenharia Chefingenieur
Gerente de Exportação/Importação Leiter (der Abteilung) Import/Export
Gerente de Filial Filialleiter
Gerente de Informática Leiter (der) Informatik (Abteilung)
Gerente de Manutenção Leiter (der) Wartung (Sabteilung)
Gerente de Marketing Leiter (der) Marketing (Abteilung)
Gerente de Organização e Métodos O & M-Manager
Gerente de Pesquisa de Mercado Leiter (der Abteilung) Marktforschung
Gerente de Planejamento Financeiro Leiter (der Abteilung) Finanzplanung
Gerente de Produção Leiter Produktionsmanagement
Gerente de Produtos Produktmanager
Gerente de Projetos Projektleiter
Gerente de Recursos Humanos Leiter (der Abteilung) Personalwesen

Gerente de Sinistros Leiter (der Abteilung) Versicherungsfälle
Gerente de Tesouraria Schatzmeister
Gerente Financeiro Geschäftsführer (Bereich) Finanzen
Gerente Regional de Vendas Gebietsleiter Vertrieb
Inspetor de Controle de Qualidade Inspekteur Qualitätskontrolle
Inspetor de Ensino Schulrat
Inspetor de Polícia Polizeinspektor
Jardineiro Gärtner
Joalheiro Juwelier
Jogador de Futebol Fußballspieler
Jornalista Journalist
Juiz Richter
Locutor Sprecher (*rádio*)
Mecânico de automóveis Automechaniker
Mestre de obras Bauführer
Meteorologista Meteorologe
Modelo Fotomodell
Motorista Fahrer/Chauffeur/Schofför
Nutricionista Ernährungswissenschaftler
Oftalmologista Augenarzt
Operador de Câmbio Börsenangestellter
Operador de Telemarketing Telemarketer
Operário Arbeiter
Operário da Construção Bauarbeiter
Ortopedista Orthopäde
Otorrinolaringologista Hals-, Nasen- und Ohrenarzt
Padeiro Bäcker
Paisagista Landschaftsgärtner
Pastor Pastor
Pediatra Kinderarzt
Pedreiro Maurer
Piloto Pilot
Pintor Maler
Policial Polizist
Porteiro Portier
Procurador do Estado Staatsanwalt
Promotor Público Staatsanwalt
Professor Lehrer/Professor
Programador Programmierer
Promotor de Vendas Vertreter
Psicananalista Psychoanalytiker
Psicólogo Psychologe
Psiquiatra Psychiater
Químico Chemiker
Recepcionista Empfangsdame (F) Empfangschef
Redator Redakteur
Regente Dirigent
Repórter Reporter
Representante Vertreter
Sapateiro Schuhmacher
Secretária Sekretärin
Segurança Wächter/Sicherheitsbeamter
Soldado (Berufs) Soldat
Soldador Schweißer
Supervisor Aufseher/Chef/Leiter
Técnico de Manutenção Wartungsspezialist
Técnico de Segurança do Trabalho Betriebssicherheitstechniker
Técnico de Telecomunicações Techniker (im) Meldewesen
Técnico Eletrônico Elektroniktechniker
Técnico Químico Chemotechniker
Telefonista Telefonistin (F)/Telefonist
Topógrafo Topograph
Treinador Trainer
Tradutor Übersetzer
Tradutor – Intérprete Dolmetscher und Übersetzer
Vendedor Verkäuferin (F)/Verkäufer
Veterinário Tierarzt
Vidraceiro Glaser
Vigia (Nacht-) Wächter
Zelador Hausmeister

Apêndice 2 – Disciplinas e cursos
Anhang 2 – Fächer, Ausbildungsgänge, Studiengänge

Administração Betriebswirtschaft
Administração Hospitalar Krankenhausbetriebstechnik
Administração Hoteleira Hotelmanagement
Agronomia Agrarwissenschaft
Análise de Sistemas Systemanalyse
Arquitetura Architektur
Arquivologia Archiv-Wissenschaft
Artes Cênicas Schauspielkunst
Artes Gráficas Graphik
Artes Plásticas Bildende Kunst
Astronomia Astronomie
Automobilística Automobiltechnik/ Fahrzeugtechnik
Biblioteconomia Bibliothekswesen
Biologia Biologie
Cerâmica Keramik
Ciência da Computação Computerwissenschaft/Informatik
Ciências Aeronáuticas Luftfahrttechnik
Ciências Atuariais Versicherungslehre/ Versicherungswesen
Ciências Biológicas Biowissenschaften
Ciências Biomédicas Biomedizin
Ciências Contábeis Rechnungswesen/Buchführung
Ciências Econômicas Wirtschaft/Volkswirtschaft
Ciências Sociais Sozialwissenschaft
Cinema Filmwissenschaft
Cinema e Vídeo Film und Video
Comércio Exterior Außenhandel
Comunicação Kommunikation
Contabilidade Buchführung
Culinária Kochkunst

Dança Tanz
Decoração Innenausstattung
Desenho de Comunicação Kommunikationsgestaltung
Desenho de Construção Civil Technisches Zeichnen : Bauwesen/Städteplanung
Desenho Industial Industrie-Design
Desenvolvimento de Comunidade Gemeindeordnung
Design Gráfico Grafik-Design
Direito Jura/Rechtswissenschaft
Ecologia Ökologie
Economia Doméstica Haushaltswissenschaft/Hauswirtschaft
Edificações Bauten
Educação Física Leibeserziehung/Sporterziehung
Educação Infantil Kleinkinderziehung/Pädagogik
Eletrônica Elektronik
Enfermagem Krankenpflege
Engenharia de Agrimensura Vermessungswesen
Engenharia de Alimentos Lebensmitteltechnologie
Engenharia de Materiais Materialkunde
Engenharia Elétrica Elektrotechnik
Engenharia Sanitária Gesundheitstechnik
Engenharia Agrícola Agrartechnik/Landwirtschaftstechnik
Engenharia Ambiental Umweltingenieurwesen
Engenharia Cartográfica Kartographie
Engenharia Civil Bauingenieurwesen/Bautechnik
Engenharia da Computação Computer-Ingenieurwissenschaft
Engenharia de Controle e Automação Regelungs-und Automatisierungstechnik
Engenharia de Horticultura Gartenbau
Engenharia de Minas Bergbau
Engenharia de Produção Produktionstechnik
Engenharia de Produção Agroindustrial Agrar-und Industrietechnik
Engenharia de Telecomunicações Telekommunikationswesen
Engenharia Florestal Forstwirtschaft
Engenharia Hídrica Hydrotechnik/Wasserbau
Engenharia Industrial Industrietechnik
Engenharia Mecânica Maschinenbau
Engenharia Metalúrgica Hüttentechnik
Engenharia Naval Schiffstechnik/Schiffbau
Engenharia Química Chemieingenieurtechnik/-wesen
Engenharia Sanitária Gesundheitstechnik/-wesen
Engenharia Têxtil Textiltechnik
Esporte Sport
Estatística Statistik
Farmácia Pharmazie
Filosofia Philosophie
Física Physik
Fisioterapia Physiotherapie
Fonoaudiologia Sprecherziehung
Fotografia Fotografie
Geofísica Geophysik
Geografia Geographie
Geologia Geologie
Gerenciamento de Pequenas e Médias Empresas Management für kleine und mittlere Betriebe
Gestão de Qualidade Qualitätskontrolle
História Geschichte
História da Arte Kunstgeschichte
Hotelaria Hotelmanagement/ Hotelfach
Imunologia Immunologie
Informática Informatik

Jornalismo Journalistik/ Zeitungswissenschaft
Letras Sprachen/Geisteswissenschaften
Linguística Linguistik/Sprachwissenschaft
Literatura Literatur
Literatura Comparada Vergleichende Literaturwissenschaft
Logística Logistik
Logopedia Logopädie/Sprachheilkunde
Magistério Lehrerausbildung/Pädagogik
Marketing Marketing
Matemática Mathematik
Medicina Medizin
Medicina Veterinária Tiermedizin/Veterinärmedizin
Meio Ambiente Umwelttechnik
Metalurgia Eisen-und Metallhüttenkunde
Meteorologia Meteorologie
Microbiologia Mikrobiologie
Moda Mode/Modedesign
Móveis Möbeldesign
Museologia Museumswissenschaft
Música Musik
Musicoterapia Musiktherapie
Naturologia Aplicada Angewandte Naturwissenschaften
Nutrição Ernährung/ Ernährungswissenschaft
Oceanografia Ozeanographie/ Meereskunde
Odontologia Zahnmedizin
Ortóptica Orthoptik
Pecuária Viehzucht
Pedagogia Erziehungswissenschaft/ Pädagogik
Processamento de Dados Datenverarbeitung
Produção Editorial Verlagsherstellung
Psicologia Psychologie
Publicidade (e Propaganda) Werbewirtschaft/Werbung
Química Chemie
Rádio e TV Radio und Fernsehen
Radiologia Radiologie
Recursos Humanos Personalwesen
Relações Internacionais Internationale Beziehungen
Relações Públicas Public Relations/ Öffentlichkeitsarbeit
Saneamento Sanierung
Saúde Gesundheitswesen
Secretariado Executivo Büroverwaltung
Serviço Social Sozialwesen
Terapia Ocupacional Beschäftigungstherapie
Tradução Übersetzung (swissenschaft)
Turismo Touristik

Apêndice 3 – A família

Anhang 3 – Die Familie

Afilhada das Patenkind/die Patentochter
Afilhado das Patenkind/der Patensohn
Avó die Großmutter
Avô der Großvater
Avós die Großeltern
Bisavô der Urgroßvater
Bisavó die Urgroßmutter
Bisavós die Urgroßeltern
Bisnetos die Urenkel
Bisneto der Urenkel
Bisneta die Urenkelin
Cunhada die Schwägerin
Cunhado der Schwager
Enteada die Stieftochter
Enteado der Stiefsohn
Esposa die Ehefrau/die Frau
Ex-esposa die Ex-Frau/die ehemalige Frau
Ex-marido der Ex-Mann/der ehemalige Mann
Filha die Tochter
Filha adotiva die Adoptivtochter
Filho der Sohn
Filho adotivo der Adoptivsohn
Filhos die Kinder
Genro der Schwiegersohn
Irmã die Schwester
Irmão der Bruder
Madrasta die Stiefmutter
Madrinha die Patentante/die Patin
Mãe die Mutter
Mamãe Mama/Mami/Mutti
Marido der Ehemann/der Mann
Meia-irmã die Halbschwester
Meio-irmão der Halbbruder
Neta die Enkelin
Neto der Enkel
Nora die Schwiegertochter
Padrasto der Stiefvater

Padrinho der Patenonkel/der Pate
Pai der Vater
Pais die Eltern
Papai Papa/Papi/Vati
Parentes die Verwandten
Primo(a) em segundo grau der Cousin/die Cousine zweiten Grades
Primo(a) der Cousin/der Vetter ; die Cousine/Kusine
Sobrinha die Nichte
Sobrinho der Neffe
Sogra die Schwiegermutter
Sogro der Schwiegervater
Tia die Tante
Tia-avó die Großtante
Tio der Onkel
Tio-avô der Großonkel
Vovô Opa/Opi/Großpapa
Vovó Oma/Omi/Großmama

Apêndice 4 – Descrevendo as pessoas
Anhang 4 – Personenbeschreibung

Personalidade	Persönlichkeit

CARACTERÍSTICAS POSITIVAS
POSITIVE EIGENSCHAFTEN

Aberto offen, zugänglich
Admirável bewundernswert
Adorável anbetungswürdig/liebenswert
Agradável freundlich/angenehm/nett
Alegre fröhlich
Amigável freundlich
Atencioso aufmerksam/höflich
Ativo aktiv/rührig/tatkräftig
Atraente attraktiv/anziehend
Autêntico authentisch/echt
Aventureiro abenteuerlustig
Bem-humorado gut gelaunt
Bom de papo überzeugend
Caloroso warmherzig
Charmoso charmant
Coerente kohärent/sich selbst getreu
Compassivo mitleidig/teilnahmsvoll
Compreensivo verständnisvoll
Comunicativo kommunikativ/mitteilsam/gesellig
Contemplativo beschaulich/nachdenklich
Corajoso mutig
Criativo kreativ/schöpferisch
Culto gebildet
Decente anständig/unaufdringlich
Dedicado eifrig/fleißig/hingebungsvoll
Diferente besonders/anders als alle anderen
Diplomático diplomatisch
Disciplinado diszipliniert/ruhig/beherrscht
Dramático dramatisch
Educado höflich/gut erzogen/wohlerzogen

Elegante elegant
Encantador bezaubernd/charmant
Enérgico energisch/tatkräftig/entschieden
Escandaloso skandalös/anstößig/laut/lärmend
Especial ungewöhnlich
Espontânco spontan
Expressivo ausdrucksvoll
Extrovertido extravertiert/weltoffen
Falador gesprächig/geschwätzig
Fiel treu
Flexível flexibel/wendig/anpassungsfähig
Fogoso feurig
Fotogênico fotogen
Honesto ehrlich/anständig
Humilde bescheiden
Imaginativo erfinderisch/einfallsreich
Independente unabhängig/selbstständig
Informado informiert
Intelectual intellektuell
Introspectivo introspektiv
Justo gerecht
Legal nett/ein feiner Kerl
Lógico logisch/denkt logisch
Louco verrückt/durchgedreht
Maduro reif
Meticuloso gründlich
Metódico methodisch
Motivado motiviert
Observador ein guter Beobachter
Organizado ordentlich/gut organisiert
Original originell
Otimista optimistisch
Paciente geduldig
Perceptivo feinfühlig/fähig, Dinge wahrzunehmen
Perfeccionista perfektionistisch
Persistente ausdauernd
Persuasivo überzeugend
Prático praktisch
Progressivo fortschrittlich
Racional rational/vernünftig
Realista realistisch/wirklichkeitsnah
Responsável verantwortungsvoll/verantwortungsbewusst
Revolucionário revolutionär
Romântico romantisch
Sedutor verführerisch
Sensível sensibel/empfindsam
Sensual sinnlich
Sexy sexy
Simpático sympathisch/nett/freundlich
Sincero aufrichtig/ehrlich
Sofisticado sehr fein/kultiviert/intellektuell
Sortudo ein Glückspilz
Único einzigartig
Vaidoso eitel

CARACTERÍSTICAS NEGATIVAS OU NEUTRAS
NEGATIVE ODER NEUTRALE EIGENSCHAFTEN

Abusivo unverschämt
Agressivo aggressiv
Ambicioso ehrgeizig
Arrogante arrogant/ eingebildet
Azarado ein Pechvogel
Burro dumm/dämlich
Chato unangenehm/"ätzend" langweilig
Ciumento eifersüchtig
Conservador konservativ
Controlador herrschsüchtig
Crítico kritisch
Cruel grausam
Direto direkt/grob
Duro hart/zäh
Egoísta egoistisch, selbstsüchtig
Egocêntrico egozentrisch
Estúpido grob/roh
Exigente anspruchsvoll
Falso falsch/ unaufrichtig
Feio hässlich
Fraco schwach

Frio kühl/kalt/abweisend
Ganancioso gierig
Hipócrita heuchlerisch/scheinheilig
Idealista idealistisch
Imaturo unreif
Insensível gefühllos
Introvertido introvertiert/in sich gekehrt
Invejoso neidisch
Machista sexistisch/ein Macho
Mal-educado unerzogen/ungeschliffen
Mal-humorado schlecht gelaunt
Malvado gemein/böse
Manipulador ein Manipulant
Mesquinho kleinlich
Metido hochnäsig /vorwitzig/naseweis
Mimado verwöhnt
Moleque ein Lausbube/schlecht erzogen
Mulherengo ein Schürzenjäger
Nojento abstoßend/ekelhaft
Obsessivo obsessiv/ besessen (von einer Idee)
Oportunista opportunistisch
Possessivo vereinnahmend/ besitzergreifend
Rígido streng/unbeugsam
Sarcástico sarkastisch/höhnisch
Sem-vergonha schamlos/skrupellos
Superficial oberflächlich
Teimoso dickköpfig/ eigensinnig/halsstarrig
Tímido scheu/schüchtern
Vulgar vulgär/geschmacklos

Características do corpo — Körpereigenschaften

OLHOS AUGEN

COR FARBE

Azul blau
Azul-claro hellblau
Azul-escuro dunkelblau
Azul-esverdeado blau-grün
Verde grün
Verde-claro hellgrün
Verde-escuro dunkelgrün
Castanho braun
Castanho-claro hellbraun
Castanho-escuro dunkelbraun
Preto schwarz

FORMATO FORMAT

Grande groß
Pequeno klein
Redondo rund
Puxado Schlitzaugen/schräg gestellt

CABELO HAAR

Loiro blond
Loiro-claro hellblond
Loiro-escuro dunkelblond
Castanho braun
Castanho-claro hellbraun
Castanho-escuro dunkelbraun
Ruivo rot
Preto schwarz
Comprido lang
Curto kurz
Médio mittellang
Até os ombros schulterlang
Cacheado lockig
Ondulado wellig
Liso glatt
Crespo kraus

ROSTO GESICHT

FORMATO FORMAT

Redondo rund
Ovalado oval
Quadrado (vier)eckig

DETALHES DO ROSTO
EINZELNE MERKMALE

Rugas Falten
Covas Grübchen
Sardas Sommersprossen
Espinhas Pickel
Cicatrizes Narben
Sobrancelhas grossas buschige/dichte Augenbrauen
Sobrancelhas finas schmale Augenbrauen
Cílios compridos lange Wimpern
Bigode Schnurrbart
Barba Bart
Cavanhaque Kinnbart

CONSTITUIÇÃO FÍSICA
KÖRPERLICHE KONSTITUTION

Alto groß
Baixo klein
Magrinho mager
Magro dünn
Elegante schlank
Fofinho mollig
Gordinho rundlich/vollschlank
Gordo dick
Enorme fett
Um pouco gordo etwas übergewichtig
Quadril largo breite Hüften
Cintura fina eine schlanke/schmale Taille
Sem cintura hat keine Taille
Ombros largos breite Schultern
Musculoso muskulös
Definido gut geformt
Sarado gestählt
Corpo violão eine kurvenreiche Figur
Pernas torneadas schön geformte Beine
Barriga definida ein straffer Bauch
Seios grandes große Brüste

Apêndice 5 – Canções populares para festas
Anhang 5 – Volkslieder (Feste)

Zum Geburstag:

1) Zum Geburtstag viel Glück,
   zum Geburtstag viel Glück,
   zum Geburtstag, lieber/liebe (*nome do aniversariante*)
   zum Geburtstag viel Glück!

(A melodia é a do *Happy birthday to you*)

2) Viel Glück und viel Segen
   Auf all deinen Wegen,
   Gesundheit und Wohlstand
   Sei auch mit dabei!

(Esta canção é um cânone, cantado em 4 vozes)

Zu Weihnachten

1) O Tannenbaum, o Tannenbaum,
Wie treu sind deine Blätter!
Du grünst nicht nur zur Sommerzeit,
Nein, auch im Winter, wenn es schneit.
O Tannenbaum, o Tannenbaum,
Wie grün sind deine Blätter!

2) Stille Nacht, heilige Nacht,
Alles schläft, einsam wacht
Nur das traute, hochheilige Paar,
Holder Knabe im lockigen Haar,
Schlaf in himmlischer Ruh'
Schlaf in himmlischer Ruh'.

(Esta canção, em português, é *Noite Feliz*)

Apêndice 6 – Doenças e sintomas
Anhang 6 – Krankheiten und Symptome

Algo me caiu mal no estômago mir ist etwas nicht bekommen
Amigdalite eine Mandelentzündung
Artrite Arthritis
Asma Asthma
Bronquite Bronchitis/ Bronchialkatarr
Câimbras na batata da perna Wadenkrämpfe
Cólica biliar eine Gallenkolik
Cólica renal eine Nierenkolik
Cólicas menstruais Menstruationsbeschwerden
Coqueluche Keuchhusten
Coriza Schnupfen
Diarreia Durchfall
Dor de barriga Bauchschmerzen/ Bauchweh
Dor de dente Zahnschmerzen
Dor de cabeça Kopfschmerzen
Dor de garganta Halsschmerzen
Dor de ouvido Ohrenschmerzen
Dor nas costas Rückenschmerzen
Dor no estômago Magenschmerzen
Enxaqueca Migräne
(Eu estou com) (ich habe)
Febre alta hohes Fieber
Gases Blähungen
Gripe eine Grippe
Hérnia einen Bruch
Hérnia de disco einen Bandscheibenschaden
Pneumonia eine Lungenentzündung
Quebrei a **perna** ich habe mir das Bein gebrochen
Resfriado eine Erkältung
Rubéola Röteln
Sarampo Masern
Sinusite Sinusitis/Stirnhöhlenentzündung

Soluço einen Schluckauf
Torci o pé ich habe mir den Fuß verstaucht
Tosse Husten
Um pouco de febre leichtes Fieber/erhöhte Temperatur
Varicela Windpocken

Apêndice 7 – Algumas informações sobre a pronúncia do alemão

I. Articulação

O alfabeto e os sons

LETRA	"NOME"	PARTICULARIDADES
A	â	________________
B	bê	________________
C	tsê	geralmente aparece em combinação com outras consoantes: ch sch ck chs
D	dê	________________
E	ê	________________
F	éf	________________
G	guê	geralmente, tem o som de "g" (exceto em palavras estrangeiras, ex.: Ingenieur)
H	há	aspirado no início de palavra; no meio, é mudo; aparece depois de vogais, alongando-as
I	î	________________
J	yót	som semelhante ao i, formado no palato (lugar do "k") com leve fricção

LETRA	"NOME"	PARTICULARIDADES
K	ká	———
L	él	articulado com a língua encostada atrás dos incisivos superiores (não "enrolada")
M	émm	———
N	énn	pronunciado como o "n" em "norte"; não é nasal
O	ô	———
P	pê	———
Q	kú	sempre seguido pela vogal u; as duas letras pronunciam-se "kv"
R	ér	no início e no meio da palavra (antes de vogal): gutural ou dental (mais raro). No fim da palavra, (terminação "-er"), quase não se pronuncia, ficando um som entre "o" aberto e "a".
S	éss	antes de vogal, tem o som de "z"; no início de palavra, quando seguido por p ou t, pronuncia-se chiado (com o som do "ch" português)
T	tê	———
U	û	———
V	fáu	geralmente, tem s som de "f" (exceto em palavras estrangeiras, ex.: "violett")
W	vê	sempre tem o som de "v"!
X	íks	sempre tem o som de "ks"!
Y	´üpsilonn	som desconhecido em português; igual ao "u" francês; pronuncia-se articulando um "i", com os lábios em bico para formar um "u"
z	tsét	sempre tem o som de "ts"!

Além dessas 26 letras do alfabeto, a escrita possui mais 4:

LETRA	"NOME"	PARTICULARIDADES
Ä	a-Umlaut (= "a metafonizado")	tem o som de um "e" bem aberto como em "sério" pode ser substituído por "ae" (raro)
ö	o-Umlaut (= "o metafonizado")	som desconhecido em português. Pronuncia-se articulando um "e", com os lábios em bico formando um "o". Pode ser substituída por "oe" (raro). Alguns nomes trazem o "oe": ex.: "Goethe". Quando breve, é igual ao francês "eu" em "fleur" (ex.: "Köln").
Ü	u-Umlaut (= "u metafonizado")	tem a mesma pronúncia do "y"
ß	"estsét"	tem o som do "s" forte; somente aparece no meio

LETRA	"NOME"	PARTICULARIDADES
		ou no final da palavra. A vogal anterior é sempre longa.

As composições com "c":

ch	"tsehá"	som desconhecido em português. Quando precedido por vogais ou ditongos "claros" (e, i, ei, äu, eu, ä, ö, ü), ou por consoantes, é uma fricativa formada no lugar do "j", porém mais aspirada. Quando precedido por vogais ou ditongos "escuros" (a, o, u, au), tem o som semelhante a um "j" espanhol.
sch	"estsehá"	som do "ch" em português
ck	"tseká"	som do "k"; aparece somente depois de vogais breves
chs	"tsê-há-éss"	tem o mesmo som do "x" alemão (é raro)

Sobre as vogais:

a) A vogal no início de palavra é articulada com um som seco (chamado de "golpe de glote"), o que confere uma certa dureza à pronúncia.

b) Em alemão, todas as vogais (também as com metafonia: ä, ö, ü) podem ser breves ou longas.

Na escrita, a qualidade da vogal é relacionada ao tipo de sílaba onde se encontra (É importante saber que a separação das sílabas em alemão baseia-se no mesmo princípio do português, ou seja, a fala.):

Em SÍLABA ABERTA (i.e., que não está "fechada" por consoante), a VOGAL é LONGA. Ex.: Stra-ße (rua); O – fen (forno); bie – ten (proporcionar)

Em SÍLABA FECHADA (i.e., que "fecha" em consoante), a VOGAL é CURTA. Ex.: Was – ser (água); of – fen (aberto); bit – ten (pedir)

Observação: A vogal "i", quando longa, geralmente é seguida por "e", sendo que as duas se pronunciam como um único "i" longo (ex.: Wien [Viena!]).

Sobre os ditongos:

ai – ei – ey	têm a pronúncia do "ai" em português
au	tem a mesma pronúncia do português
äu – eu	têm a pronúncia do "oi" em "destrói"

Observação: Todo ditongo vale como vogal longa (veja "Sobre os ditongos").

Sobre as consoantes:

p – t – k têm a pronúncia aspirada (como se tivesse um "h" depois delas)
b – d – g em fim de palavra, são "endurecidas" para: p – t – k

Exemplos:	Laub (folhagem)	pronúncia: laup
	Hand (mão)	pronúncia: hant
	Tag (dia)	pronúncia: tak

II. Acentuação das palavras:

- O alemão não possui acentuação gráfica.
- O acento tônico está localizado no radical das palavras (onde está a informação semântica), e ali continua. Compare: ich liebe (eu amo) – ich habe geliebt (eu amei): em português, o acento caminha do "a" para o "ei"; em alemão, ele está sempre no "ie".
- O alemão possui um sem-número de palavras compostas, a maioria delas substantivos. Estes compostos têm, estranhamente, a palavra-base como último elemento.
- Na frente, aparece(m) a(s) palavra(s) determinante(s). Exemplos:

Bücherschrank	– armário de (para) livros
Kleiderschrank	– armário de (para) roupas
Haustür	– porta da casa
Haustürschlüssel	– chave da porta da casa
Autoschlüssel	– chave do carro

Obeservação: A palavra pronunciada com mais força é a determinante!

ROTAPLAN
GRÁFICA E EDITORA LTDA
Rua Álvaro Seixas, 165
Engenho Novo - Rio de Janeiro
Tels.: (21) 2201-2089 / 8898
E-mail: rotaplanrio@gmail.com